모든 국민의 안정된 삶을 위한

미래인재전략

한국직업능력연구원
류장수 · 정재호 편저

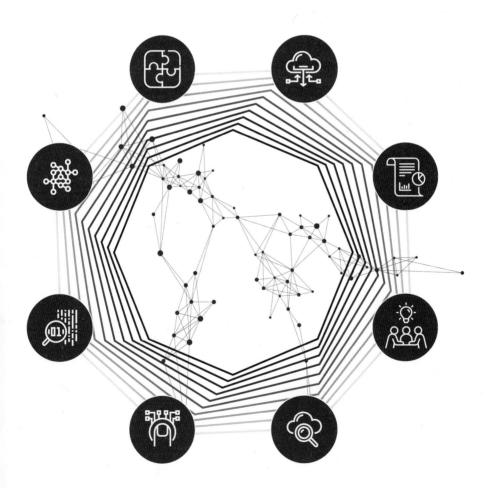

박영사

발간사

전환의 파도가 밀려오고 있다. 2016년 처음 등장한 '4차 산업혁명'은 이제 디지털 전환이라는 이름으로 우리 사회를 덮치고 있고, 기후위기에 대응한 전지구적 노력은 그린 전환이라는 파도가 되어 다가오고 있다. 급격한 인구감소를 겪고 있던 우리 사회는 두 가지 거대한 전환의 파도까지 맞닥뜨리고 있는 것이다.

그러나 거대한 전환의 파도가 꼭 위기를 의미하는 것은 아니다. 언제나 위기는 기회와 같이 오는 것처럼 거대한 전환을 맞아 어떻게 헤쳐 나아가는가에 따라 두 가지 전환은 한국사회에 새로운 기회가 될 수도 있다. 지금 이 시기에 우리가 어떻게 준비하고 대응하는가에 따라 우리의 미래는 달라질 것이다.

국가인적자원개발 분야의 대표적인 씽크탱크로서 한국직업능력연구원은 거대한 전환을 헤쳐 나갈 방안을 인재전략의 혁신에서 찾고자 한다. 1960년대 이후 한국경제가 보여준 놀라운 고도성장의 원동력이 교육이라고 하는 인재양성전략에 있었던 것처럼 미래로 나아가는 길 역시 인재전략의 혁신에 있다고 보기 때문이다.

디지털 전환과 그린전환, 인구감소에 대응한 새로운 미래인재전략을 모색하기 위해 한국직업능력연구원은 2021년 6월 '한국직업능력연구원 총서 발간 TFT'를 발족하였다. TFT에서는 수차례의 논의를 거쳐 주요 인재전략 영역을 설정하고 집필진을 선정하였다. 집필진은 한국직업능력연구원의 기존 연구 성과를 정리하고 추가적인 연구를 진행하여 미래인재전략 초안을 작성하였다. 그리고 9월에 개최한 한국직업능력연구원 개원 24주년 기념 심포지엄에서 주요 인재전략을 발표하고 전문가들의 의견을 수렴하였다.

이제 그 노력의 결실이 한 권의 책으로 나오게 되었다. 이 책에서 제시한 미래인재전략은 생애 전반에 걸쳐 언제 어디서나, 누구든 필요한 역량을 손쉽게 개발하는 체제를 구축하는 것이다. 이를 통해 전환으로 야기될 고용불안으로 국민들이 고통을 받지 않고 보다 안정된 삶을 살아갈 수 있는 사회를 만들어 가자는 것이다. 여기에서 제시한 미래인재전략이 한국 사회가 거대한 전환의 파도를 타고 미래로 나아가는 데 도움이 되길 기대한다.

마지막으로 이 책의 발간을 위해 애써주신 여러분께 이 자리를 빌려 감사드린다. 무엇보다 총서의 기획, 원고 작성, 검토에 참여한 TFT 위원들의 노고에 진심으로 감사를 전한다. 그리고 초고에 대해 소중한 검토의견을 제시해 주신 경성대학교 김종한 교수님, 연세대학교 장원섭 교수님, 한국폴리텍Ⅱ대학 이상호 학장님께도 감사드린다.

그리고 이 책에 수록된 내용은 집필자 개인의 견해이며, 본원의 공식적인 견해가 아님을 밝혀 둔다.

2021년 12월
한국직업능력연구원
원장   류 장 수

목차

CHAPTER 03

유연하고 안정적인 노동시장과 직업능력정책

CHAPTER 04

일-학습-삶이 연계된 평생직업교육

CHAPTER 05

모든 국민의 평생진로개발 체제 구축

CHAPTER 06
탄소중립 이행과 정의로운 전환을 위한 고용·직업능력정책

미래인재전략

표 차례

그림 차례

새로운 인재전략이
필요하다

모든 국민의
안정된 삶을 위한
미래인재전략

류장수 · 정재호

Chapter 01 새로운 인재전략이 필요하다

제1절
환경변화와 인재전략

우리 사회는 2020년부터 시작된 코로나바이러스 감염증－19(이하 '코로나19')로 큰 어려움을 겪고 있다. 이는 국민의 건강과 안전만의 문제가 아니라 사회, 경제 전반에 걸쳐 심각한 위기의 상황을 초래하고 있다. 다행히 선제적인 방역과 국민의 적극적인 협력으로 다른 나라에 비해 그 피해가 덜한 것으로 나타났지만, 피해 규모나 범위가 작지 않고 아직까지도 지속되고 있다.

코로나19는 직업교육과 직업훈련에도 영향을 주고 있다. 코로나19가 급격히 확산된 2020년에는 교육훈련기관에서 집체 교육을 중단하고 비대면 온라인 강의로 전면 전환하였다. 교육훈련의 공급자(교육기관, 훈련기관)나 수요자(학생, 훈련생) 모두 빠르게 새로운 환경에 적응해갔지만, 그 과정에서 많은 시행착오와 새로운 어려움을 경험하였다. 이후 사회 전체적으로 오프라인에서의 집체교육훈련 방식과 비대면 온라인 방식을 상황에 따라 병행하는 시스템이 자리를 잡아가고 있다.

하지만 비대면 온라인 수업의 확산은 학습 격차의 확대라는 새로운 과제를 던져주었다. 특히 직업교육이나 직업훈련에서는 실험이나 실습이 제한되기 때문에 교육훈련의 성과를 위축시킬 우려가 크다. 이로 인해 정부에서는 '교육회복'을 중요한 정책목표로 삼고 정책을 추진하고 있다. 기존의 교육훈련 방식에 비대면 방식을 효과적으로 접목하는 교육훈련 방식에 대한 고민이 필요한 시점이다.

코로나19 팬데믹이 중대하지만 일시적인 위기 요인이라고 한다면, 우리 사회는 구조적인 위기 요인 또한 직면하고 있다. 그것은 4차 산업혁명의 급속한 기술혁신에서 촉발된 디지털 전환, 저출생과 고령화로 인한 인구감소, 기후 위기에 대응하기 위한 그린 전환 등의 문제이다.

먼저, 4차 산업혁명(4th Industrial Revolution)은 2016년 세계경제포럼에서 처음 언급된 개념으로 '디지털 혁명이 제조업에 빠르게 적용되고 동시에 다양한 산업에서 인공지능, 빅데이터, 첨단로봇 등에 기반을 둔 기술 융합이 이루어지는 산업구조의 변화'를 의미한다(류기락 외, 2017: 11-12).

유한구 외(2018: 23-25)에서는 4차 산업혁명이 가져올 미래사회의 변화를 세 가지 측면에서 제시하고 있다.

첫째, 기술·산업적 측면에서 기술 간 융합과 산업 간 융합으로 산업구조가 변하면서 새로운 비즈니스 모델이 창출된다.

둘째, 고용구조 및 일자리 측면에서 일자리의 지형이 달라지는데, 예를 들어 반복적인 사무행정직이나 저숙련 업무 관련 직업은 생산공정의 자동화로 고용이 감소할 것이다.

셋째, 직무역량의 측면에서 고용된 인력의 직무역량이 변화하는데, 특히 복합문제 해결 능력이나 인지능력 등에 대한 요구가 높아질 것이다.

인재정책이 산업계가 필요로 하는 인력을 길러내고, 노동자의 인적 역량(skills)을 유지 또는 개발하도록 교육훈련을 실시하며, 비경제활동인구가 노동시장으로 진입할 수 있도록 스킬을 활성화하는 것을 목표로 한다는 점을 생각한다면, 4차 산업혁명이 초래하는 미래사회의 변화는 인재정책에 새로운 과제를 제기할 것이다(류기락 외, 2017: 15 – 16). 즉, 한편으로는 4차 산업혁명 시대에 적합한 창의적 인재, 융복합기술 인재를 양성하고, 다른 한편으로는 일자리의 변화에 대응하여 숙련향상이나 재훈련을 위한 공적 지원이 필요한 사회적 약자 집단을 보호하고 숙련을 향상해야 한다(류기락 외, 2017: 18).

또 디지털 경제가 확산되고 플랫폼 거래가 확대되면서 전형적 고용관계는 줄어드는 대신 비전형 근로가 늘어날 것으로 예상된다(류기락 외, 2017: 72). 이는 사회보험에 기반을 둔 현재의 직업능력개발체제로는 비전형 근로자의 숙련향상이나 재훈련에 대응하기가 어려워짐을 시사한다. 따라서 새로운 직업능력개발 지원체제가 구축되어야 한다.

두 번째 구조적 위기 요인인 저출생과 고령화는 2000년대 이후 한국사회의 중요한 문제로 자리 잡고 있다.

먼저, 저출생 문제를 살펴보면, 1980년대 초까지 2.0명의 대체수준을 넘던 합계출산율이 2001년 이후 세계적으로도 낮은 수준인 1.3명 이하로 하락하였다. 특히 2018년에는 0.98명으로 1.0명 이하로 떨어졌으며, 2019년에 0.92명, 2020년에는 0.84명으로 계속 하락하고 있다.

연도별 출생아 수는 1981년에 86만7천 명에서 2001년에 56만 명으로 감소하였다. 이후에도 감소는 지속되어 2017년에는 35만8천 명으로 30만 명대로 하락하였으며, 급기야 2020년에는 27만2천 명으로 30만 명 이하로 떨어졌다.

한편, 소득수준의 향상과 의학기술의 발전 등으로 기대수명은 지속적으로 늘어나고 있다. 1981년에 66.7세에서 1987년에 70.1세로 늘어났고, 2009년에는 80.0세까지 증가하였다. 이후에도 기대수명은 지속적으로 증가하여 2019년에는 83.3세로 나타났다.

출산율 저하와 함께 기대수명의 증가는 전체 인구 중 65세 이상 인구가 차지하는 고령인구 비율을 빠르게 높이고 있다. 우리나라는 2000년에 7.0%로 고령화 사회(aging society)에 진입하였고, 2017년에는 14.2%로 고령 사회(aged society)에 들어섰다. 그리고 2025년에는 초고령사회(super－aged society)에 진입할 것으로 전망되는데, 이러한 고령화 진행 속도는 세계적으로 매우 빠른 것이다(전재식 외, 2019: 8).

이와 같은 급격한 저출생·고령화 현상은 인적자원개발 정책에서 평생학습의 중요성을 환기시킨다. 기대수명이 길어지고 노동시장 은퇴가 늦춰지면서 인생 이모작을 위한 평생학습의 필요성이 더욱 높아지기 때문이다. 또한 인구 감소로 인해 성장 잠재력이 떨어지기 때문에 이를 상쇄하기 위해 노동인구의 생산성을 고도화하고 비경제활동인구의 노동시장 (재)진입을 촉진하기 위한 인재정책도 강조된다.

셋째, 세계적인 기후 위기 대응을 위한 탄소중립2050의 추진이 중요한 이슈로 대두하고 있다.[1] 탄소중립은 인간 활동의 이산화탄소 순배출량을 '0'으로 유지하는 것으로 기후 위기 대응의 핵심적인 정책목표이다. 이는 인간의 활동에서 발생하는 이산화탄소가 지구 온난화를 초래하고, 이것이 폭염, 가뭄, 폭우 등 다양한 형태의 이상기후 현상을 유발하기 때문에 추진되고 있다.

세계 주요 국가들은 2015년 파리협정을 체결하여 지구 평균온도 상승을 산업화 이전에 비해 2℃보다 낮은 수준으로 유지하고, 1.5℃ 이내로 제한하기 위해 노력하는 데 합의하였다. 이에 따라 한국도 2020년에 대통령이 '2050년 탄소중립'을 선언하고 '2050 장기저탄소 발전전략'을 UN에 제출했다. 2021년에는 「기후위기 대응을 위한 탄소중립·녹색성장 기본법」을 마련하고, '2050 탄소중립위원회'를 발족하여 운영하고 있다.

탄소중립은 장기적으로는 사회구성원 모두에게 이익이 될 수 있지만, 추진하는 과정에서 단기적으로 손실을 보거나 조정과정에서 진통을 겪는 집단이 발생하게 된다. 특히 우리나라는 화석연료에너지에 대한 의존도가 높고, 철강, 석유화학 등 에너지 소비량과 탄소 배출이 많은 산업의 비중이 크기 때문에 탄소중립 추진과정에서 부

---

1) 이하의 탄소중립에 관한 설명, 국내외 동향에 대한 설명은 제6장 내용에서 요약, 발췌한 것임.

담이 더욱 클 것으로 예상된다. 즉, 저탄소 경제·사회로의 전환 과
정에서 위축되는 산업에서는 고용감소, 실업자 증가, 지역경제 위축
등의 피해가 발생하기 때문이다.

따라서 탄소중립 추진과정은 산업구조의 변화, 업무의 변화를 초
래하기 때문에 인재정책도 이에 대응할 필요가 있다. 디지털 전환이
제기하는 문제와 비슷하게 감소하는 일자리의 노동자를 다른 부문으
로 전직시키기 위한 숙련개발, 기존 노동인력이 변화된 직무를 수행
하기 위한 숙련 향상, 새로운 녹색일자리에 필요한 인력의 양성 등
을 위한 인재정책이 추진될 필요가 있다.

이상에서 살펴본 바와 같이 4차 산업혁명, 저출생·고령화, 탄소
중립 추진, 코로나19 팬데믹 등은 우리나라의 인재정책에서 변화를
요구하고 있다. 새로운 인재전략을 설계하고 추진함으로써 현재의
위기를 전화위복의 계기, 재도약의 발판으로 삼아야 한다.

제2절
각 장의 구성 및 주요 내용

이 책에서는 제1절에서 살펴본 새로운 환경변화에 대응해 모든
국민의 안정된 삶을 도모하기 위한 미래인재전략을 모색하였다. 미
래인재를 양성해야 할 고등교육 분야(제2장), 노동시장에서 디지털
전환과 그린 전환 등에 유연하게 대응하기 위한 직업능력정책 분야
(제3장, 제6장), 일과 학습, 삶을 연계시키는 평생직업교육 분야(제4

장)의 정책과제를 제안하였다. 그리고 개인의 역량개발을 뒷받침하는 인프라로서 진로개발 체제의 구축 방안(제5장)을 제시하였다.

먼저, 제2장에서는 4차 산업혁명 등 기술혁신의 가속화에 따라 인재상이 변화되고 인적자본의 고도화 필요성이 증대되고 있는 상황 속에서 미래인재의 양성을 위한 고등교육과 평생교육의 혁신방안을 제시하였다.

고등교육 분야의 정책과제로는 첫째, 일반대학과 전문대학으로 이원화되어 있는 고등교육체제를 연구중심대학, 교육중심대학, 커뮤니티 칼리지의 3원체제로 재구조화한다.

둘째, 대학의 경쟁력을 강화하기 위해 전공영역별 특성화를 추진한다. 이때 지역 산업과 연계한 지역 연계형 특성화와 미래 전략 산업 중심의 국가 주도형 특성화로 구분하여 추진하는 것이 효과적이다.

셋째, 지방대학 운영에 지방정부의 참여를 확대하여 지역 중심의 산업 - 고용 - 교육 구조의 연계 체제를 수립한다.

넷째, 새로운 지표를 개발하여 한계대학을 식별하고, 회생이 어려운 대학은 폐교 절차를 추진한다. 그것이 학생과 교직원에 대한 피해를 줄이고, 사회적 비용을 최소화하는 길이다.

다섯째, 지방국립대학의 경쟁력을 제고하기 위해 지역 내 국립대 통폐합, 지역별 특성화, 지방자치단체의 역할 강화 등을 추진한다.

여섯째, 전문대학을 재구조화하여 한국형커뮤니티칼리지(지역사회대학)를 만들고, 이를 활용하여 지역에서 평생학습을 활성화한다.

평생교육분야의 정책과제로는 첫째, '전 국민 평생장학금'을 도입하여 평생학습에 대한 비용지원을 강화함으로써 시민권으로서 평생학습권을 실질적으로 보장한다. 둘째, 일과 학습이 선순환하는 일학습순환제를 도입하여 재직자에게는 장기의 숙련향상 기회를 부여하고, 대체 근무하는 실업자에게는 일 경험을 제공한다. 셋째, 성인을 대상으로 주기적으로 역량을 진단하고, 그 결과에 기초하여 교육훈련 상담 서비스를 개인 맞춤형으로 제공하는 체제를 구축한다.

마지막으로 일과 학습에서 디지털 전환이 원활히 이뤄질 수 있도록 대면 중심의 시공간적 틀에 맞춰진 제도와 규정을 디지털 전환에 부응할 수 있도록 혁신한다.

제3장에서는 새로운 사회위험에 적극적으로 대처하고 포용적 노동시장의 구축에 기여하기 위한 직업능력정책의 과제를 제시하였다.

첫째, 직무능력의 빠른 변화, 일·생활 균형 요구, 고용불안 증가, 인구구조 변화 등 새로운 사회위험을 관리하기 위해 직업능력정책을 노동시장정책과 사회정책의 가교로 자리매김한다.

둘째, 직업교육훈련을 고도화하고 현대화하며, 평생교육과 평생직업능력개발을 연계 또는 통합함으로써 노동시장의 안정성과 기능적 유연성을 제고한다.

셋째, 적극적 노동시장 정책은 직접 일자리 사업을 줄이는 대신 직업훈련과 취업알선에 대한 투자를 확대하는 방향으로 구조를 개편한다.

넷째, 소득을 중심으로 하는 고용보험 징수체계를 마련하고, 직업훈련과 고용서비스 간, 소득보장정책과 직업능력정책 간 정합성을 제고하여 고용안전망을 강화한다. 구체적으로는 국민내일배움카드제와 국민취업지원제도의 연계성을 확보한다.

다섯째, 직업능력정책을 일터혁신과 결합하여 보다 짧은 노동시간과 스마트한 일터를 실현할 수 있도록 재편한다.

여섯째, 숙련친화적 디지털 전환을 위해 기업 내 분권화, 자율화, 네트워킹을 기반으로 일터혁신을 촉진한다.

일곱째, 직업능력정책의 위기 대응성을 강화하기 위해 고용위기 조기 경보체계를 마련하고, 고용위기 지역·직종·업종에 대한 긴급 지원방안을 추진한다.

여덟째, 유급휴가훈련제도의 적용 대상을 확대하여 일·생활 균형 친화적인 직업능력정책의 기반을 마련한다.

제4장에서는 현재의 평생직업교육에서 나타나는 경력개발의 단절, 전달체계의 분절, 참여에서의 소외 문제를 극복하고 일-학습-삶이 연계되는 평생직업교육으로 전환하기 위한 정책과제를 제시하였다.

첫째, '일을 통한 개인의 인간다운 삶'을 누릴 수 있도록 지원하는 사회 안전망으로서 '전 생애 직업교육훈련 지원체계'를 구축한다.

둘째, 일-학습-자격의 상호 인정 체계인 국가역량체계를 구축하여 평생에 걸친 경력 관리와 역량 개발을 지원한다.

셋째, 미래의 변화에 대비하고 인간다운 삶을 누릴 수 있도록 지원하며, 접근성을 제고할 수 있도록 대학의 학사제도를 유연화한다.

넷째, 희망하는 국민은 누구나 직업교육에 참여할 수 있도록 '직업교육기본법(안)'을 마련한다.

다섯째, '지역직업교육공동체'를 구축하여 청년들이 지역인재로 정착할 수 있도록 지원한다.

여섯째, 중소기업 재직자 친화형 고등 평생직업교육 생태계를 구축하고, 과정형 학습이력관리 시스템을 마련한다.

일곱째, 모든 일터에서 학습시간을 보장하고, 중소기업의 자생적 학습조직을 지원하여 중소기업에서의 교육훈련을 활성화한다.

여덟째, 소상공인, 특수형태근로종사자 등 직업교육훈련 소외 대상들에게 직업교육훈련 참여 기회를 확대한다.

아홉째, 고교학점제 활성화로 직업교육을 희망하는 학생들의 직업교육 참여 기회를 확대하고, 모든 고등학생의 기초학력 보장 교육과정을 운영한다.

열째, 고졸 인력의 양성과 사회 진입(취업)을 넘어 고졸 취업자의 노동시장 정착까지 지원한다.

제5장에서는 모든 국민을 대상으로 한 평생진로개발 체제의 개선 방향과 과제를 제시하였다. 노동시장과 직업세계의 불확실성이 증대되면서 학생뿐만 아니라 성인을 포함해 모든 국민의 진로개발에 대한 요구가 사회적 과제로 대두되고 있기 때문이다.

첫째, 빠른 시대 변화에 대응하기 위해 평생진로개발 활성화 5개년 계획을 3개년 계획으로 전환하고, 대상에 맞춰 특화된 진로개발 지원 서비스를 제공하기 위한 기본계획을 포함한다.

둘째, 국가가 추구해야 할 진로개발의 목적에 대해 논의를 확대하고, 그에 따라 진로개발 가이드라인을 마련함으로써 국가 진로개발의 방향을 정립한다.

셋째, 모든 국민의 진로개발을 위해 초·중·고 및 대학 단계에 더해 평생학습 단계까지 진로개발 지원이 이루어질 수 있도록 「진로교육법」을 개정한다.

넷째, 초등학교에서의 진로개발을 지원하기 위한 학교 내 조직과 전문인력을 강화한다. 이는 초등학생의 진로개발이 이후 생애 각 단계에서 원활하고 체계적으로 진로개발이 이루어지는 데 초석이 되기 때문이다.

다섯째, 지역인재 양성을 위한 진로탐색 기회를 확대하기 위해 지역사회에서 이루어지고 있는 다양한 교육, 고용, 복지 관련 사업과 연계하는 지역 기반의 진로개발 운영체제를 마련한다.

여섯째, 현재 운영되는 진로교육정보망을 실질적으로 통합하고, 학생뿐만 아니라 모든 국민들에게 필요한 진로정보를 제공할 수 있도록 진로교육정보 종합 플랫폼을 구축한다.

일곱째, 사용자들이 다양한 진로정보를 효과적이고 효율적으로 활용할 수 있도록 인공지능 기반의 진로정보 활용 시스템으로 전환한다.

마지막으로 제6장에서는 탄소중립으로의 이행을 시작하는 우리 사회에서 '정의롭고 공정한 전환'을 위해 추진해야 할 고용 및 직업능력 분야의 정책과제를 살펴보았다.

첫째, 탄소중립 이행을 위한 산업전환이 원활하게 이뤄지기 위해서는 새로운 녹색일자리의 양과 함께 질도 중요하다. 이해관계자들 간 합의를 통해 새로 생겨나는 녹색 일자리의 질에 대한 사회적 기준을 만들어야 한다.

둘째, 탄소중립 이행을 뒷받침하기 위해 녹색숙련의 개발·활용, 전환인력을 위한 숙련정보 체계 구축, 전환인력에 대한 재훈련 등을 서로 결합해서 직업능력정책을 추진한다.

셋째, 탄소중립 추진 과정에서 위험에 직면한 노동자들을 위해서는 종합적인 노동시장 정책 패키지로 지원하되, 전환되는 노동인력의 개별적 상황에 맞춰 필요한 부분을 집중 지원한다.

넷째, 탄소중립화에 따른 지역산업 구조조정을 추진하기 위해서는 지역재생(도시재생)의 관점과 지역중심의 정의로운 전환계획이 필요하다.

다섯째, 탄소중립 이행과 관련한 다양한 정책 영역들 사이의 일관성을 확보하기 위해 이해관계자들이 실질적으로 참여할 수 있는 거버넌스를 구축한다.

여섯째, 화석연료 보조금 폐지, 탄소세, 정의로운 전환 기금 설치 등 구체적인 재원 확보 방안을 마련한다.

제3절
모든 국민의 안정된 삶을 위하여

4차 산업혁명으로 진행되고 있는 디지털 전환, 기후위기에 대응한 그린 전환, 저출생·고령화로 인한 인구감소 등이 인재정책에 주는 시사점은 분명하다. 새로운 역량을 갖춘 인재를 양성해야 하고, 다양한 전환 속에서 고용을 지속하기 위해 지속적으로 숙련 향상(upskilling)과 재훈련(reskilling)이 필요하다는 것이다.

우리가 제시한 미래인재전략은 고등교육을 개편하여 새로운 인재를 양성하고, 직업능력정책과 평생직업교육훈련, 진로개발 체제를 개편하여 생애 전반에 걸쳐 언제 어디서든, 누구나 필요한 역량을 손쉽게 개발할 수 있는 체제를 구축하는 것이다. 이러한 인재전략이 궁극적으로 지향하는 것은 국민 모두가 안정된 삶을 영위하는 것이다.

오늘날 우리는 전환의 시대를 맞이하고 있다. 디지털 전환, 그린 전환이 촉발한 '전환'은 국민들의 일자리 불안을 야기하고 있다. 사실 이전에도 '전환'은 있었다. 경제가 성장하면서 산업구조가 개편되고 이에 따라 사양산업에서는 노동력이 유출되고 성장산업으로 노동력이 유입되었다.

그러나 지금의 전환은 기존과는 달리 범위가 더욱 넓고, 무엇보다 그 속도가 무척 빠르다. 기술에 의해 대체되는 일자리, 탄소저감을 위해 사라지는 일자리만 문제가 되는 것이 아니다. 유지되는 일자리에서도 기존과는 다른 성격의 직무를 수행해야 한다. 또한 플랫폼 노동과 같이 새롭게 생기는 일자리도 고용의 질과 안정성을 담보하기 어려운 경우가 많다. 이로 인해 더욱 광범위한 국민들이 고용에 있어 불안에 직면하게 될 것이다.

따라서 이에 대응하여 국민들의 불안을 덜어주면서 유연하게 전환에 대응할 수 있는 정책적 지원은 매우 중요하다. 이 책에서 제안

하는 미래인재전략이 이러한 문제들을 해결하는 하나의 주요한 전략
이 될 수 있을 것이다. 이를 통해 국민들이 안정적이고 유연하게 '전
환의 파도'를 넘을 수 있기를 기대한다.

미래인재 양성을
위한 고등교육과
평생교육의 혁신

모든 국민의
안정된 삶을 위한
미래인재전략

채창균 · 김승보 · 유한구

Chapter 02

미래인재 양성을 위한
고등교육과 평생교육의 혁신

제1절
문제의 제기

4차 산업혁명 등 기술혁신이 가속화됨에 따라 인재상이 변화되고 인적자본의 고도화 필요성이 증대되고 있다. 미래에 필요한 능력으로 지식축적보다는 문제 제기와 문제해결능력, 비판적 사고, 창의력, 소통능력, 협업능력 등이 중요시되고 있는 것이다. 인재상의 변화에 따른 일자리의 변화 양상도 확인된다. 고도의 문제해결능력이 필요한 일자리의 고용 비중은 지속적으로 상승하고 있으나, 중·저 수준의 문제해결능력을 요구하는 일자리의 비중은 감소하는 추세가 나타나고 있다.

특히 우리나라의 경우 저출생·고령화의 급진전에 따라 인적자본의 고도화 필요성이 더 절실한 상황이다. 급속한 저출생·고령화로 인해 인적자본의 양적 공급 증대가 한계에 부딪힐 것으로 전망되어

인적자본의 질을 높여 양적인 한계를 극복해야 할 것이다. 생산가능인구 감소를 경험한 국가들은 이 시점을 전후해 경제성장률이 뚜렷하게 저하되었다. 스페인, 포르투갈, 그리스 등 남유럽 국가들은 생산가능인구 감소 시점에 마이너스 성장을 기록했으며, 특히 스페인과 포르투갈은 생산가능인구 감소 이후 5년간 마이너스 성장을 겪었다. 일본은 생산가능인구 감소 전후로 점차 성장세가 낮아지다가 3년 후 마이너스 성장에 들어선 바 있다. 인적자본의 고도화는 이러한 경로로 빠질 위험을 줄여 줄 것이다.

너무도 당연한 말이지만 혁신인재의 양성은 초·중등 교육에서부터 이루어져야 한다. 불필요하게 많은 지식의 습득과 시험에 대비한 반복학습에 과도한 시간을 투자하는 우리나라의 초·중등교육은 분명히 문제가 있다. 창의적 문제해결 역량과 협업능력을 기르기 위해 보다 많이 생각할 시간, 다양한 체험(경험), 그리고 새로운 교수·학습법 등이 필요할 것이다.

그러나 본 장에서는 초·중등교육보다는 고등교육 이후 단계, 즉 고등교육과 평생교육에 초점을 맞추어 미래지향적 혁신인재의 양성을 위한 정책과제를 모색한다. 아래에서 살펴보듯이 우리나라의 경우 초·중·고에 과도한 자원이 집중된 반면에 대학과 평생교육에 대한 투자는 상대적으로 미흡한 형편이다. 이에 혁신인재의 양성과 관련하여 고등교육과 평생학습 체제를 혁신하는 것은 무엇보다도 중요한 일이다.

현황 및 문제점

1. 고등교육 보편화와 고등교육의 성격 변화

트로(Trow)는 대학진학률을 세 단계로 구분하였는데, 15%까지를 엘리트(elite) 교육, 15~50%까지를 대중(mass) 교육, 50% 이상인 경우를 보편(universal) 교육 단계라고 하였다(Trow, 1973). 고등교육의 발전 과정은 유형에 따라 대학의 목적과 기능, 대학구성원, 운영 방식 등 대학의 총체적 변화를 동반한다(Trow, 1999; 2007).

엘리트 교육 단계에서는 소수의 엘리트를 대상으로 보편적인 이성의 형성을 위해 전인교육과 사회화가 중심이었으며, 교수를 중심으로 하는 교육과 학교 운영이 주류를 이루었다. 대중 교육 단계에서는 전문적 지식을 갖춘 전문가의 양성을 목적으로 지식과 기능을 전달하는 교육이 주류를 이루었다. 그리고 보편 교육 단계에서는 다양한 특성을 가진 학생들을 대상으로 다양한 형태의 교육이 이루어지며, 다양한 직업적 필요에 따른 학생들과 고용주의 요구를 받아들이면서 고등교육은 점차 직업교육화가 된다.

〈표 2-1〉 **고등교육 성장 유형에 따른 대학의 기능 변화**

고등교육 단계	엘리트형	대중형	유니버셜 액세스형
고등교육 기회	소수자의 특권	상대적 다수의 권리	만인의 의무
고등교육 목적	인간형성, 사회화	지식, 기능의 전달	새로운 넓은 경험의 제공
고등교육 주요 기능	엘리트, 지배계급의 정신과 성격의 형성	전문 분화된 엘리트 양성 + 사회지도층의 육성	산업사회에 적응할 국민의 양성
교육과정	고도로 구조화	구조화, 탄력화	비구조화
교육방법과 수단	개인지도, 세미나	강의, 파트타임형	통신, TV, 컴퓨터
진학, 취학 유형	중등교육 수료 후 바로 진학, 낮은 탈락률	중등교육 수료 후 바로 진학, 탈락률 증가	성인, 근로청소년, 직업경험자의 재입학 격증
고등교육기관의 특색	수준의 동질성	수준의 다양성 종합 교육기관의 증대	극도의 다양성 공통의 일정 수준 상실
사회와 대학의 경계	명확한 구분 닫혀 있는 대학	상대적으로 희박, 열린 대학	경계·구분의 소멸, 대학과 사회와의 일체화
권력의 소재 및 의사결정의 주체	소규모 엘리트 집단	엘리트 집단 + 이익집단 + 정치집단	일반 대중
학생선발의 원리	중등교육 성적, 선발주의, 능력주의	능력주의 + 개인의 교육기회의 균등화 원리	만인을 위한 교육 보장
대학 관리자의 특색	비전문 대학인의 겸임	전임화된 대학인 + 거대한 관료 스텝	관리전문직

자료: 김안나·이병식(2004: 418); 유한구 외(2020: 22) 재인용.

인공지능으로 대표되는 4차 산업혁명의 도래에 따라 정보와 통신 기술이 융합된 새로운 산업들이 생겨나고 창의적 문제해결능력을 갖춘 인재가 요구되고 있다. 고등교육의 보편화와 창의적 인재 양성이라는 고등교육에 대한 요구는 대학 교육과정의 변화로 나타났다.

다양화되고 있는 학생과 고용주의 요구를 받아들이기 위해 대학
은 다양한 유형의 교육과정을 제공해야 하지만, 한정된 자원으로 인
해 개별 대학 수준에서는 교육과정을 다양화하는 데 한계가 있다.
이를 극복하기 위해 특정 분야를 중심으로 대학 간의 통폐합이나 교
육과정 공동 운영 등으로 대응하고 있다.

〈표 2-2〉 미국의 연합대학 사례

구분	Massachusetts five college consortium	Consortium of University of the Washington Metropolitan Area
참여 대학	• Amherst College • Mount Holyoke College • Smith College • Hampshire College • University of Massachusetts Amherst	• American University • Catholic University of America • George Washington University • Georgetown University • Howard University 등 17개 대학(2016년)
특징	• 4개의 인문교양 사립대와 1개의 대규모 연구중심 주립대학 • 교차 등록(cross registration) • 30분 내에 모든 캠퍼스가 위치 • 자원 공유 • 재무 관련 자문 및 여러 부문 협력 • 공동교수 지명	• 2개의 community college 포함 • 학점인정 • 통합 학생 서비스 • Consortium Research Fellows 프로그램
운영	• Board of Directors(총장들로 구성)	• Board of Trustees(총장들로 구성)

자료: 영남대학교 고등교육정책연구소(2018); 유한구 외(2020: 37) 재인용.

<표 2-2>에서 제시한 미국의 연합대학 사례는 공동 교육과정 운영을 통해 교육과정을 다양화하는 사례이다. 개별 대학 수준에서도 서로 컨소시엄을 구성하여 공동 학위제를 운영하는 경우가 많다.

우리나라의 경우에는 대개의 대학들이 백화점식 학과 운영을 하고 있어 고등교육 보편화에 따른 교육과정 다양화의 요구를 수용하는 데 한계가 있다. 백화점식 학과 운영은 필연적으로 학과의 전임교원의 수를 최소한으로 유지할 수밖에 없고, 이로 인해 다양한 교육과정을 체계적으로 운영할 수 없다. 4년제 대학의 경우 학과당 전임교원의 수는 6명 정도에 불과하고, 전문대학의 경우는 2명 정도에 불과하다.

〈표 2-3〉 대학 유형별 학과당 전임교원 수

구분	전임교원 수	학과 수	학과당 전임교원 수
교육대학	834	140	6.0
대학교	66,731	11,755	5.7
전문대학(2년제)	5,821	2,954	2.0
전문대학(3년제)	6,543	2,958	2.2
기능대학	862	240	3.6
전문대학원	4,749	1,107	4.3
특수대학원	998	4,441	0.2
합계	89,957	34,070	2.6

자료: 최영섭 외(2019: 94).

이러한 예는 외국과 비교하면 더 명확해진다. 서울대학교 생명과학부와 플로리다 주립대학교 생명과학부의 교육과정을 비교하면, 서울대학교에 비해 플로리다 주립대학교의 경우가 거의 2배가량이 많다.

〈표 2-4〉 서울대학교와 플로리다 주립대학교 생명과학부 비교

학교	서울대학교	플로리다 주립대학교
교원 수	48명	55명
교육과정 수	48개	79개
QS 평가 순위	51~100위	151~200위

출처: 유한구 외(2018: 116).

대학이 다양성과 전문성을 확보하기 위해서는 일정 규모 이상의 교수와 교육과정의 확보가 필요하며, 이를 위해서는 특성화 분야별로 통폐합을 통한 교육과정의 다양화가 필요하다.

2. 고등교육의 보편화와 직업교육화

우리나라에서 고등교육이 보편화된 시기는 1996년 '대학설립준칙주의'가 시행된 이후로 볼 수 있다. 대학설립준칙주의가 시행되기 이전에는 높은 대학진학 수요에 힘입어 전문대학도 양적인 성장을 이룰 수 있었다. 하지만 대학설립준칙주의가 시행되면서 일부 전문대학이 일반대학으로 전환하고 학생 수요의 증가가 감소하면서 2000년 이후로 학생 수가 감소하게 된다. 이에 반해 일반대학은 대학설립준칙주의의 시행과 학생 수요의 증가 등에 힘입어 학생 수 감소가 본격화되기 전에는 지속적으로 양적 성장을 거듭한다.

1980년대 고등교육이 대중화하는 시기에는 일반대학과 전문대학 간에 명확한 구분이 존재하였다. 일반대학은 전문적 지식을 바탕으로 전문적 기술자와 전문직 종사자를 양성하는 곳이었고, 전문대학

[그림 2-1] 일반대학과 전문대학의 학생 수 추이

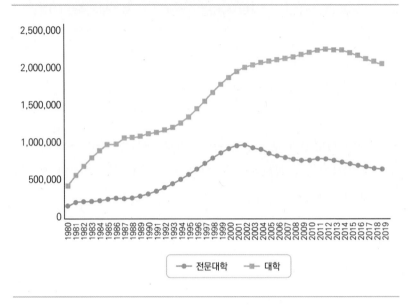

자료: 유한구 외(2020: 49).

은 산업분야별 중견기술자의 양성이 주된 목적이었다. 그러나 고등
교육의 보편화가 본격화하기 시작하는 2000년대부터는 고등교육기
관 사이의 기능 분화가 점차 붕괴된다.

　일반대학은 전문지식 중심의 학과에서 점차 취업에 유리한 직업
중심의 학과를 신설하여 전문대학의 영역을 침범하고, 전문대학은
심화과정을 통해 일반 학사학위를 수여할 수 있는 기능을 수행하게
된다. 특히 일반대학에서 직업 자격증 과정에 해당하는 전문대학의
학과를 도입하여 운영함으로써 취업중심의 대학으로 변화하고 있다.
임상병리, 치위생, 실용 음악, 조리, 뷰티, 미용, 메이크업, 항공 운항

서비스 등 주로 전문대학 관련 전공이었던 학과 설치의 추이를 보면 <표 2−5>와 같다. 2004년에 28개 일반대학(중복 허용) 28개 학과가 전문대학과 유사한 학과를 개설했는데, 그 숫자가 2019년에는 174개 일반대학(중복 허용) 203개 학과로 크게 증가했다.

〈표 2-5〉 일반대학의 전문대학 관련 전공 설치 현황

분야	2004년		2019년		증가	
	대학 수	학과 수	대학 수	학과 수	대학 수	학과 수
임상병리	4	4	25	26	21	22
치위생	3	3	28	28	25	25
실용 음악	2	2	26	30	24	28
조리	5	5	26	33	21	28
뷰티, 미용, 메이크업	14	14	39	46	25	32
항공 운항 서비스	0	0	30	40	30	40

자료: 이혜경(2021).

전문대학의 경우 인기 학과를 중심으로 4년제 심화과정을 도입하여 학사학위를 부여함으로써 4년제 대학과 비슷한 역할을 수행한다. 전문대학의 4년제 과정의 개설은 재교육 수요에 대한 대응보다는 학생들에게 학사학위를 부여함으로써 학력에 대한 요구를 충족시키고, 대학재정의 수요를 충당하기 위한 것으로 볼 수 있다. 학사학위 전공심화과정 입학자 수를 전체 입학자 수 대비 비율로 보면, 제도가 처음 도입된 2008년도에 1.0%에서 2019년도에는 7.2% 수준으로 급격히 확대되었고, 입학자 수도 2,591명에서 14,287명으로 12,000명 가까이 증가하였다.

[그림 2-2] 연도별 학사학위 전공심화과정 입학자 수

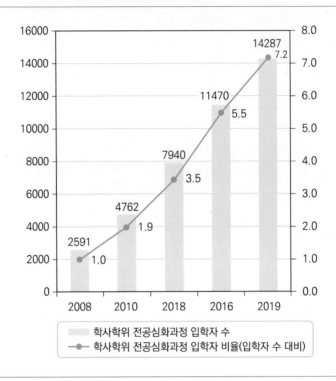

자료: 채창균 외(2021).

고등교육의 보편화가 고등교육의 직업교육화 현상을 가속화시키는 요인으로 정부가 대학평가에서 취업률 지표를 적극적으로 활용하고 있다는 점도 큰 역할을 하였다. 이명박 정부 이래로 대학 및 전문대학의 평가에서 취업률을 핵심지표로 활용하였다. 이에 따라 각 대학은 취업률을 높이기 위해 학과의 구조 개편, 취업중심 교과의 도입, 취업 지도의 활성화, 산학협력 강화 등의 수단을 사용하였다.

사회의 수요를 중심으로 고등교육의 성격이 급격하게 변화하고

있으나, 고등교육 관련 법률로 규정하고 있는 대학의 유형은 1980년 대에 만들어진 이후로 새로 요구되는 고등교육 수요를 첨가하는 형태로 변화되어 왔다.

고등교육의 보편화는 학력 취득의 과정도 다양하게 만들었다. 학력의 부여는 법적으로 정해져 있는데, 현재 우리나라에서는 「고등교육법」과 「평생교육법」, 그리고 기타 다른 법률에 따라 학위가 부여된다. 「고등교육법」 제2조에서는 고등교육기관의 유형을 대학, 산업대학, 교육대학, 전문대학, 원격대학, 기술대학, 각종 학교로 구분하고 있고, 「평생교육법」에서는 전공대학(평생교육법 제31조), 사내대학(평생교육법 제32조), 원격대학(평생교육법 제33조)을 두고 있다. 또한 기능대학, 과학기술원, 경찰대학, 사관학교 등은 개별법에 따라 전문학사나 학사학위를 부여하고 있다. 또한 학점은행제와 독학학위제를 통해 고등교육기관 이외의 직업훈련기관이나 직업계 학원 등에서도 학점 취득을 통해 전문학사나 학사학위를 취득할 수 있도록 하고 있다.

고등교육이 보편화, 직업 교육화되고 있는 현재의 상황을 반영하여 고등교육의 유형과 구분을 전면적으로 개편할 필요가 있다.

3. 고등교육에 대한 투자 미흡과 낮은 성과

2018 기준 PPP로 환산한 우리나라 초등학생의 1인당 공교육비는 12,535달러로 OECD 평균(9,550달러)보다 크게 높고, 증등학생의 경우에도 14,978달러로 OECD 평균 수준인 11,192달러보다 높다. 국민 1인당 GDP(PPP 기준) 대비 학생 1인당 연간 공교육비 비율을 보

더라도, 초·중등의 경우 모두 OECD 평균 수준보다 10%p 정도 높은 것으로 확인된다. 반면에 고등교육의 경우 1인당 공교육비가 11,203달러로 OECD 평균인 17,065달러에 크게 미치지 못한다. 국민 1인당 GDP 대비 학생 1인당 연간 고등교육 공교육비 비율도 우리나라는 26%로 OECD 평균 37%에 크게 미치지 못하는 실정이다. OECD 평균 수준과 비교할 때, 우리나라의 경우 초등교육과 중등교

〈표 2-6〉 학생 1인당 공교육비

(단위: PPP 환산액, %)

구분		2000(C)			2018(D)			(D/C)×100	
		한국 (A)	OECD 평균(B)	(A/B) ×100	한국 (A)	OECD 평균(B)	(A/B) ×100	한국	OECD 평균
초등 교육	학생 1인당 공교육비	3,155	4,381	72	12,535	9,550	131	397	218
	1인당 GDP 대비 공교육비 비율	21	19	111	30	21	141	140	110
중등 교육	학생 1인당 공교육비	4,069	5,597	68	14,978	11,192	134	368	200
	1인당 GDP 대비 공교육비 비율	27	25	108	35	25	143	131	98
고등 교육	학생 1인당 공교육비	6,118	9,571	64	11,203	17,065	66	183	178
	1인당 GDP 대비 공교육비 비율	40	42	95	26	37	70	66	89
	초등교육 대비 비율	194	218		89	179			
	중등교육 대비 비율	150	161		75	152			

자료: OECD(2003). OECD(2020).

육에 대한 학생 1인당 공교육비 투자 규모가 30% 이상 높은 반면, 고등교육의 경우 OECD의 66% 수준에 불과하다.

지난 20여 년간 추이를 보면, 우리나라의 경우 초등교육과 중등교육에 집중 투자가 이루어진 반면에 고등교육은 그렇지 못했다. 2017년 초등교육과 중등교육의 학생 1인당 공교육비 수준은 2000년에 비해 3~4배 정도 증가했지만, 고등교육의 경우 70% 정도 증가하는 데 그친 것이다. 이에 따라 2000년에 초등교육이나 중등교육의 1.5~2배에 달했던 고등교육의 학생 1인당 공교육비 수준이 2017년 현재는 80~90% 수준에 불과하다.

[그림 2-3] **20~24세 고등교육 졸업(혹은 재학) 이상 인구의 언어능력 점수와 향상 정도**

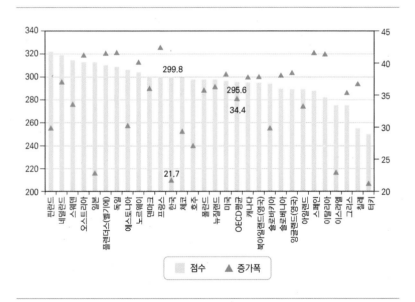

자료: OECD(2016); 국가교육회의(2019)에서 재작성.

고등교육에 대한 투자 미흡은 고등교육의 낮은 성과로 연결될 수밖에 없다. 20~24세 고등교육 졸업(혹은 재학생) 이상 인구의 언어능력과 수리능력 점수는 OECD 국가 중 중간 수준에 머무르고 있다(언어능력은 OECD 평균 수준을 약간 상회하는 반면, 수리능력은 OECD 평균 수준을 다소 하회). 또한 같은 연령대의 고등학교 졸업(또는 재학) 이하 학력자의 언어능력 및 수리능력 점수와 비교 시 대학진학에 따른 상승 폭이 OECD 국가들 중 거의 최하위 수준에 머무르고 있어, 우리나라의 대학이 학생들의 역량 향상에 기여하는 정도가 OECD 다른

[그림 2-4] **20~24세 고등교육 졸업(혹은 재학) 이상 인구의 수리능력 점수와 향상 정도**

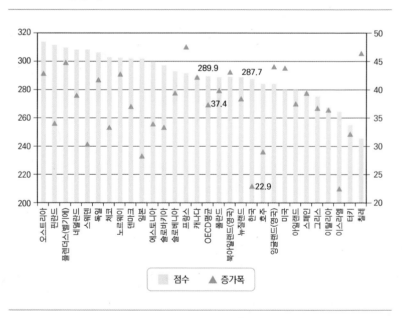

자료: OECD(2016); 국가교육회의(2019)에서 재작성.

국가들에 비해 매우 미흡하다는 사실을 짐작할 수 있다.

4. 학령인구 감소와 지방대학의 위기

2000년부터 사망인구 수가 출생인구 수보다 많아져 인구가 자연
감소하는 인구 데드 크로스(dead cross) 현상이 발생하는 등 저출생
쇼크로 인한 인구절벽 현실이 심각해지고 있다. 이에 따라 고등교육
학령인구도 급속한 감소가 가시화되고 있는 상황이다. 교육부(2019)
는 2021년을 기점으로 대학 입학 연령(만 18세) 인구가 입학정원에
미달하기 시작해서 2024년에 현행 대학 입학정원 수준을 유지할 경

[그림 2-5] 대학 입학정원과 입학인원(추계)

(단위: 만 명)

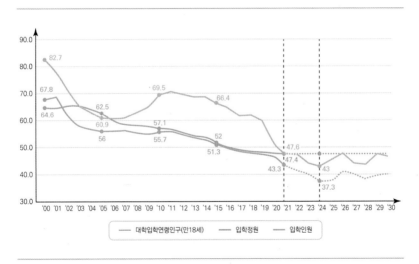

자료: 교육부(2021). p.1.

우(2018년 기준 49만7천 명) 약 12만4천 명의 입학생 부족을 전망하고 있다. 이후 소폭의 진폭을 겪으면서 2030년까지는 2024년과 유사한 규모를 유지할 것으로 예상되고 있다. 그러나 2030년 이후부터는 대학 학령인구의 감소 추세가 다시 계속될 것으로 전망된다.

이에 따라 특히 지방대학의 위기가 가속화될 것으로 보인다. 2021학년도 대학 입학정원 충족률을 전망한 결과에 따르면, 17개 광역지방자치단체 중 무려 12개 광역지방자치단체(제주, 전남, 대구, 전북, 세종, 광주, 강원, 대전, 부산, 경북, 충북, 충남)가 정원 미달로 나타났다. 12개 광역지방자치단체의 대학 입학정원이 100%를 밑돌았고, 전국 평균(97%)보다 낮은 지역 역시 제주를 제외한 11개 지역이었다.

[그림 2-6] **2021학년도 지역별 대학 입학정원 충족률 전망 결과**

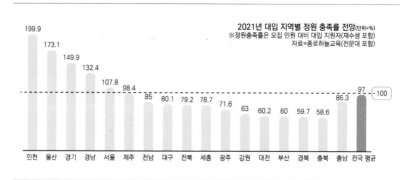

자료: 유스라인(2020. 01. 24.); 서영인 외(2020)에서 재인용.

2021년 대비 2024년 신입생 충원율에 대한 예상 추계 결과에 따르면, 수도권 대학과 비수도권 지방대학 간의 격차는 더욱 커지고 지방대학에 대한 학령인구 감소가 미치는 파장의 속도가 더욱 빠른 것을 확인할 수 있었다. 2021년 기준으로 입학정원의 70%를 채우지 못한 지방대학 비율(학교 수)은 17.6%(44개교) 정도였지만, 2024년에는 그 2배에 가까운 34.1%(85개교)가 될 것으로 예상되었다. 반면, 수도권 대학은 입학정원의 70%를 채우지 못한 비율(학교 수)이 2021년 4.8%(6개교)에 불과했고, 2024년에도 5.6%(7개교)로 큰 변화가 없었다.

〈표 2-7〉 수도권 · 지방대학 신입생 충원율 예상 추계

(단위: 개교)

구분	연도	95% 이상	70~95%	50~70%	50% 미만
수도권 (126)	2021년	9(7.1%)	111(88.1%)	3(2.4%)	3(2.4%)
	2024년	7(5.5%)	112(88.9%)	4(3.2%)	3(2.4%)
지방 (249)	2021년	7(2.8%)	198(79.5%)	28(11.2%)	16(6.4%)
	2024년	–	164(65.9%)	59(23.7%)	26(10.4%)

주: 2021년 입학정원을 유지할 경우 예상 충원율임.
자료: 대학교육연구소(2020. 07. 08.). p.16.; 서울신문(2021. 01. 21.); 서영인 외(2020)에서 재인용.

5. 전문대학의 재구조화 필요

우리나라의 전문대학은 사학의존도가 지나치게 높다는 특성을 가지고 있다. 사학의존도가 과중한 것은 국제 기준으로 볼 때, 대단히 예외적인 현상이다(채창균 외, 2018). 운영 측면에서 국공립대학과 유사점이 크다고 볼 수 있는 정부의존형 사립대학을 국공립대학과 동일 범주에 포함한다면, OECD 회원국의 경우 여기에 속하는 학생 비중이 100%에 달하는 국가들이 대부분이다. 반면에 우리나라는 그

[그림 2-7] **OECD 주요국의 국공립 전문대학과 정부의존형 사립 전문대학 비중(학생 수 기준)**

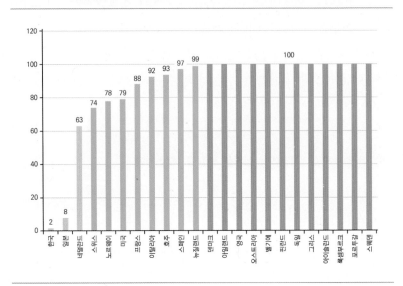

주: 1) 정부 재정에 대한 의존도가 50%를 상회하거나 교수 인건비가 정부로부터
　　 지급되는 경우 정부의존형 사립대학(government-dependent private)으로 구분함.
　 2) 한국의 기능대학은 사립으로 간주한 자료임.
자료: OECD(2014). 채창균 외(20115)에서 재인용.

비율이 2%로 예외적으로 매우 낮은 상황에 놓여 있다. OECD 자료
에서는 사립으로 간주되어 있는 폴리텍대학을 국공립에 포함시키더
라도 그 비율은 5.5% 수준에 불과하다.

　2018년 현재 전문대학의 1인당 공교육비는 6,016달러(PPP 기준)
로 4년제 대학(1만 2,685달러)의 47.4% 수준에 불과하다(OECD 평균은
69.0% 수준). OECD 평균(1만 2,671달러) 대비로도 47.5% 수준에 지나
지 않는다.

[그림 2-8] 전문대학 전임교원 추이

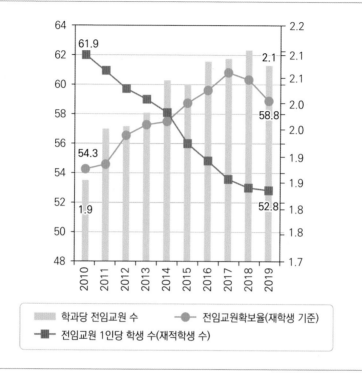

자료: 교육부 · 한국교육개발원(2019).

낮은 공교육비 수준은 미흡한 교육 여건으로 나타난다. 2019년의 전임교원 1인당 학생 수(재적 학생 수)는 52.8명으로 2010년에 비해 9명 정도 감소했지만 여전히 많은 편이다. 전임교원 확보율이 58.8% 에 불과한 상황이며, 결과적으로 학과당 전임교원 수가 2.1명에 지나지 않아 양질의 교육이 이루어지기를 기대하기는 어렵다.

우리나라의 전문대학은 풀타임 학위과정 위주의 운영으로 성인 대상 교육 기능이 미흡하다는 문제점도 가지고 있으며, 시간제 학생의 비율이 1%에도 미치지 못하는 실정이다. 반면에 주요 선진국의 경우를 보면 스위스 93.5%, 미국 57.6%, 영국 48.0%, 독일 42.2% 등 그 비율이 매우 높다. 이러한 결과로 볼 때 우리나라의 경우는 성인 대상 교육 기능이 미흡할 수밖에 없다. 특히 우려스러운 점은 최근 들어 학령기 학생 위주의 교육 경향이 오히려 강화되었다는 점이다. 전문대학 입학생 중 25세 이상 성인의 비중은 2007년에 18.4%에서 2019년에 10.0%로 크게 감소하였다.

[그림 2-9] **2019년 전문대학 시간제 학생 비중**

(단위: %)

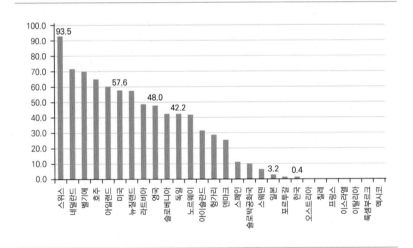

자료: OECD. Education Statistics; 한국 수치는 변기용·전수경·송인영(2019).

[그림 2-10] 전문대 입학생의 연령별 비중

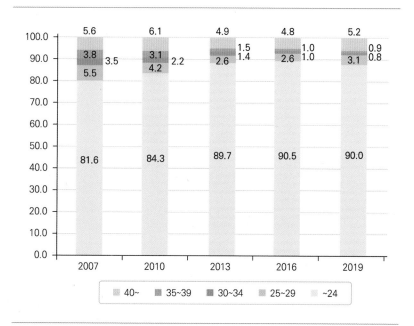

자료: 교육부 · 한국교육개발원(2019).

6. 평생학습의 기회 부족과 불평등

평생학습의 중요성이 지속적으로 강조되고 있음에도 불구하고, OECD 국가들과 비교해 보면 우리나라의 평생학습 참여율이 높지 않다는 사실을 확인할 수 있다. 우리나라의 평생학습 참여율(25~64세)은 50%로 다른 OECD 국가들과 비교 시 중간 수준이다. 통계가 이용 가능한 34개 국가 중 17위에 해당된다. 스위스가 69%로 가장 높고, 다음으로 뉴질랜드, 네덜란드, 스웨덴, 오스트리아, 노르웨이

[그림 2-11] 평생학습 참여율 국제 비교

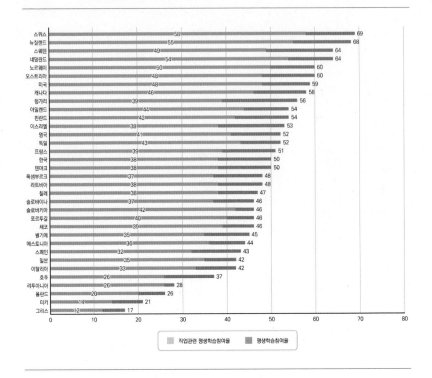

주: 국가마다 조사 시점이 다소 상이함(2012년 또는 2015년 또는 2016년).

자료: OECD.Stat-Adult education and learning,
    https://stats.oecd.org/Index.aspx?DataSetCode=EAG_AL, (2021. 07. 07. 접근)

등이 60%를 상회하는 높은 수준을 보이고 있다. 미국, 캐나다, 헝가
리, 핀란드, 아일랜드, 이스라엘, 독일, 영국, 프랑스, 덴마크 등도 우
리나라보다는 높은 참여율을 나타내고 있다.

직업 관련 평생학습 참여율을 보면 우리나라의 순위가 20위로 더
욱 낮아진다. 우리나라의 직업 관련 평생학습 참여율은 38% 수준으

로, 50%를 상회하는 스위스, 뉴질랜드, 네덜란드, 노르웨이 등에 비해 크게 낮은 편이다.

인적자본이 높은 층에 교육훈련이 집중되어 있으며, 인적자본의 수준이 낮은 층, 즉 교육훈련의 필요성이 높은 층이 교육훈련을 받을 가능성은 오히려 낮은 상황은 어떤 나라에서든지 일반적으로 확인되는 사실이지만, 이러한 경향은 다른 OECD 국가들에 비해 우리나라의 경우 훨씬 심각하다. 우리나라의 경우는 평생학습 기회의 불평등 문제가 다른 OECD 국가들에 비해 훨씬 심각해서, 평생학습이 노동시장에서의 불평등을 완화시키기보다 오히려 악화시키고 있는 것이 우리나라가 안고 있는 또 다른 문제라고 할 것이다.

[그림 2-12] **임금근로자 연령별 평생학습 참여율 국제 비교(25~44세 대비 비율)**
(단위: %)

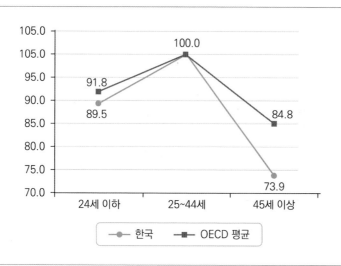

자료: 채창균(2020).

우리나라의 경우 다른 OECD 국가들에 비해 같은 성인이라고 하더라도 연령이 높아짐에 따라 평생학습 참여율이 급격히 떨어지는 양상을 보인다.

임금근로자의 학력별, 직종별, 정규직−비정규직 간, 대기업−중소기업 간 평생학습 참여율 격차도 OECD 평균 수준에 비해 우리나라가 더 크다.

[그림 2-13] **임금근로자 속성별 평생학습 참여율 격차**

(단위: %)

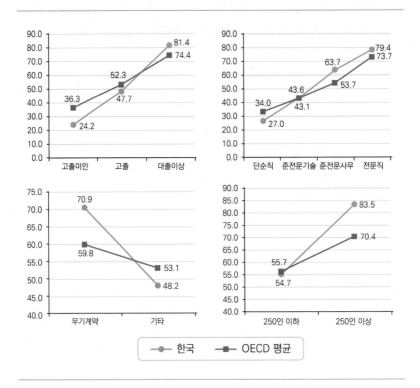

자료: 채창균(2020).

7. 일과 학습에서의 미진한 디지털 전환

국내외적으로 정치, 경제, 사회, 문화 각 방면의 변화를 촉발하고 있는 코로나바이러스 감염증－19(이하 '코로나19')로 인해 인적자원의 개발에 직결되는 일과 학습에 있어서도 디지털 전환(digital transformation)의 필요성과 가능성이 크게 대두되었다. '사회적 거리 두기'와 더불어 '원격 연결'의 경험을 모두가 예외 없이 체감함으로써 유사 이래 문자와 인쇄술, 전화와 인터넷 등 '비대면 연결'의 기술이 더욱 부각되면서 디지털기반의 전환을 한층 앞당기게 된 것이다. 'Phono Sapience'라는 신조어가 이야기하듯이, 스마트폰의 등장은 일상의 소통과 연결에 있어서 이미 시공간 제약을 크게 무너뜨렸다. 그리고 '메타버스'나 '디지털 트윈' 같은 디지털 기반의 가상공간 기술이 일상적인 등교나 출근뿐만 아니라 대학 강의와 수업, 제품의 생산·제조 및 유통 등의 공정까지 빠르게 잠식해 가고 있다.

디지털 기반 기술 및 콘텐츠는 개인과 조직의 자기주도성을 강화하고 조직의 거버넌스 및 투명성을 제고한다. 또한 디지털 전환은 학습이 곧 일로 연결되고, 일을 통한 학습이 인적자원의 역량 축적 방식으로도 기능할 수 있도록 한다. 기업들이 최신 ICT 기술을 바탕으로 하여 구성원들이 가치 창출이라는 목적을 공유하며 신속한 학습 및 의사결정을 이루는 팀별 네트워크 특성의 이른바 '탄력적 조직(agile organization)'으로 변화하고 있는 것이 좋은 예이다(McKinsey Agile Tribe, 2017). 그리고 디지털 기반 시스템으로의 전환은 인적자원개발에 있어서 운영 시스템뿐만 아니라 일과 학습에서의 공급 다양화 및 수요자 선택의 폭을 획기적으로 넓히는 혁신적인 변화도 수반한다.

비록 코로나19 사태가 우리 사회의 디지털 전환에 대한 소극적·저항적 분위기를 누그러뜨리는 획기적 계기가 되었지만, 여전히 초기 단계에 요구되는 대규모 투자의 부담뿐만 아니라 정부와 교육계, 산업계의 경직적이고 보수적인 태도, 각종 이해관계에 얽힌 사회관습 및 제도의 제약 등은 극복해야 할 과제이다. 예컨대 대한상공회의소(2020)의 기업 임직원을 대상으로 한 설문조사 결과에 따르면, 코로나19 이후의 비대면 업무가 업무 효율성 측면에서 큰 지장이 없거나(56.1%) 오히려 나아졌다는 응답(27.5%)이 높았고, 직원들의 만족도도 매우 높게 나타나고 있다(82.9%). 그러나 코로나19 기간 중 비대면 업무방식을 채택한 기업은 사업체 규모가 큰 대기업 위주이고, 중소기업의 경우 그 비율이 매우 낮을 뿐만 아니라 기업 규모에 반비례하는 것으로 나타난다(김승보 외, 2021: 154).

또한 비대면 업무방식의 채택은 산업별 특성에 의해서도 매우 큰 차이를 보인다. 인터넷·게임, 통신·미디어 등 디지털 친화적인 산업의 비대면 업무방식 채택률은 높은 반면, 전통 산업인 자동차·건

[그림 2-14] **기업 규모별 원격근무 시행 현황**

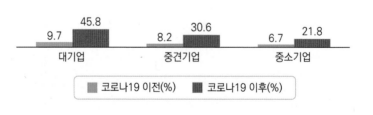

자료: 대한상공회의소(2020. 06. 30.). 코로나19 이후 업무방식 변화 실태조사.

[그림 2-15] 업종별 유연근무제 경험 비율

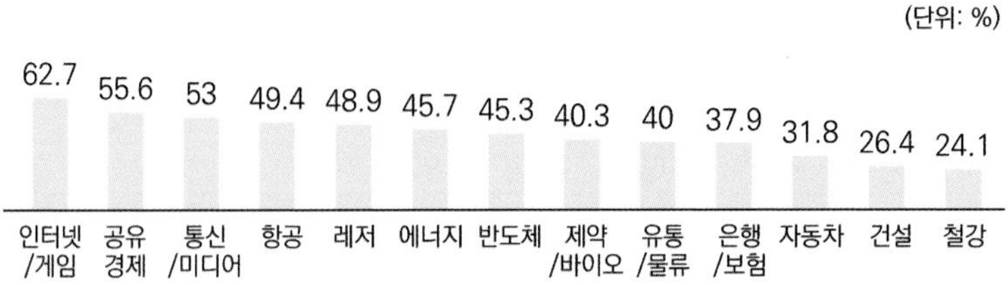

(단위: %)

인터넷/게임	공유경제	통신/미디어	항공	레저	에너지	반도체	제약/바이오	유통/물류	은행/보험	자동차	건설	철강
62.7	55.6	53	49.4	48.9	45.7	45.3	40.3	40	37.9	31.8	26.4	24.1

주: 전체 N=1,000

자료: KED Quarterly Brief 제2호(2020. 08. 31.).

설·철강 등은 그 비중이 매우 낮다. 디지털 전환이 기업 규모별로 그리고 업종별로 큰 온도 차를 보이고 있는 것이다.

고등교육에 있어서도 상황은 유사하다. 비대면 방식의 강의와 수업이 이루어지기 위해서는 LMS 서버 및 프로그램의 장착, 스마트 클래스 및 대화형 플랫폼의 구축, 전문 지원인력 등과 같은 초기 단계의 대규모 인프라 투자가 요구된다. 사실, 대학에서의 디지털 전환 논의는 우리나라에서 그 역사가 결코 짧지 않다. 그러나 이 같은 초기 단계에 요구되는 대규모 투자의 부담은 정부와 교육계의 경직적이고 보수적인 태도와 제도적 제약 등으로 인해 대학에서의 디지털 전환을 지체하게 하는 요인으로 작용하였다. 코로나19가 발생하기 전인 2019년까지 우리나라 일반대학의 비대면 수업(온라인 강의) 비중은 0.92%에 불과하였다. 그러나 코로나19가 발생하고 비대면 수업이 본격화된 2020년 2학기의 경우 전면 대면 수업이 이루어진 비율은 전체 수업에서 불과 0.3~1.5%에 불과하다.

<표 2-8> 온라인 동영상 강의 비중 상위 7개 대학(2019년)

구분	대학 전체	건국대	광주여대	세종대	한국 해양대	예원예대 2캠퍼스	총신대	대구 한의대
총강좌	593,674	4,958	1,694	4,314	2,965	285	849	3,158
온라인강좌	5,464	231	74	166	101	9	25	88
온라인(%)	0.92	4.66	4.37	3.85	3.41	3.16	2.94	2.79

자료: 엄미정(2020: 98).

급작스러운 비대면 강의 및 근무의 도입은 여러 측면에서 많은 혼
란과 시행착오를 초래하였다. 그러나 팬데믹이 종결된다고 해서 다시
코로나19 사태 이전의 상황으로 돌아갈 수 있는 성질의 사안이 아니
다. 중장기적인 패러다임 차원에서 기업이나 대학에서의 디지털 전환
에 대응할 필요가 있다. 그리고 초기투자의 여력을 갖추지 못한 중소
기업이나 디지털 전환에 대한 대학의 소극적·부분적 접근은 향후 일
과 학습에서의 '디지털 연결'이 원활한 기업·대학과 그렇지 않은 기
업·대학 간의 디지털 격차 정도에서 '나비효과'로 작용할 수 있다.

<표 2-9> 코로나19 시기 국내 대학의 비대면 수업 운영현황(2020년 2학기)

[단위: 개교(%)]

기간[1]	대학 수업방식 현황					
	전면 비대면	전면/병행 교차[2]	대면· 비대면 병행	실험·실습·실기 수업만 대면	대면 수업	합계
9월 1주	144(43.4)	80(24.1)	69(20.9)	37(11.1)	2(0.6)	332(100)
9월 2주	196(59.0)	41(12.3)	55(16.6)	39(11.7)	1(0.3)	332(100)
9월 3주	132(39.8)	44(13.3)	72(21.7)	83(25.0)	1(0.3)	332(100)
9월 4주	104(31.3)	47(14.2)	81(24.4)	99(29.8)	1(0.3)	332(100)
10월 1주	87(26.2)	44(13.3)	92(34.3)	114(34.3)	5(1.5)	332(100)

주: 1) 대학 수업운영 방식 현황은 매주 월요일 기준 집계(전체 332개 4년제 대학 및 전문대학).
　　2) 사회적 거리두기 단계(3단계: 전면 비대면, 2단계: 대면·비대면 병행)에 따라 교차 시행.
출처: 남궁지영(2020: 2) <표 1> 변형.

제3절

정책 과제

1. 고등교육 체제를 재구조화하자.

우리나라의 고등교육 체제는 일반대학과 전문대학으로 이원화되어 있다. 2021년 현재 일반대학으로 유형화되는 대학은 모두 192개교이며, 전문대학은 133개교가 존재한다. 전문대학은 2년제, 3년제과정을 운영하여 전문학사를 제공하는 기관으로 대체적으로 동질적이다. 반면, 200여 개에 달하는 일반대학은 내부 구성이 매우 다양하다. 오랜 전통을 가진 연구중심대학이 있는가 하면, 전문대학에서 승격된 대학도 있다. 이렇게 이질적임에도 불구하고 동일한 방향을 지향하는 것이 일반대학이 처한 문제이다. 모든 일반대학들이 대체로 연구중심대학을 지향하고 있으며, 백화점식으로 학과를 갖추어 놓고 있다.

그 이유는 모든 일반대학이 단일의 유형으로 구분되어 있는 탓이 크다. 그런 점에서 현재 일반대학과 전문대학으로 이원화되어 있는 우리나라 고등교육 체제에 변화를 줄 필요가 있다.

하나의 대안은 일반대학의 유형을 소수의 연구중심대학과 다수의 직업교육중심대학으로 구분하고(예를 들어 일반대학의 1/3 정도를 연구중심대학으로 재분류) 전문대학도 직업교육중심대학에 포함하는 식으로 새롭게 이원화하는 것이다. 이러한 유형화는 대학 체제가 보통의 대학(university)과 응용과학대학(university of applied science)으로 이원화되어 있는 핀란드 등 일부 유럽 국가의 고등교육 모델과 유사하다. 일부 대학을 제외한 대부분의 일반대학은 사실상 재학생의 취업이 우선적인 교육목표가 될 수밖에 없다는 점에서 명시적으로 직업교육중심대학이라는 것을 선언하고 그 방향으로 가용 재원을 집중하는 것이 바람직해 보인다. 또한 전문대학을 직업교육중심대학으로 분류하고 2, 3년제 교육과정만이 아닌 4년제 교육과정도 운영할 수 있도록 하는 것은 4차 산업혁명의 진전에 따른 요구 숙련 수준의 제고에 부응하고, 아울러 전문대학 교육의 질을 높이는 긍정적인 효과도 가질 것으로 기대된다. <표 2-5>에서도 확인했던 것처럼, 일부 일반대학의 경우 교육과정이 전문대학과 큰 차이가 없어 보인다는 점에서 일부 일반대학과 전문대학을 묶어 하나의 유형으로 구분하는 것이 적절할 수 있다.

그러나 일반대학과 전문대학의 구분을 없애는 것에 대한 우려의 목소리도 있다. 2, 3년제 과정으로 충분한 교육과정이 불필요하게 4년제 과정으로 수렴되는, 즉 학력 인플레 문제가 클 것이라는 지적이다. 현재도 다른 선진국들에 비해 과잉학력의 문제가 심각한 것이 우리나라의 현실인데, 이러한 문제점이 확대 재생산될 가능성을 염려하는 것이다. 또한 앞에서 살펴보았던 것처럼, 전문대학의 교육여건이 일반대학에 크게 미치지 못하는 상황에서 전문대학을 일부 일반대학과 동일한 유형으로 재구조화하는 것이 과연 적절한 방향인지에 대해 문제 제기가 있다.

그렇다면 일반대학과 전문대학의 유형 구분을 그대로 두는 대신, 교육 여건이 대단히 상이한 대학들이 동일한 일반대학 유형으로 묶여 있는 문제점을 해소하기 위해 일반대학을 연구중심대학과 교육중심대학으로 이원화하고, 전문대학의 경우 학위중심의 교육과정보다는 성인의 생애에 걸친 다양한 교육수요에 대응하는 식으로 재편하는 것이 보다 바람직한 고등교육 체제의 재구조화 방향일 것으로 판단된다. 이는 연구중심대학(University of California), 교육중심대학(California State University), 커뮤니티 칼리지(California Community College)의 3원화된 체제로 운영되는 캘리포니아 주립대학교 시스템과 유사하다.

물론 이때 교육중심대학이 연구기능을 전혀 수행하지 않는 것은 아니다. 연구보다는 교육에 더 방점을 둔다는 의미이며, 일부 연구기능의 수행은 가능하지만 응용과학 분야의 연구가 중심이 될 것이라는 점에서 기초과학 분야의 연구에 더 강조점을 두는 연구중심대학과는 차별화된다고 할 것이다.

이러한 3원 체제로의 재구조화는 권역별로 이루어져야 한다. 국가균형발전의 차원에서 연구중심대학 – 교육중심대학 – 커뮤니티 칼리지가 각 권역별로 완결된 구조를 가질 수 있도록 재구조화하는 것이 필요하다.

[그림 2-16] **고등교육 체제의 재구조화**

2. 특성화를 중심으로 대학 구조를 전면 개편하자.

대학 서열화는 전공에 따라 어느 학교, 어느 학과가 우수한가를 판단하기보다 학교를 선택하도록 하고 있으며, 이러한 선택 방식은 대학이 굳이 특정 학과와 전공 영역으로 특성화하는 것을 막고 있다.

대학이 특정 전공 영역으로 특성화하지 못할 경우 한 학과당 교수는 6~7명에 불과하고, 이러한 교수 인원으로는 전문적이고 다양한 교육과정을 구성하여 수준 높은 교육을 수행하기가 어렵다.

또한 대학교육 혁신의 핵심으로 혁신적인 교수·학습 방법(프로젝트 수업, 융합 교육과정 등)은 교육의 전문성과 다양성을 기반으로 하고 있는데, 현재와 같은 교수 규모와 교육과정으로는 다분히 형식적으로 진행될 개연성이 높다. 이러한 문제를 해소하기 위해서는 전공 영역별로 특성화를 추진하여 대학의 경쟁력을 강화할 필요가 있다.

전공 영역별로 특성화된 학과의 기준은 관련 전공 분야 20명 이상의 전임교수와 50개 이상의 전공 교과목을 갖추도록 한다. 또한 많은 교수와 교과목은 교육과정의 전문성을 강화하고 트랙 제도를 운영할 수 있게 하며, 인접 분야 융합을 통한 융합형 인재 양성을 가능하게 한다.

이러한 전공 영역별 특성화를 통해 일정 기준을 충족할 경우에는 특성화 대학의 명칭을 부여하고, 학생 모집에 대한 자율권을 부여함으로써 대학의 특성화를 유도할 수 있다.

특성화 사업은 인접 지역에 있는 대학 사이의 학과 교환 방식으로 이루어질 수 있으며, 재정 지원을 통해 사립대학의 특성화를 유도하는 정책을 수행할 수 있다.

[그림 2-17] 전공 영역별 특성화 전략

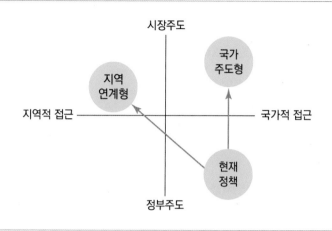

자료: 최영섭 외(2019: 96).

    전공 영역별 특성화는 국가 수준에서의 특성화와 지역 수준에서의 특성화로 차별화하여 추진하는 것이 효과적이다. 지역연계형은 지역 산업과 연계하여 특성화를 추진하며, 국가주도형은 미래 전략 산업 중심의 특성화를 추진한다. 이를 통해 현재의 정부 주도, 그리고 국가적 혹은 전국적 수준에서 이루어지는 특성화를 지역연계형과 국가주도형으로 차별화하되 상호 연계를 통해 대학의 전문성, 다양성, 융합성을 실현할 수 있으며, 궁극적으로 대학의 국제 경쟁력을 높일 수 있다.

    연구중심대학과 교육중심대학의 특성화 방향은 서로 달라야 한다. 연구중심대학의 경우 기초과학과 인문과학의 전공특성화에 집중 투자하고, 교육중심대학의 경우 지역 산업과 연계된 응용과학의 전공특성화에 집중 투자하는 방식으로 차별화가 필요할 것이다.

3. 지방대학 운영에 지방정부의 참여를 확대하자.

중앙정부 중심의 지원체제로 인해 지방정부의 참여가 사실상 제한되어 있다. 대학지원사업이나 산학협력사업 등은 중앙정부의 고유한 사업으로 자리매김했으며, 지방정부가 참여하는 경우는 매우 드물다. 재정지원사업의 경우 중앙정부 대비 지방정부의 지원 과제 수는 15%이고, 재정지원액은 8%에 불과하다.

〈표 2-10〉 대학 재정지원사업 현황(2017)

구분	과제 수	지원액
중앙정부(A)	4,208	512,630,504
지방정부(B)	637	41,383,092
합계	4,843	554,013,594
(B/A)×100 (%)	15.1	8.1

자료: 대학알리미 원자료(2019. 09. 01.); 최영섭 외(2019: 80) 재인용.

지방정부가 지역의 대학 운영 참여를 통해 지역 중심의 산업－고용－교육 구조의 연계체제를 수립할 수 있다. 현재의 인력개발과 관련한 산학협력에서는 지방정부의 참여가 높지 않은 상황으로 지방정부의 산학협력에 대한 참여를 더욱 적극적으로 유도할 필요가 있다.

「지방대학 및 지역균형인재 육성에 관한 법률」에 따라 대부분의 지방자치단체가 지역균형인재양성 협의회를 운영하고 있으나 대학의 의견을 수렴하는 정도에 그치고 있으며, 실질적인 사업추진 기구를 두고 있지는 않다.

그러나 부산광역시에서 2019년 시청조직에 '대학협력단'을 두고 산학협력과 대학지원업무를 추진하면서 산학협력에 적극적으로 참여하고 있어 변화의 가능성을 보여 준다.

개별 대학 중심의 산학협력으로는 20명 이상을 대상으로 교육을 시키는 대학의 구조와 2~3명의 소규모 인력을 필요로 하는 지역 산업 수요의 미스매치를 해소하기가 어렵다. 산학협력 사업에서 캡스톤디자인, 계약학과, 주문형 교육과정 등 산업수요에 맞는 교육을 추진하려고 하고는 있으나, 대기업을 제외하면 특정 분야별 인력수요는 소수에 그치므로 이를 대학의 교육에 직접 적용하기는 어렵다.

산학협력사업에 중소기업이 참여하기 위해서는 여러 개의 중소기업의 인력수요와 한 대학의 인력공급을 매칭할 수 있는 구조가 필요하지만, 현재 대학중심의 산학협력사업으로는 이러한 수요를 충족시키기가 어렵다.

[그림 2-18] 지방정부 산학협력 허브기관 개념도

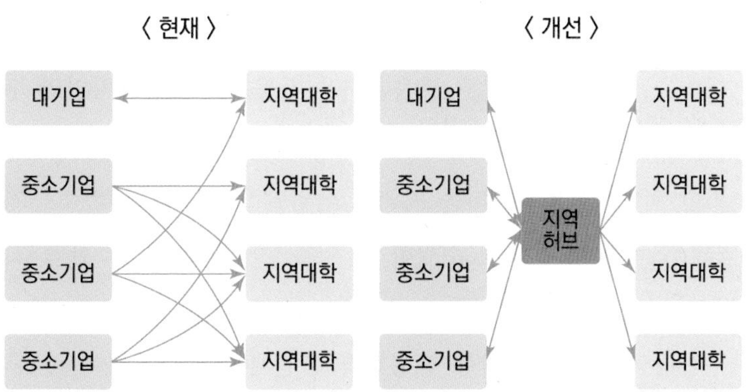

자료: 최영섭 외(2019: 86).

지방정부의 참여하에 지역의 기업과 대학을 연계하는 허브기관을 설립하여, 지역 중소기업을 포함한 지역의 산업에서 필요로 하는 인력의 수요를 조정할 필요가 있다.

지방정부 산하의 허브기관은 중소기업의 소규모 인력수요를 통합하여 이를 제공할 수 있는 대학과 협력관계를 구축함으로써 현재 산학협력사업에서 소외되어 있는 중소기업의 참여를 확대할 수 있다. 필요에 따라서는 지역 연구소의 참여로 산학협력의 핵심적 인프라로 작동할 수 있다.

지방정부 산하 산학협력센터의 세부 설립 및 운영 방안을 다음과 같이 제시할 수 있다.

지방정부 산하의 산학협력센터를 통해 지역 수준에서 인력의 공급기관인 학교와 인력의 수요기관인 기업을 상호 연계하여 중소기업의 참여를 활성화할 수 있다. 중소기업이 대학과 직접적인 산학협력을 수행하기에는 인적·물적 자원의 한계가 크고 인력수요가 적기 때문에 대학이 중소기업 맞춤형 인력양성을 하기 어려운 상황이다. 이에 산학협력센터가 다수 중소기업의 수요를 파악하고, 이를 수행할 대학을 선정하여 관련된 교육훈련을 제공한다면 중소기업의 수요를 충족할 수 있을 것이다.

또한 지역산학협력센터는 지역의 산업발전 계획과 전망에 근거한 지역의 인력양성 정책을 수립하고, 이를 기반으로 지역 산업 기반 인력의 양성과 공급을 지원할 수 있다.

부산광역시는 '시-대학 상생협력 추진계획'을 수립하여 시와 대학의 협력사업을 대학협력단에서 총괄하는 것으로 계획을 수립하고

2019년 대학협력단을 부산광역시 행정조직으로 구성하였다. 부산광역시 대학협력단에는 대학협력팀과 산학협력팀을 두어 대학지원사업과 산학협력사업을 각각 운영하였다.

부산광역시의 대학협력 거버넌스에서 가장 특징적인 부분은 '대학협력관 TF'의 운영이다. 대학협력관 TF는 대학으로부터 6명의 직원을 파견받아 구성하며, 시-대학 간에 상시적인 협력체계의 기초가 되었다.

부산광역시의 산학협력단은 산학협력센터의 초보적인 수준으로 산업수요와 대학을 직접 연결하지는 못하고 있으나, 향후 이를 연계하는 방식으로 발전할 가능성이 높다.

한편 지방대학의 운영에 지방정부의 참여를 확대하기 위해서는 지방정부의 부족한 재정에 대한 대책 마련이 전제되어야 한다. 이를 위한 하나의 방안은 중앙에서 지방 국립대학과 사립대학에 지원하던 금액의 절반 정도를 지방교부금(민간경상보조금)의 형태로 지방정부에 내려보내 이것을 주된 재원으로 하고, 여기에 지방정부의 별도 재원을 더해 지방대학을 지원하는 것이다.

4. 한계대학을 신속히 정리하자.

한계대학을 신속히 정리하는 것이 필요하다. 회생 불가능한 대학은 빨리 식별해서 폐교 절차를 추진해야 한다. 그것이 학생과 교직원에 대한 피해를 줄이고 사회적 비용을 최소화하는 길이다. 지역사회에 미치는 부정적인 영향은 폐교 시설의 적절한 재활용을 통해 해소될 수 있는 만큼, 지역사회에 대한 경제적 타격을 이유로 구조조정을 미루는 것은 적절하지 않다.

그간의 교육부 평가를 통해 한계대학이 적절히 식별되고 있는지도 다소 의문이어서, 교육부 재정지원사업의 결과로 한계대학이 저절로 구조조정이 될 것으로 기대하기도 어렵다.

교육부의 본격적인 부실 대학 관리는 2010년 재정지원 제한 대학 사업의 도입(평가 적용은 2011년)에서 시작되었다. 그 후에는 대학구조개혁평가(2015~2017)와 대학기본역량진단(2018~)을 통해 부실대학을 관리하였다. 경영위기 대학을 표현하는 방식은 재정지원 또는 학자금 대출 제한 대학, 경영 부실 대학 등 다양하게 활용하였으며, 2018년 2주기 대학기본역량진단부터 한계대학이라는 표현을 도입하였다. 이때의 한계대학은 1, 2주기 연속 최하위 등급 대학, 기관평가 인증 시 불인증 대학, 부정·비리로 인한 정상적 학사운영 불가능 대학, 학생 충원율(신입생, 재학생)이 현저하게 낮은 대학을 의미한다(서영인 외, 2020).

이들 교육부 사업을 통해 한 번이라도 한계대학의 범주에 속하게 된 4년제 대학들의 주요 교육지표를 보면, 일부 교육지표(신입생 충원율, 취업률 등)가 4년제 대학 평균 수준보다 오히려 높다는 사실을 확인할 수 있다. 이러한 결과는 교육부의 재정지원사업을 통해 한계대학이 제대로 선정되었다기보다는 비록 부분적이라고 하더라도 역선택(adverse selection)이 있었을 개연성을 완전히 배제하기 어렵다. 한계대학에 가까운 대학일수록 한계대학으로 분류되지 않기 위해 '필사적인 노력'(대학의 근본적 체질 개선을 위한 노력이라기보다는 일부 정량

지표의 개선과 외부 컨설팅을 통한 '그럴 듯한' 평가보고서 작성 노력)을 기울인 반면, 한계대학으로 분류될 가능성이 낮다고 판단한 일부 중간 수준 대학이 '어중간하게' 평가에 대응했던 결과일 수 있는 것이다.

특히 교육부 사업을 통해 한 번이라도 한계대학에 포함된 후 거

〈표 2-11〉 **부실 유경력 대학 주요 교육지표별 현황**

(단위: %)

구분		부실 유경력 대학					4년제 대학 전체 평균 (2018)
		2016	2017	2018	3년 평균	증감률 (2016 대비)	
재학생 충원율	전체	91.0	90.6	91.9	91.1	1.2	94.8
	수도권	93.2	92.5	93.9	93.2	0.7	97.0
	비수도권	90.2	89.9	91.2	90.4	1.4	93.4
신입생 충원율	전체	97.1	96.5	96.4	96.7	-0.9	95.4
	수도권	97.5	97.8	97.6	97.6	0.4	96.0
	비수도권	97.0	96.0	96.0	96.3	-1.3	95.0
중도탈락률	전체	6.2	6.3	7.0	6.5	14.1	5.3
	수도권	5.6	5.4	6.0	5.7	10.2	4.3
	비수도권	6.5	6.6	7.4	6.8	15.4	6.0
취업률	전체	70.4	71.1	64.3	68.6	-1.3	62.3
	수도권	69.2	75.9	66.9	70.7	0.9	60.7
	비수도권	71.6	68.8	61.8	67.4	-2.1	63.4
전임교원 확보율	전체	87.4	90.8	89.9	89.4	2.3	93.3
	수도권	87.2	92.9	91.7	90.6	2.1	85.5
	비수도권	87.5	90.0	89.2	88.9	2.3	98.3

주: 4년제 전체 대학(2018) 지푯값은 국립 · 공립 · 사립/일반 · 산업 · 교육대학 기준(폐교 제외), 대학알리미 데이터를 활용 · 재구성함.
자료: 서영인 외(2020)에서 재인용.

기에서 탈출한 대학들의 경우 과연 진정한 의미의 한계대학인지 의문을 갖게 하는 면이 있다.

이러한 점에 비추어 본다면, 지금까지와는 다른 새로운 방식으로 한계대학을 파악해야 할 필요성이 크다. 한계대학이라는 것을 잘 보여 줄 수 있는 적절한 지표를 개발하고, 이를 토대로 한 모니터링이 요구된다.

또한 한계대학 정리 시 재단 측이 자진해서 폐교할 수 있도록 유인책을 마련하는 것은 불가피할 것이다. 이를 위해서는 청산 후 잔여 재산의 귀속을 허용하는 특별법을 제정해야 한다. 다만 국민의 반발이 있을 수 있는 잔여 재산의 개인 귀속은 곤란하다. 개인이 아닌 공익법인의 설립 재산으로 출연하도록 하는 것이 적절할 것이다.

5. 지방 국립대학의 경쟁력 제고를 지원하자.

지방대학 살리기는 지방 국립대학에서부터 시작해야 한다. 지방 국립대학을 살리기 위해서는 앞에서도 강조되었던 것처럼 규모(특히 학과 규모)가 중요하다.

현재 지방 국립대학의 학과당 평균 전임교원 수는 5.5명으로 지방사립대학의 5.1명과 유사하고, 서울 소재 국공립대학 10.7명의 절반 수준에 불과하며, 서울 소재 사립대학의 7.7명에도 미치지 못한다. 이러한 상황에서 지방 국립대학이 양질의 교육을 제공할 수 있을 것으로 기대하기는 어렵다. 충실한 교육과 연구가 가능하기 위한 임계치를 확보하려면 지역 내 국립대학 통폐합이 요구된다.

[그림 2-19] 학과당 평균 전임교원 수

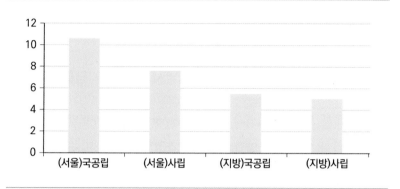

자료: Academyinfo.go.kr/index.do (2021. 07. 01 접근)

또한 지역별 특성화를 추진해야 한다. 경북대학교 전자공학부나 부산대학교 기계공학부의 경우 전임교원 수가 각각 73명과 56명에 달할 정도로 어느 정도의 규모를 확보하고 있는데, 이는 과거 특성화 정책의 산물이다. 이와 같은 특성화를 보다 강도 높게 추진해야 하며, 관련해서 지역별 산업 특성에 맞추어 지역 간 학과 스왑 등도 적극적으로 검토해야 한다.

지방 국립대의 경쟁력 제고로, 여기에서 육성된 인재가 그 지역에 머무를 수 있도록 하기 위해서는 권역별로 '응용 R&D 연구원'을 설립하고, 이와 더불어 현재 51개에 달하는 국책연구기관의 분원을 권역별로 설치할 필요도 있다(51개 국책연구기관 중 대전 이남에 위치하는 기관은 7곳에 불과함). 이들 연구원의 설치는 기업의 지역 내 유입을 용이하게 할 수 있을 것으로도 기대된다. 이러한 일자리들이 지역에서 육성된 인재들이 그 지역에 머무르게 하는 긍정적인 효과를 갖는다면, 지역국립대학의 경쟁력 강화와 양질의 지역 내 일자리 창출이 서로 선순환하는 구조를 만들 수 있을 것이다.

6. 한국형 커뮤니티 칼리지(지역사회대학)를 만들자.

여기에서 말하는 지역사회대학이란 성인중심, 파트타임 중심의, 즉 양질의 유연하고 다양한 평생학습과정의 제공(물론 전문학사 과정도 제공)은 물론, 직업계 고교와 4년제 대학과의 유기적 연계가 확보된 second-chance 지원 기능을 수행하며 공공성을 가진 열린대학(open university)을 말한다. 이러한 지역사회대학을 만들어서 지역에서 평생학습이 활성화되도록 지원하자는 것이다. 이는 전문대학의 재구조화 방안이기도 하다.

지역 내 핵심 평생학습기관으로서의 역할 수행은 일반대학이나 지역 내 비대학 평생학습기관보다는 전문대학이 더 적합하다. 지역 내 중추적 평생학습기관은 학령기 학생 대상 학위과정 중심이 아니라 성인 대상의 비학위과정 중심으로 운영되어야 하는 반면, 일반대학의 경우 학위과정 중심으로 운영하는 것이 불가피하고 학위과정의 질 제고가 지금 상황에서 더 중요한 당면 과제이다. 한편 지역 내 비대학 평생학습기관에 비해서는 전문대학이 인적자원과 시설, 기자재 등의 인프라가 더 양호하다. 고등교육의 보편화와 대중화에 따라 평생교육이 대학 수준으로 상향될 수밖에 없는 상황임도 고려해야 한다(최운실, 2004). 이러한 점들에 비추어 본다면, 전문대학이 일반대학이나 지역 내 비대학 평생학습기관에 비해 지역 내 중추적 평생학습기관으로서의 역할을 수행하기에 더 적합한 잠재력이 있다고 판단된다.

　외국의 경우에도 평생학습 공급기관으로서 대학의 역할이 중요하며, 대학 중에서는 일반대학보다는 실용적인 직업교육에 치중하는 대학들이 중추적 평생학습기관의 역할을 수행하고 있다. 핀란드에서는 개별 대학들이 열린대학(open university)을 운용하고 있으며, 이러한 열린대학이 중추적 평생학습기관으로 기능하고 있는데, 열린대학의 성인강좌 시간의 경우 대학보다는 응용과학대학의 비중이 훨씬 높다. 대학의 열린대학 성인강좌가 6만 9,164시간인 반면, 응용과학대학의 경우 28만 3,361시간으로 대학에 비해 4배 이상 많은 상황이다(장수명, 2016). 독일 대학의 평생교육체계도 전통 엘리트 대학보다는 응용과학대학(Fachhochschule)에서 더 활성화되어 있다(박성희·권양이, 2019). 미국의 경우 일반대학보다 커뮤니티 칼리지가 지역 내 중추적인 평생학습기관으로서의 역할을 수행하고 있다.

　지역사회대학을 만들기 위해서는 단기적으로는 '평생학습공유대학'의 구축을 통해 지역 내 평생학습 제공 기관 간 유기적 연계, 협력 체제를 모색할 필요가 있다. '평생학습공유대학'이란 지역 내 평생직업교육 프로그램 제공 대학(도립 전문대학, 사립 전문대학, 일부 4년제 대학, 폴리텍대학 등), 평생학습기관, 직업훈련기관 등이 개별 기관에 대한 오너십은 유지하면서 평생직업교육 관련 프로그램을 공동으로 운영하는 형태를 의미한다. 평생학습공유대학의 중심축 역할은 기존의 폴리텍대학과 도립 전문대학이 수행할 수 있을 것이다. 참여 기관의 경우 기관 전체의 참여도 가능하고 일부 프로그램의 참여도 가능하도록 한다.

중장기적인 관점에서는 지역 내 '평생학습공유대학'을 단일의 '지역사회대학'(한국형 커뮤니티 칼리지)으로 발전시켜 나가도록 한다. 폴리텍대학과 도립 전문대학이 주축이 되어 지역 내 사립 전문대학과 민간훈련기관을 흡수 합병하는 형태가 될 것이다.

7. '전 국민 평생장학금'을 도입하여 평생학습에 대한 비용지원을 강화하자.

평생학습의 중요성에 비추어 모든 국민들에게 평생학습권을 보장해 주어야 한다. 고용을 기반으로 기업을 통해 지원하는 방식에서 벗어나 모든 국민들 개개인에게 평생학습 참여를 시민권으로서 보장할 필요가 있다. 이를 통해 원천적으로 평생학습의 사각지대를 해소해야 한다.

최근 들어 이와 관련해서 의미 있는 법령의 개정이 있었다. 2021년 6월에 개정된 「평생교육법」 제1조(목적)에 따르면, "모든 국민이 평생에 걸쳐 학습하고 교육받을 수 있는 권리를 보장"한다는 내용이 추가되었다.

시민권으로 평생학습권이 보장되기 위해서는 평생학습에 대한 접근성이 높아지도록 적절한 비용지원이 요구된다. 「평생교육법」 제16조의2에서 "국가나 지방자치단체는 모든 국민에게 평생교육의 기회를 제공할 수 있도록 신청을 받아 평생교육이용권을 발급할 수 있다."라고 규정하여 평생학습에 대한 보편적 재정지원의 법적 근거는 마련되어 있다. 또한 '국민 내일배움카드제'와 '평생교육 바우처'와 같은 제도가 구축되어 있다. 그러나 두 제도 모두 여러 한계를 가지고 있어서 여기에 대한 적극적 보완이 요구된다.

고용노동부의 '국민 내일배움카드제'는 일정 연령 이상의 전 국민을 대상으로 하고 있고 1인당 300만~500만 원까지 지원하지만, 계좌 유효기간은 발급일로부터 5년으로 설정되어 있어 전 생애에 걸친 대응이 곤란하다. 또한 '직업 관련성'에 국한되어 있으며, 소득 요건에 따른 대상 제한이 존재한다. 또한 예산 규모를 책정하고 소진 시 더는 지원이 이루어지지 않는 방식이다. 결국 사실상 전 국민 대상이 아니며, 전 생애에 걸친 다양한 학습 수요에 대응하기에는 한계가 있다.

교육부의 '평생교육 바우처'는 9세 이상의 기초생활 수급자, 차상위계층, 기타 저소득층(기준 중위소득 65% 이하 가구 구성원, 1인 가구는 120%) 중 8,000명을 기준으로 1.5배 내외까지 선정하여 1인당 연간 35만 원 이내에서 평생교육 강좌 수강료를 지원하는데, 지원대상의 범위가 좁고, 지원 수준도 낮으며, 「평생교육법」에 따른 평생교육기관의 프로그램에 대해서만 사용이 가능하다는 한계가 있다.

이에 고용노동부의 '국민 내일배움카드제'와 교육부의 '평생교육 바우처'를 통합하고, 모든 국민 대상, 전 생애 대상, 다양한 교육 프로그램의 참여에 대한 지원 등을 핵심 내용으로 하는 '전 국민 평생장학금' 제도를 도입할 필요가 있다.

'전 국민 평생장학금'은 모든 국민을 대상으로 생애에 걸쳐 청년(만19~34세)과 만 35세 이상 연령층의 2단계로 구분하여 지원하도록 한다. 청년(만 19~34세)에 대해서는 '생애최초장학금'을, 만 35세 이상 연령층에 대해서는 '생애전환장학금'을 지급하는 것이다.

[그림 2-20] '전 국민 평생장학금'의 구조

'생애최초장학금'의 지원 규모는 국공립대학 4년간 등록금 수준(1인당 약 1,600만 원)으로 한다. 이 장학금은 대학 진학자만이 아니라 비진학자에게도 동일하게 바우처 형태로 지급한다.

만 19세가 되는 연령에 바우처를 지급(대학 진학 연령이 만 19세 이전인 경우 대학에 진학한 해부터 지급)하도록 하면, 소요 재원은 많게는 약 6.9조 원(43만 명 × 1,600만 원, 2025년), 적게는 약 4.5조 원(28만 명 × 1,600만 원, 2041년) 정도로 추산된다.

'생애전환장학금'은 35세 이상 연령층이 전 생애에 걸쳐 (경력 전환 등을 위한) 교육훈련을 받는 경우 그 비용을 지원하기 위한 제도로 1인당 1,000만 원 범위 내에서 바우처 형태로 지원한다.

만 35세가 되는 연령에 바우처를 지급한다면, 소요 재원은 많게는 약 7.6조 원(76만 명 × 1,000만 원, 2028년), 적게는 약 4.4조 원(44만 명 × 1,000만 원, 2041년) 정도로 추산된다.

종합하면, '전 국민 평생장학금'에 소요되는 재원은 많게는 15.1조 원(2027년), 적게는 9.0조 원(2041년) 정도로 추산된다. 이 경우 현재의 국가장학금제도는 '생애최초장학금'으로 대체된다. 현재의 국가

[그림 2-21] 전 국민 평생장학금 소요 재원 추정

(단위: 조 원)

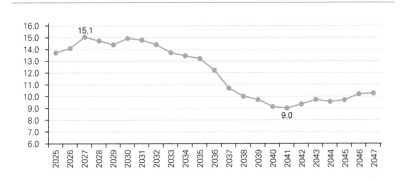

자료: 통계청(2019).

장학금 규모가 3.6조 원 정도임을 고려하면, 실제적인 추가 소요 재원은 5.5조~11.5조 원 정도가 될 것이다.

소요 재원의 연도별 추이를 보면, 2027년 이후 인구 감소에 따라 지속적인 하락세를 보일 것으로 전망된다([그림 2-21] 참조).

소요 재원의 부담을 줄이고 제도의 지속가능성을 담보하기 위해서는, 바우처를 사용한 국민이 사망하여 상속할 자산이 있는 경우 바우처 사용 금액을 먼저 세금으로 국가에 납부하게 하고, 나머지 자산에서 상속세를 납부한 후 남는 자산을 상속하게 하는 방안을 적극 검토할 필요가 있다.

학습비용의 지원과 더불어 학습기간 중의 적절한 생계보장도 중요하다. 먼저, 부분실업급여의 도입이나 자발적 실업에 대한 제한 완화 등을 통해 학습에 따른 소득손실을 일정 정도 보상해 주는 방안을 적극 시행할 필요가 있다.

부분실업급여가 도입되면 교육훈련 참여에 따른 소득감소를 일정 정도 보전해 주는 것이 가능해져 평생학습의 활성화에 기여할 것으로 기대된다. 또한 자발적 실업 시에도 실업급여의 지원이 가능하도록 고용보험제도를 개편한다면, 직장을 그만두고 교육훈련에 참여하는 경우에 대한 지원이 가능해져 교육훈련 참여가 보다 활성화될 것이다(채창균 외, 2021). 성인의 교육훈련을 위한 이러한 지원은 현재 주로 고용보험 위주로 이루어지는데, 여기에서 탈피하는 것이 시급하다. 일반회계를 재원으로 하는 '(가칭) 국가인적자원개발기금'을 조성하여 현재의 보험 성격에서 벗어날 필요가 있다. 이를 통해 전 국민 대상 지원의 당위성을 확보하고 평생학습 지원의 사각지대를 해소해야 한다. 이때 '국가인적자원개발기금'의 경우 인적자원개발 관련 부처들, 기업과 노동조합, 지방자치단체, 교육훈련기관 등의 참여와 협력을 통해 기금이 운용되도록 해야 한다.

8. 일과 학습이 선순환되는 일학습순환제를 도입하자.

'2017 평생학습 개인 실태조사'에서 평생교육에 참여하지 않은 이유를 살펴보면, 취업자의 경우에는 시간 부족(아마도 주로 직장업무로 인한 시간 부족) 때문이라는 응답이 압도적인 반면, 실업자의 경우에는 프로그램 문제를 거론하고 있고, 비경제활동인구의 경우 시간 부족 문제(주로 가족부양에 따른 시간 부족)와 프로그램 문제가 비슷한 비중으로 나타나고 있다. 경제활동 상태에 따라 평생교육에 참여하지 않는 이유에 차이가 있음이 확인된다.

[그림 2-22] 평생교육 불참 요인(복수 응답)

(단위: %)

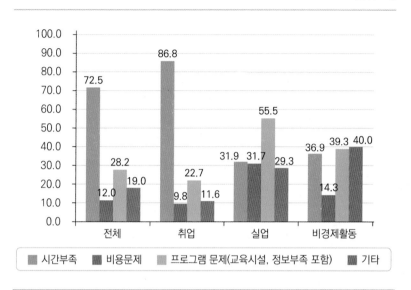

자료: 교육부(2018).

이 조사 결과에 따르면, 재직자에게는 평생학습에 참여할 수 있도록 여유 시간을 제공해 주는 것이 필요하며, 실업자(또는 비경제활동인구)에게는 적절한 교육 프로그램을 제공하는 것이 중요하다. 재직자에게 제공되는 교육훈련의 효과는 교육훈련이 장기일 때 보다 클 것으로 보이며, 실업자에게 제공되는 교육훈련은 교실에서보다 현장에서 이루어질 때 보다 더 효과가 있을 것이다. 그렇다면 재직자를 장기간 외부 기관에 교육훈련을 보내고, 이로 인해 빈 일자리에 실업자나 비경제활동인구를 대체고용하여 일을 통한 학습이 가능하도록 한다면, 재직자와 실업자 모두의 평생학습 저해 요인을 동시에 해결할 수 있고, 결과적으로 이들의 효과적인 인적자본 축적을 가능하게 할 수 있다.

재직자에게 비교적 장기의 숙련향상 기회를 부여하는 한편으로, 재직자의 교육훈련 기간 중 실업자가 그 자리에서 대체 근무하도록 하는 것이 바로 일학습순환제이다(채창균, 2020).

일학습순환제를 통해 재직자의 경우 일정 재직기간(예를 들어 20년) 이후에는 비교적 장기의 교육훈련(예를 들어 최대 1년) 기회를 제공받을 수 있기 때문에, 숙련향상과 더불어 이로 인해 고용안정성 및 승진가능성, 더 좋은 일자리로의 이동 가능성 등이 제고될 것으로 기대된다.

실업자의 경우 실제 일의 경험을 통해 고용가능성의 제고를 기대할 수 있다. 일 경험 자체가 보다 효과적인 교육훈련이기도 하며, 일을 하는 과정에서 형성된 네트워크가 취업에 긍정적으로 작용할 수 있다. 또한 근로 경험 부족으로 취업이 어렵고, 이로 인해 근로 경험 부족이 심화되는 악순환에서 벗어날 수 있는 기회이기도 하다. 특히 청년층이 대체고용되도록 할 경우 현재 우리 사회가 당면한 청년 고용 문제의 새로운 해법으로서의 가능성에도 주목할 필요가 있다.

기업은 기술변화에 보다 적극적으로 대응할 수 있다. 생산 차질 없이 종업원에 대한 교육훈련이 가능하기 때문이다. 대체고용을 통해 새로운 인력 풀을 확보할 수 있다는 이점도 있다. 일학습순환제의 실시 과정에서 지역 내 고용안정기관이나 외부 교육훈련기관과의 협력관계가 깊어지는 등의 긍정적 효과도 기대할 수 있다.

[그림 2-23] 일학습순환제 개념도

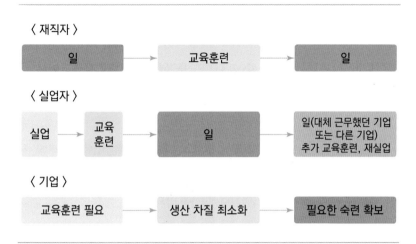

이와 같이 기업과 재직자, 실업자 모두에게 득이 된다는 점에서 일학습순환제는 상생삼각형(win-win-win triangle)이라고도 불린다.

한편 지역사회는 일자리 창출과 실업 감소 및 이에 따른 실업급여 등 공공재원의 절감, 평생학습의 활성화, 근로자들의 숙련 수준 향상을 통한 기업 경쟁력 제고를 통해 지역경제 활성화 등의 이점을 누리는 것이 가능하다. 또한 교육훈련기관은 기업과의 협력을 통해 보다 현장성 있는 교육훈련을 제공할 수 있는 역량을 갖추어 나가게 된다.

장기 교육훈련에 따른 빈 일자리에 대체고용을 의무화할 필요가 있다. 대체고용의 의무화가 장기 교육훈련의 활성화를 저해할 우려가 없는 것은 아니지만, 대체고용이 이루어지지 않을 경우 남아 있는 재직자의 노동 강도 강화가 불가피하다는 문제가 남아 있기 때문이다. 대체고용을 의무화하는 대신에 대체고용 인건비 등 대체고용의 의무화에 따른 기업의 부담을 최소화한다면 대체고용의 의무화가 반드시 제도 활성화의 걸림돌로 작용하지만은 않을 것이다.

대체근로자의 정규직 채용 활성화를 위한 방안도 강구되어야 한다. 우리나라의 경우 노동시장이 경직적이어서 대체근로자(실업자)의 정규직 전환이 활성화되지 않을 가능성이 높다. 따라서 장기유급휴가훈련을 떠난 재직자의 복귀 이후에도 대체근로자가 정규직으로 계속 고용되도록 정책적으로 유도할 필요가 있어 보인다. 이와 관련하여 대체근로자의 정규직 전환 시 인건비의 일정 비율을 일정 기간 동안 지원하는 방안을 적극적으로 검토할 필요가 있다. 다만 이 경우 사중손실 등의 문제가 최소화되도록 세심한 정책 설계가 요구된다. 보다 근본적으로는 대체근로자 채용 시 기업의 요구에 잘 부합하는 청년실업자를 선발하고, 이들에게 사전교육훈련을 충실히 제공하여 필요 역량을 갖추도록 하는 한편, 이들에게 적절한 멘토링의 제공 등을 통해 청년실업자가 그 기업에 잘 적응할 수 있도록 지원한다면 대체근로자의 정규직 채용 가능성이 제고될 수 있을 것이다 (채창균 외, 2018).

일학습순환제의 활성화를 위해서는 전문적 프로젝트 관리기구(조직)의 역할이 중요하다. 이 기구는 중소기업의 참여를 독려하고, 이들 중소기업에서의 숙련수요를 파악해서 필요숙련에 맞는 교육훈련과정을 설계하여 적절한 교육훈련기관을 매칭해 주며, 대체근로자에 대한 사전교육훈련, 멘토링을 제공하는 등의 역할을 수행해야 한다. 이 기관의 주도로 개별 중소기업주들의 동의를 받아 프로젝트를 생성하고, 이를 고용노동부로부터 승인받는 식의 사업 추진이 필요하다. 유사 분야의 중소기업들을 하나의 공통 프로젝트로 묶어서 사업을 추진하는 것도 가능하다. 기업, 노조, 사용자단체, 교육훈련기관, 공공고용서비스 제공 기관 등 여러 이해당사자들 간의 이해관계를 조율하는 것도 필요하다. 물론 이 기구가 이러한 기능을 원활히 수행하기 위해서는 기획 역량이나 적절한 인력과 자금 등을 갖출 수 있어야 할 것이다.

우리나라 현실에서는 어떤 기관이 이러한 역할을 수행할 수 있을까? 지역·산업별인적자원개발위원회가 하나의 대안이 될 수 있다. 지역·산업별인적자원개발위원회가 수행하도록 되어 있는 역할(지역 특성을 고려한 훈련수급 분석, 지역 내 인력양성 거버넌스 등)에 비추어 보면, 이 위원회가 일학습순환제 프로젝트를 수행하는 것이 적절해 보인다. 다만 위원회가 아직 정착된 상태가 아니며, 인력과 역량 역시 아직 미흡한 상황이므로 이러한 기능을 충실히 수행할 수 있도록 하는 여건이 조성될 필요가 있다. 지역·산업별인적자원개발위원회가 그 기능을 수행하는 것이 현실적으로 쉽지 않다면, 지역일자리정책의 총괄기구로서 중앙정부와 지방정부가 공동출자하는 지역일자리 전담기관인 '(가칭) 일자리파크'를 설립하고 일학습순환제의 시행과 확산을 이 '(가칭) 일자리파크'의 기능 가운데 하나로 설정하는 방안도 검토해 볼 수 있을 것이다.

한편 교육훈련기관의 전문성 및 교육역량 강화가 전제되어야 신기술에 대한 양질의 장기교육훈련이 가능할 것이다. 이와 관련하여 대학에서 재직자와 실업자 대상 교육훈련 역량을 강화해야 한다. 특히 지역대학 및 폴리텍대학의 역할이 강조되어야 한다.

여러 이해관계자들, 기업, 노동조합, 사용자단체, 교육훈련기관, 공공고용서비스 제공기관, 지역·산업별인적자원개발위원회 등 여러 이해당사자들이 참여하는 기업별 '(가칭) 일학습순환제운영위원회'를 설치하여 일학습순환제 사업의 전 과정을 추진해 나가는 것도 일학습순환제를 성공적으로 실행해 나가기 위해 매우 중요한 일이다. '(가칭) 일학습순환제운영위원회'에서는 일학습순환제 사업의 각 단계별 조직과 코디네이션을 책임지도록 한다. 숙련 업그레이드 분야 발굴, 재교육 참여 재직자의 선정, 재직자에 대한 재교육 프로그램의 선정, 필요시 재교육 참여 재직자에 대한 멘토링 및 단기교육 프로그램 제공, 대체근로자의 채용, 대체근로자에 대한 재교육 및 멘토링 제공, 여러 행정업무의 상호 분담, 이슈가 되는 문제에 대한 신속한 정보 공유와 대처, 사업 종료 시 전체 프로젝트 평가 등의 기능을 수행할 수 있을 것이다. '(가칭) 일학습순환제운영위원회'의 장(長)은 외부 전문기관이 맡아 기업의 부담을 줄일 필요도 있다.

재원 조달 문제와 관련해서 일단은 일부 효과 없는 사업의 정리(특히 기존 청년고용 대책이나 중소기업 지원 관련 사업)와 더불어 기존 고용보험기금을 활용하도록 하고, 사업의 성과를 확인한 후 추가적인 재원 투입에 대해 검토하면 될 것이다.

9. 성인 대상의 주기적 역량진단 및 컨설팅 체제를 구축하자.

성인들의 경우 자신에게 부족한 역량이 무엇인지, 어떤 역량을 갖추어야 하는지, 그리고 부족한 역량과 필요한 역량을 갖추기 위해 어디에서 무엇을 학습해야 하는지, 학습비에 대한 지원을 받을 수 있는지 등에 대해 적절한 정보제공과 진단 및 상담 등이 이루어져야 하지만, 현재는 문턱이 너무 높고 전달체계도 복잡하다. 전달체계가 일원화되어 있지 않고 지방자치단체, 교육행정, 고용노동행정 등으로 삼분되어 있어 국민들이 어디로 가서 도움을 받아야 하는지 알기가 어렵다.

교육부의 국가평생학습포털 늘배움(www.lifelongedu.go.kr)은 중앙과 시도에 흩어져 있는 다양한 교육 콘텐츠와 평생학습 정보를 국민들이 쉽게 이용할 수 있도록 종합하여 제공하는 평생학습 종합포털이다. 늘배움에서는 무료 수강이 가능한 동영상 강좌, 주변의 평생교육시설정보, 학습이력 관리, 나만의 강좌 찾기, 관심강좌 등록 등의 맞춤형 학습 기능을 제공하고 있다. 늘배움에는 오프라인 강좌에 15개 지방자치단체 및 시도교육청, 온라인 강좌에 한국방송통신대학, 한국교육학술정보원 등 14개 기관이 참여하고 있고, 국가평생교육진흥원, K-MOOC, 학점은행제, 독학학위제 등 11개 평생교육 관련 정보가 제공되고 있다.

이러한 정보들이 평생교육에 대한 전체 정보는 아니다. 평생교육이나 훈련과 관련된 예산을 가장 많이 사용하는 고용노동부는 직업훈련포털인 HRD-Net(www.hrd.go.kr)을 통해 주로 구직자와 근로자를 대상으로 직업능력개발과 관련한 훈련기관, 훈련 프로그램, 정책 정보를 제공하고 있다.

문제는 교육부와 고용노동부가 제공하는 정보가 아직 서로 연계되어 있지는 않다는 점이다. 따라서 일반 국민들은 늘배움이나 HRD-Net 등을 일일이 따로따로 접속하여 자신이 필요로 하는 정보를 찾아야 한다. 교육부나 고용노동부 이외의 다른 정부부처에서 제공하는 교육훈련 관련 정보가 필요한 경우에는 별도로 관련한 사이트에 접근하여 정보를 검색해야 한다.

이러한 상황을 타개하기 위해서는 먼저 기존 정보제공 시스템을 연계하여 국민들이 여기저기 찾아보지 않아도 되도록 하나의 평생·직업교육 종합정보 제공 체계를 구축해야 한다. 단일한 정보 제공 시스템을 전제로 모든 국민 대상의 역량진단, 상담서비스, 교육훈련에 대한 정보 제공 등이 이루어지는 학습자 관점에서의 원스톱 서비스 체제를 구축하는 일이 시급하다.

참고로 미국은 정부가 운영하는 CareerOneStop을 통해 구직자, 근로자, 고용주에게 필요한 학습 및 경력개발 정보를 제공하고, 필요한 교육훈련 프로그램(여기에는 고등학교 수준의 교육과정부터 성인기초교육, 단기훈련, 대학 수준 교육과정, 자격증 과정, 도제과정, 인턴십 과정, 전문과정 등 미국 내에서 제공되는 거의 모든 과정을 망라되어 있음.) 및 학습비 지원 정보를 찾아볼 수 있도록 지원하고 있다(채창균 외, 2018).

역량진단의 경우 건강검진처럼 성인들의 주기적 진단을 의무화할 필요가 있다. 참고로 프랑스의 경우 45세 이상 근로자에 대해 직무역량평가가 이루어진다. 프랑스에서는 직무역량평가(Bilans de Compétences)라는 툴을 통해 인터뷰나 관찰 또는 설문조사 등의 방법으로 근로자의 직업능력을 진단하고, 능력개발을 위해 어떤 직업훈련이 필요한지 실행계획을 수립하며, 향후 진행 과정을 모니터링한다. 직무역량평가의 목적은 근로자와 기업 측면으로 구분하여 살펴볼 수 있다. 근로자 측면에서 직무역량평가의 목적은 근로자의 현재 능력을 파악하고 향후 개발 가능성을 판단하여 근로자의 내외부 이동성을 향상시키기 위한 것이다. 기업의 측면에서 직무역량평가의 목적은 근로자의 역량개발 가능성을 파악하고 이들 인적자원을 관리하며 근로자의 내부 이동성을 증진시키기 위한 것이다(이요행 외, 2014).

또한 이러한 역량진단 결과에 기초하여 교육훈련 상담서비스가 개인의 특성에 맞춤식으로 제공되어야 하며(개인에 맞춘 필요 역량의 확인 및 관련 역량 개발을 위한 교육훈련 정보 제공), 이를 위한 상담인력 등 전문인력을 대폭 확충해야 한다.

이들 전문인력은 과거처럼 학습자들이 알아서 방문하기만을 기다려서는 곤란하다. 방문하는 학습자들에게만 교육훈련 서비스를 제공하던 관행에서 벗어나 직접 교육훈련 대상자를 찾아가서 그들이 원하는, 또 그들에게 필요한 교육훈련이 무엇인지 확인하고 이를 가장 효과적으로 제공하는 방법과 교강사까지 매칭해서 제공하는 업무를 수행하게 된다. 이를 통해 종래와 같은 공급자 중심의 업무 수행과 서비스 제공에서 탈피하는 것이 가능하다. 또 시간이 없어서 평생학습에 참여하지 못하는 사람들의 문제를 해소하는 데 기여할 수 있을 것으로 기대된다.

취약계층의 접근성 제고를 위해서는 원스톱 전화 콜센터의 구축을 병행해야 한다. IT 역량이 떨어지는 취약계층이라고 하더라도 전화 한 통으로 필요한 서비스에 연결되어 지원받을 수 있도록 관련 인프라를 구축하는 문제에 대한 전향적인 검토가 필요하다. 이와 관련해서 영국의 Learndirect 사례가 도움이 될 것이다. 2000년에 설립된 영국의 Learndirect는 지금까지 수백만 명의 학습자들에게 온라인 및 오프라인 교육훈련 프로그램과 더불어 학습비 지원 등에 대한 상담서비스를 제공하였다.

10. 일·학습의 디지털 전환을 위해 대면 위주의 각종 제도적 기준과 규정을 전면 개편하자.

코로나19 사태를 계기로 더욱 촉진된 인공지능(AI), 블록체인(blockchain) 등 디지털 기반 시스템으로의 전환은 일·학습에의 접근성과 수행과정, 그리고 최종 결과에 이르기까지 모든 측면에서의 변화를 가져온다. 특히 디지털 전환이 원활하고 능동적으로 이루어지기 위해서는 이에 걸맞은 운영의 원리와 기준 설정 및 이에 따른 제도적 개혁과 규정의 혁신은 불가피하다. 일과 학습에 있어서 현재의 각종 제도와 규정은 대면 중심의 시간 및 공간적 한계라는 아날로그적 틀을 벗어나지 못하고 있어 디지털 전환을 저해하는 요소로 작용하고 있다.

예컨대 코로나19 사태로 인해 전면 비대면 개강을 진행한 고등교

육에서 「고등교육법」상의 사이버대학과 일반대학의 구분은 무력화
되었다. 일반대학의 전면 원격수업에 따른 수업의 질 저하와 원격대
학 대비 수업료 과다 등 사안들은 적정 등록금에 대한 학내 갈등을
유발하였고, 일반대학의 원격수업 비중 제한 해소 조치는 원격대학
과 일반대학 간 분류 기준의 혼란을 초래하였다. 시간과 공간 기준
으로 설정된 대학의 학위 이수, 수업의 질 평가 등 대학운영 및 관리
의 근간이 되는 각종 규정이 디지털 전환 시대에는 더 이상 적합하
지 않게 된 것이다.

이 같은 상황은 노동시장에서의 자격 및 직무체계에 있어서도 마
찬가지이다. 고용노동부는 이미 2019년부터 스마트 직업훈련 플랫폼
인 STEP 시스템을 개발·운영하고 있지만, 역량을 집중하고 있는 국
가직무능력표준(NCS) 및 직업능력개발훈련비의 지원 규정은 여전히
시간과 공간 기준으로서 디지털 전환 흐름에 부응하지 못하고 있다.
정부의 '한국판 뉴딜 종합계획'과 같은 정책에서도 과거 '물리적 공
간·시간' 위주 기준을 혁신하는 데는 소극적이다. 일과 학습에 내재
되어 있는 우리 사회의 아날로그적 대면 위주 제도적 틀과 각종 규
정은 언제, 어디서나 일과 학습에 접근할 수 있는 디지털 기반의 새
로운 공간 및 기회 창출을 방해하는 사안이 되고 있다.

우선적으로는 디지털 전환과 충돌하고 있는 현재의 「고등교육법
」을 비롯한 각종 법령을 개정할 필요가 있다. 디지털 전환은 단지
코로나19 사태의 대안적 차원에 머무르지 않고, 향후 기술발전에 따
라 더욱 가속화되며 지속적으로 새로운 기준을 요구하게 된다. 따라
서 현재의 포지티브 방식 규제로 접근하고 있는 「고등교육법」을 최

소한의 기준만을 제시하는 네거티브 방식의 규제로 전환하는 등의 혁신적 발상으로 디지털 전환을 대비할 필요가 있다.

또한 원격수업 확대와 관련한 수업운영, 콘텐츠 평가, 교육과정 개설 등의 제도 개선도 시급한 사안이다. 「고등교육법」상의 각종 규정에서 기준이 되고 있는 시간과 공간 개념 중심의 운영 규정을 새롭게 개폐해야 하는 것이다. 이에는 고등교육의 인프라, 강의, 교원, 학사관리 전반을 포괄해야 하며, 「고등교육법」과 「고등교육법 시행령」상의 출석, 학점이수 등 양적 기준으로 규정된 학사제도 및 교원 관련 규정까지 손질이 요구된다. 또한 교육당국(장관)에 위임된 규제의 내용도 법령상 명문화함으로써 정책의 명시성과 예측성을 높여야한다. 나아가 이들 정책이 작동하기 위한 재정지원사업, 평가, 그리고 감사 등 주변 제도까지 개선될 때, 대학은 자율성에 터하여 디지털 전환 시대의 불확실하고 거친 환경에서도 경쟁력을 갖추고 생존할 수 있게 된다.

한편 직업훈련의 질 평가 및 정부의 재정지원 방식 등에 있어서도 디지털 전환에 부응하는 혁신은 불가피하다. 예컨대 사업주훈련 지원 의 대표적 사업인 고용보험 직업능력개발 사업의 경우, 현재의 방식은 기본적으로 훈련인원과 훈련시간에 대한 직업훈련의 투입을 계산하는 단가지원 방식으로서 디지털 전환과 충돌을 일으키는 대면 시대의 구조라 할 수 있다. 각종 직업훈련에 대한 정부의 지원 기준이 실제적인 직업훈련 성과라기보다는 몇 명의 교육생에게, 몇 시간의 훈련을 시켰는지를 기준으로 하는 시스템인 것이다. 디지털 전환에 따라 직업훈련에서도 내용과 방법은 더욱 다양해지고 새로운 방식의 실험과 적용도 지속적으로 나타나게 된다. 직업훈련 현장에서 일어나는 다양성을 능동적으로 수용하면서 유연하고도 탄력적인 대응이 이루어질 수 있도록 각종 기준이 디지털 기반의 성과 중심으로 개편될 필요가 있다. 직업훈련에서의 디지털 전환을 촉진하고 지원하는 여건을 형성하기 위해서는 기업 및 민간 단위에서 자율적으로 모색되는 다양한 품질 제고 노력을 뒷받침할 수 있는 기준 재편이 시급한 것이다.

1990년대 지식정보화 시대 진입 과정에서, 당시 인터넷은 그 특성상 기업, 대학 등 각 조직의 수평적 체계 구축과 쌍방향 소통 채널을 위한 획기적 계기로 인식되었다. 그러나 결과적으로 인터넷은 일정 영역 이외에는 단순한 기술적 편의성 차원으로만 접근되고 말았다. 인터넷의 네트워크적 특성이 기업이나 대학에서 조직 운영의 원리나 체질 변화로는 이어지지는 못했던 것이다. 학습자의 수준과 학습 스타일에 맞춘 학습 정보나 방법을 제공하는 빅데이터 및 인공지능(AI) 등 디지털 기술의 효용성이, 자칫 기존의 '과거 지식 암기'와 '선발의 편리성 지원'이나 '재정 지원의 편리성' 정도 수단으로 치환되는 양태가 되풀이되지 않아야 할 것이다. 디지털 전환에 따른 일과 학습체계가 디지털 전환을 촉진하고, 그 성과가 일과 학습체계의 효율성으로 이어질 수 있도록 무엇보다도 현재의 아날로그적 대면 위주로 설정되어 있는 일과 학습의 제도적 기준과 각종 규정을 디지털 전환 시대에 부응할 수 있도록 혁신해야 한다.

제4절
결론

　인적자원개발은 포용적 성장과 혁신성장을 위한 국가의 중장기 핵심 전략이다. 주요 선진국들이 인적자원 계획을 국가적 이니셔티브로 선언하고 4차 산업혁명의 본격화에 대비하는 선제적인 중장기 전략을 마련하고 있는 것도 이 때문이다. 그러나 우리나라의 경우 인적자원개발에 대한 정책적 우선순위가 낮았고, 인적자원 전략의 필요성에 대한 국민적 인식도 부족하였다.

　지금부터라도 인적자원개발을 국정의 최우선 과제로 설정하고, 관련 정책을 수립해나가야 한다. 본 장에서는 이러한 시대적 요청에 부응하기 위해 미래지향적 혁신인재 양성을 위한 정책과제를 모색해 보았다. 특히 그동안 초중등교육에 비해 상대적으로 소외되어왔던 고등교육과 평생교육에 초점을 두고 논의를 진행하였으며, 최종적으로 총 10개의 정책과제를 제시하였다.

　먼저 고등교육기관을 3원 체제로 재구조화해야 함을 주장하였다. 특히, 국가균형발전의 차원에서 연구중심대학 - 교육중심대학 - 커뮤니티 칼리지가 각 권역별로 완결된 구조를 가질 수 있도록 재구조화하는 것이 필요하다고 강조하였다. 또한, 전공 영역별로 특성화를 추진하여 대학의 경쟁력을 강화해야 한다고 지적하였다. 대학이 특정 전공 영역으로 특성화하지 못할 경우 한 학과당 교수 수는 6~7명에 불과하고, 이러한 교수 규모로는 전문적이고 다양한 교육과정을 구성하여 수준 높은 교육을 수행하기가 어렵기 때문이다. 지방대학의 운영에 지방정부의 참여를 확대해야 한다고 주장하였으며, 이를 위해서는 지방정부의 부족한 재정에 대한 대책 마련도 필요함을 강조하였다. 또한 한계대학을 적절히 식별하여 정리를 추진해야 하고, 지방국립대의 경우 교육 및 연구 경쟁력 제고를 위한 규모 확대가 필요하며, 전문대학은 한국형 커뮤니티 칼리지(지역사회대학)로 새롭게 재구조화해야 한다고 제안하였다.

평생교육과 관련해서는 '전국민 평생장학금'을 도입하여 평생학습에 대한 비용지원을 강화하고, 일과 학습이 선순환되는 일학습순환제의 도입 필요성을 강조하였다. 또한, 성인대상의 주기적 역량진단 및 진로 컨설팅이 가능할 수 있는 체제를 구축해야 한다고 제안하였다.

끝으로 고등교육과 평생학습의 혁신을 지원하기 위해서는 일·학습의 디지털 전환이 가능하도록 대면 위주의 각종 제도적 기준과 규정을 전면 개편해야 함을 강조하였다.

CHAPTER

03

유연하고 안정적인
노동시장과
직업능력정책

모든 국민의
안정된 삶을 위한
미래인재전략

03 유연하고 안정적인 노동시장과 직업능력정책

제1절
문제의 제기

직업능력정책은 시민이 생애주기 전 과정에 걸쳐 변화하는 사회에서 요구되는 인적자원 혹은 역량을 개발 및 활용, 활성화할 수 있도록 하는 정책을 포괄한다. 직업능력정책의 효과적 집행을 위해서는 교육현장과 노동시장, 그리고 일상의 삶터에서 21세기 변화하는 세계에 대처하기 위해서 어떠한 역량이 필요한지 파악할 필요가 있다. 또한 디지털 전환과 탄소중립 등 환경 변화에 대응하여 직업능력의 개발과 유지를 위하여 어떤 정책적 노력이 필요한지 지속적으로 모니터링할 수 있는 플랫폼과 인프라 구축도 요구된다.

직업능력정책은 정량적 증거와 정성적 모니터링 및 평가에 기반하여 범정부적-범사회적 이해당사자의 참여를 견인해야 한다. 각 정부부처 간, 중앙정부와 지방정부 간 역할과 권한의 배분, 재원조달과 전달체계의 구성 등에 관한 종합적 프레임워크를 제시하는 것이 곧 직업능력정책의 성패를 좌우한다.

직업능력정책의 핵심주제는 과연 무엇이며 정책 목표는 어디에 두어야 하는가? 본 장에서 직업능력정책의 핵심주제는 인적역량 혹은 스킬이다. 스킬은 문자기반정보나 수학적 정보를 처리, 이해, 분석하는 데 필수적이며, 노동시장과 교육훈련, 시민사회에 온전하게 참여하는 데 필요한 지식·기술·태도의 총체로 정의된다. 이러한 맥락에서 스킬은 사회적 맥락과 일터 환경과 관련이 있는, 통용 가능하며 국가의 정책 개입에 의해 영향을 받는 학습 가능한 스킬을 의미한다(OECD, 2013a; 류기락, 2016).

직업능력정책의 목표는 디지털 전환과 환경 변화에 적극 대응하여 모든 시민의 인적역량과 스킬을 제고하여 미래 사회의 성장 동력을 확충하고 사회 통합의 견인차가 되도록 하는 데 있다. 주지하다시피 과거 우리나라의 지속적 경제 발전과 성장의 이면에는 교육에 대한 적극적 투자와 지원이 있었다. 그러나 산업화 시대와 정보화 시대를 거쳐 디지털 전환과 지능정보화, 탈산업화로 대변되는 기술변화, 세계화와 사회변화에 대응하기 위해서는 새로운 인적자본과 역량이 필요하다. 정책의 범위 측면에서 직업능력정책은 개인의 생애 과정에서 스킬의 개발 및 활용, 활성화를 지원할 수 있는 다차원적, 부문 교차 성격의 정책으로 자리매김될 필요가 있다.

직업능력정책은 사회정책과 노동시장 정책의 성격을 모두 포함하고 있다. 따라서 사회정책에 대한 수요나 선호 요인의 변화를 파악하고 이를 반영하여 정책을 설계해야 한다. 인적자원 투자는 생애주기 각 국면에서 발생하며, 특히 영유아기와 학령기의 개입 수준이 생애과정 전반에 걸쳐 누적 이익과 불이익을 결정하는 스톡의 성격을 갖고 있다. 특히 학령기 이전의 인적자원 투자는 부모의 사회경제적 배경과 돌봄-양육에 대한 사적·사회적 지원의 수준, 국가의 공보육 및 공교육 투자 등 사회정책의 여러 영역과 밀접하게 관련되어 있다(Esping-Andersen, 2009).

직업능력정책은 어떤 사회 변화에 적극 대처해야 하는가? <표 3-1>은 사회환경 변화의 주요 측면과 새로운 사회 위험이 정부의 어떠한 개입을 요청하고 있는지를 정리한 것이다. 적극적 노동시장 정책의 하나로서 직업능력정책은 주로 실업에 따른 일자리 이동의 필요성에 적극 대응하는 데 활용되어 왔다. 그러나 기술 구조 고도화와 디지털 전환으로 스킬의 퇴화나 변화의 속도가 빨라지면서 직무능력의 제고 요구가 더욱 커지고 있다. 그에 따라 교육훈련을 확대하면서 생애주기 전반에 걸쳐 개인의 인적역량과 스킬을 유지, 향상하는 데 있어 직업능력정책의 역할이 더욱 커지고 있다.

〈표 3-1〉 사회 환경 변화와 정부 대응 방안

사회 환경 변화	새로운 사회 위험	정부 대응 방안
기술변화 및 디지털 전환으로 인한 스킬 퇴화	직무능력 변화	교육훈련 확대
여성의 노동시장 참여 확대(여성 고등교육 증가 등)로 인한 일·생활 양립 문제	일·생활 균형 요구	일·생활 균형 친화 정책
노동시장 불안정성 확대	고용불안 증가	일자리 안정성 강화
인구구조 변화(저출산·고령화 등)	노령인구의 빈곤 증가	사회보장 강화

출처: 류기락 외(2020: 47)에서 일부 수정.

노동시장 참여 측면에서는 여성의 고등교육 참여 확대와 노동시장 진입 증가로 전통적 핵가족에 기반한 젠더 규범이 약화되고 일·생활 균형에 대한 욕구가 증가하고 있다. 직업능력정책도 돌봄·양육과 직무능력 향상을 유기적으로 연계할 수 있도록 변화가 필요하다. 또한 기술구조 변화와 플랫폼 자본주의의 발전으로 노동시장 불안정성이 증가하면서 고용형태가 급변함에 따라 고용불안이 증가하고 있다. 일자리 안정성에 대한 요구가 커지면서 직업능력정책 또한 그에 기여할 수 있는 방안을 마련해야 한다. 마지막으로 저출생·고령화로 대변되는 인구구조 변화로 노령인구의 빈곤이 급증하는 문제가 대두되고 있다. 이러한 사회 위험에 대응하여 사회보장을 강화할 필요가 있으며, 직업능력정책이 사회보장과 연계될 필요가 커지고 있다.

OECD의 'Risk that Matter' 보고서는 2020년 회원 국가에서 2년 이내 본인과 가족에게 닥칠 가장 큰 사회 위험을 조사한 바 있다(OECD, 2020). 같은 설문 문항으로 2020년 9월 국내에서 실시한 인식 조사 결과를 비교하면 약간의 차이가 발견된다(김윤아·류기락, 2021). 한국은 '질병·장애 발생', '일자리 상실', '생계비용 조달 곤란'을 주된 사회위험으로 인식하고 있었다. 내년 혹은 2년 이내에 '질병·장애 발생(65.1%)', '일자리 상실(60.6%)', '생계비용 조달 곤란(53.6%)'이 가장 큰 위험으로 간주된 반면, OECD 국가는 '질병·장애 발생(54.5%)', '생계비용 조달 곤란(47.6%)'이 가장 큰 위험이 될 것이라고 조사되었다. 그 밖에 OECD 주요 국가 평균과 비교하였을 때 한국은 '적절한 주거 확보', '돌봄 또는 교육 기회 접근의 어려움'에서 상대적으로 위험성이 높다고 응답하였다. 반면에 '장기요양보험 수급의 어려움', '범죄 혹은 폭력'은 상대적으로 위험성이 낮다고 응답하였다.

제2절에서는 우리나라 직업능력정책의 주요 현황과 문제점에 대해 검토한다. OECD 통계자료와 재정지원 일자리 사업 현황을 바탕으로 우리나라 직업능력정책의 특성과 구조를 파악한다. 제3절에서는 우리나라 노동시장의 이중구조화 문제를 진단하고 포용적 노동시장 제도 구축의 과제를 제시한다. 제4절에서는 디지털 전환과 자동화 위험에 대처하는 직업능력정책의 의미에 대해 논의한다. 특히 디지털 전환이 직업능력정책에 어떤 도전을 제기하는지 검토하고 일자리의 자동화 위험에 관한 논의가 직업능력정책에 대해 주는 시사점을 언급한다. 제5절에서는 직업능력정책을 노동시장 정책과 사회정책의 가교로서 재정초할 필요가 있다는 점을 언급하고 구체적인 정책 과제를 제시한다. 마지막으로 제6절에서는 전체 논의를 간략하게 정리한다.

제2절
직업능력정책의 현황 및 문제점

앞서 직업능력정책을 '시민이 생애주기 전 과정에 걸쳐 변화하는 사회에서 요구되는 인적자원 혹은 역량을 개발·활용, 활성화할 수 있도록 하는 정책'으로 규정한 바 있다. 그러나 실제 직업능력정책의 범위와 목적, 대상에 관한 일관된 정의나 합의는 찾기가 쉽지 않다. 바로 이러한 문제로 인해 정책 대상의 규모나 재원을 정확하게 파악하기 어려운 상황이다. 아래에서는 우리나라 재정지원 일자리 사업 규모와 OECD 노동시장 통계 자료를 통해 직업능력정책의 현황과 주요 문제점을 논의한다.

1. 적극적 노동시장 정책의 현황: 낮은 지출 규모와 높은 직접 일자리 사업 비율

노동시장 정책은 실업 시 소득을 보전해 주는 소극적 노동시장 정책과 고용 유지 및 직업능력개발을 지원하는 적극적 노동시장 정책으로 구성되어 있다. 소극적 노동시장 정책의 수단으로는 실직자 소득 지원을 위한 완전실업급여(실업보험, 실업부조), 부분실업급여, 파트타임 실업급여, 정리해고 보상, 파산 보상과 조기은퇴 지원이 포함된다. 적극적 노동시장 정책은 공공고용서비스(취업알선 및 관련 서비스, 실업급여 행정, 기타), 직업훈련, 고용장려금(채용, 고용유지, 일자리 순환 및 나누기), 고용보조금 및 자활 사업, 직접 일자리 창출, 창업 인센티브가 포함된다. 우리나라 적극적 노동시장 정책(ALMP) 지출 규모는 2018년 기준 GDP 대비 0.36%로 OECD 평균 0.48%에 비해 낮은 수준에 머무르고 있다. 지출 구성 측면에서도 공공고용서비스, 직업훈련 분야 비중은 큰 변화가 없거나 다소 증가한 반면, 직접 일자리 사업은 전체 지출의 절반을 넘는 수준을 오랜 기간 유지해 왔다.

[그림 3-1]은 적극적 노동시장 지출에서 직접 일자리 창출 관련

지출 비율을 주요 국가와 비교한 것이다. 우리나라는 예외적으로 직접 일자리 지출 비율이 2017년까지 50%를 넘는 수준을 유지하고 있었다. 이는 프랑스나 스페인에 비해서도 매우 높은 수준이다. 독일이나 미국, 북유럽 국가의 경우 직접 일자리 지출 비율이 10% 미만에 머무르고 있다.

[그림 3-1] 적극적 노동시장 정책에서 직접 일자리 창출 지출 비율

(단위: %)

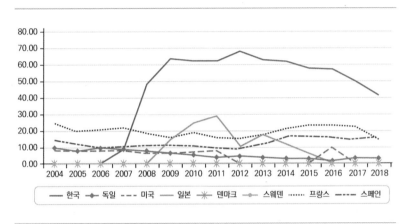

자료: OECD(2019)에서 추출하여 직접 작성.

직업훈련에 대한 공적 지출 규모는 얼마나 되는가? 2020년 재정 지원 일자리 사업 전체 예산 규모는 약 25조 4,998억 원이며, 이 가운데 실업소득이 10조 3,447억 원으로 전체의 40.6%를 차지하고 있다. 그다음으로 고용장려금이 6조 4,950억 원으로 약 25.5%, 직접 일자리 사업이 2조 8,587억 원으로 약 11.2%에 달하고 있다. 직업훈련은 약 2조 2,434억 원으로 전체 예산의 8.8%를 차지하고 있으며, 고용서비스가 1조 1,994억 원으로 4.7%, 창업지원이 2조 3,586억 원으로 9.2%를 차지하고 있다.

2. 단기 취업률 제고와 취업 우선 정책

직업능력개발훈련의 성과는 어떠한가? 훈련의 성과가 대부분 노동시장에서의 취업률과 취업의 질에 좌우된다는 점에 주목할 필요가 있다. 문재인 정부 이후 최저임금 인상 확대 등 소득주도 성장 정책의 영향으로 저임금 일자리(중위 임금의 2/3 미만) 비중은 축소되고 있다. '고용형태별 근로실태조사' 결과에 따르면, 2008년 저임금 일자리 비중은 약 25.5%였으나 2018년에는 19.0%로 감소하였다. 하지만 여전히 그 규모가 OECD 평균(15.7%, 2017년)에 비해 높은 수준이다.

실업자훈련 가운데 개인 수요 맞춤형 훈련인 내일배움카드제는 여전히 서비스 부문의 단기과정 중심으로 운영되고 있다. 취업 성과는 답보 상태인데, 훈련 종료 이후 6개월 기준으로 2011년 35.0%에서 2018년 52.6%로 개선되고 있으나 그 추이는 더딘 편이다. 국가기간전략산업직종훈련의 취업률도 최근 정체되어, 2011년 73.5%에서 2018년 65.7%로 낮아지고 있다.

대표적인 실업자훈련인 내일배움카드제 훈련이 고용률에 미친 순효과를 추정한 연구(Ryu, 2019)에 따르면, 구직자의 교육수준과 연령, 가구주 여부, 혼인상태, 지역을 통제하고 고용보험 일자리 취업은 부(−)의 효과를, 재정지원 일자리를 포함하는 경우에만 정(+)의 효과

[그림 3-2] 훈련의 고용률 순효과 추정 결과: 고용보험 가입 일자리 vs. 모든
　　　　　일자리

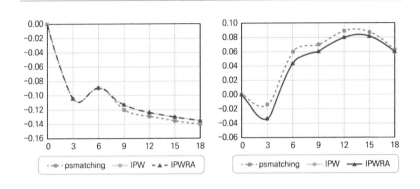

주: 구직자 대비 훈련참여자의 훈련 순효과를 교육수준, 연령, 가구주 여부, 혼인상태, 지역
　　을 통제한 후 성향점수 매칭, 확률역수가중(IPW: Inverse Probability Weight) 및 확률
　　역수가중회귀조정(IPWRA: Inverse Probability Weighted Regression Adjustment)
　　으로 추정함.
출처: Ryu(2019).

가 발견되었다. 이러한 결과는 내일배움카드제 훈련 참여가 양질의
일자리 취업에 긍정적인 순효과를 낳지 못한다는 사실을 의미한다.
[그림 3-2]에서 고용보험 일자리 가입 순효과는 훈련 참여 이후 3
개월까지 지속적으로 하락하다 이후 6개월까지 약간 상승하다가 다
시 감소하는 추세를 보이고 있다. 재정지원 일자리를 포함하면 3개
월까지 감소한 이후 약 4개월이 지나서야 순효과가 영(zero)에 수렴
하고 그 이후 정(+)의 효과를 나타내고 있다.

3. 사업주훈련과 재직자훈련의 주요 현황

직업훈련 지출 구성에 있어서는 사업주훈련의 비중이 가장 크다. <표 3-2>에서 2020년 직업능력개발훈련 유형별 참여 인원과 집행액을 비교하면, 전체 1조 3,578억 원 규모에 참여자는 약 293.3만 명에 이르고 있다. 재직자훈련이 가장 큰 비중을 차지하는데 참여자는 247.1만 명, 집행액은 약5,948억 원에 이르고 있다. 실업자훈련은 약 43.1만 명이 참여한 가운데 6,983억 원을 지출하여 전체 집행액의 51.4%를 차지하고 있다. 재직자훈련 중에서는 사업주 직업능력개발훈련의 참여 인원이 약 205.7만 명, 집행액은 2,053억 원에 달했지만, 일학습병행의 경우 참여자가 약 3만 4,000명, 집행액은 약 1,462억 원에 이르고 있다.

최근 주 52시간 상한제가 도입되면서 사업주훈련의 규모와 훈련비 환급 비율이 지속적으로 감소하고 있다(안우진 외, 2021). 사업주훈련의 경우 기업의 인적자원 관리 측면에서 필요한 직무능력에 대한 투자가 이루어진다고 가정하면, 현재의 추세는 대외 환경의 불확실성이 증가하고 노동시장의 불안정성이 확대되면서 훈련투자 수익회수 가능성에 대한 기대가 감소한 것에 그 원인이 있다. 더불어 장시간이 소요되는 양성훈련인 일학습병행에 참여하는 기업 수나 규모가 증가하는 데는 한계가 있다.

사업주훈련은 전체 직업능력개발훈련 사업 중에서 가장 규모가 큰 편이나, 최근 들어 전반적으로 훈련 참여 기업 수나 예산이 감소하는 추세를 보인다. 사업주훈련 참여 기회나 성과에서도 대기업-중소기업 간 격차는 여전히 크게 줄어들고 있지 않다. 우리나라 노동

〈표 3-2〉 직업능력개발훈련 유형별 참여인원 및 집행액(2020년)

(단위: 천 명, 억 원)

훈련명	인원	집행액
총계	**2,933**	**13,578**
재직자훈련	**2,471**	**5,948**
사업주직업능력개발훈련(유급휴가훈련 제외)	2,057	2,053
유급휴가훈련	27	264
국가인적자원개발컨소시엄	63	1,124
일학습병행	34	1,462
국민내일배움카드(재직자)	287	1,038
고용보험 미적용자 등 능력개발	3	7
실업자훈련	**431**	**6,983**
국민내일배움카드(실업자)	355	3,061
국가기간전략산업직종훈련	76	3,922
공공훈련	**31**	**647**
다기능기술자 등 훈련	22	355
전문기술과정 양성훈련	4	145
직업훈련교원 및 HRD 담당자 양성훈련	5	147

자료: 고용노동부(2021). 직업능력개발사업 현황, p. 45.

시장의 이중구조가 훈련시장에서도 그대로 재현되고 있으며, 약탈적 원하청 관계로 인해 훈련으로 습득한 스킬의 전유 가능성이 높기 때문에 사업주훈련이 대기업과 중소기업 간의 상생을 끌어내는 동력이 되는 데는 한계가 있다. 요컨대 상품 생산시장에서 위계적 관계가 노동시장과 훈련에서의 불평등을 재생산하고 확대하는 경향이 있다.

사업주훈련 성과를 개선하기 위한 핵심과제는 중소기업의 훈련 참여 기회를 확대하는 것이다. OECD 보고서에 따르면, 우리나라 중소기업에서의 숙련 불일치 비율은 높은 반면에 훈련 참여율은 다른 회원 국가에 비해 낮은 수준이다. 중소기업 노동자의 직업훈련 참여를 위한 방안으로는 크게 중소기업, 노동자, 직업훈련의 세 가지 측면에서 저해 요인을 해소할 필요가 있다. 첫째, 중소기업은 대체인력 및 현장훈련 지원을 통해 인력 부담을 완화하고 훈련비용 부담을 경감하는 한편, 훈련된 인재의 유출 방지를 위한 지원이 필요하다. 중소기업 노동자 측면에서는 유급훈련휴가와 원격·모듈 훈련을 활성화하고 비용지원 체제를 개선하는 한편, 커리어 상담서비스를 강화하여 훈련 참여와 훈련 효율성을 제고할 필요가 있다. 셋째로 중소기업의 훈련 역량을 강화하고 숙련 수요 변화에 대한 정확한 예측과 대응, 직업훈련을 고도화 및 최신화할 필요가 있다(OECD, 2020).

재직자 개인 지원 훈련은 전체 재직자훈련 중 인원 기준으로 약 11.6%, 집행예산 기준으로 약 17.5%를 차지하고 있다. 주로 단기 직무능력향상 훈련 위주로 진행되어 실제 현장에서 생산성 향상에 기여하는지에 대한 파악이 힘든 실정이다. 다만 사업주훈련을 통해 충족되기 어려운 개인의 훈련 참여를 지원하는 역할을 맡고 있다.

4. 실업자 훈련의 주요 현황

실업자훈련은 국민내일배움카드제와 국가기간전략산업직종훈련으로 대표된다. 전자의 경우 훈련 참여자의 수요에 기반한 훈련과정 공급과 공급자 간 경쟁을 통한 훈련 품질을 제고하기 위한 목적으로 2009년에 도입되었으나 실제 훈련과정의 편중이 심화되는 결과를 초래하였다. 2010년대 중반 이후에 훈련 상담 및 계좌 발급 절차를 강화하면서 내일배움카드제 훈련 규모는 지속적으로 감소하는 추세를 보인다. 상대적으로 수요 대비 공급이 과다한 과잉 직종 편중 현상은 완화되고 있다.

국가기간전략산업직종훈련은 기간산업과 전략산업에서 인력 미스매치를 해소하고 전략 분야 신규 인력 양성을 목적으로 한다. 최근에는 신기술-신산업 분야 훈련에 집중하고 있으며, 업종 특수 숙련을 갖춘 인력 양성에서 기업 맞춤형 훈련 등으로 변화를 꾀하고 있다. 국가기간전략산업직종훈련은 훈련방법이나 훈련수요에 대한 즉각적 대응 등에 있어서는 상대적으로 우수한 성과를 내고 있다. 훈련 참여 인원 면에서 차지하는 비중은 작지만, 장기간의 고품질 훈련에 주력하고 있어 실업자훈련 전체에서 약 56.2%의 예산을 차지할 정도로 비중이 큰 편이다.

국가기간전략산업직종훈련의 하나로 최근 디지털 신기술 분야 인력 양성에 주력하는 디지털·신기술 핵심 실무인재 양성훈련(K-Digital Training)이 주목받고 있다. 이 훈련은 디지털 신기술 분야 일자리 기회를 확대하고자 다양한 일자리 및 취업지원, 직업훈련 사업의 형태로 진행되고 있다. 특히 정보기술(IT) 분야 청년 신규채용을 위해 청년 디지털 일자리 사업을 2021년에만 6만 명을 추가 확대하여 총 11만 명 양성을 목표로 하고 있다. 디지털 핵심 실무인재 양성훈련(K-Digital Training)과 디지털 기초역량훈련(K-Digital Credit)에 지원을 확대하여 총 2.3만 명을 추가로 양성하는 데 약 574억 원의 예산을 투입할 계획이다.

디지털 핵심 실무인재 양성훈련(K-Digital Training)의 경우 특수

숙련을 지원하는 훈련이라기보다는 일반숙련을 지원하는 훈련에 가까우며, 직종특수·업종특수 훈련 중심의 기존 훈련과는 성격이 다르다. 이러한 차이는 노동시장 구조변화와 관련하여 커다란 의미를 갖는다. 즉 기존의 기업 내부노동시장 위기 속에서 직업능력개발훈련 사업을 통해 기업 맞춤형 훈련 형태로 인력을 양성하는 목표를 천명하고 있다. 주지하다시피 우리나라 노동시장에서 고용형태와 종사상 지위, 기업 규모에 따른 노동시장 이중구조화가 여전히 견고하고 내부자·외부자의 임금 및 근로조건 격차는 여전히 지속되거나 확대되고 있다(류기락·최석현, 2017). 더욱이 디지털 전환과 플랫폼 자본주의의 출현으로 내부 노동시장 입직구 진입 – 기업특수숙련 형성 – 장기근속 및 고임금의 선순환 모델은 지속가능하지 않은 상황이다.

디지털 핵심 실무인재 양성훈련(K – Digital Training)의 주된 참여자는 노동시장 신규 진입자, 특히 청년층인데, 이들은 유연하면서도 안정적인 커리어 패스를 갈망할 가능성이 크다. 이들은 숙련에 대한 투자에서도 기존 세대와 상이한 전략을 구사할 것이다. 즉 압축 성장기에 완전고용에 기반하여 특정 기업이나 조직에서 활용 가능한 숙련이 아니라, 노동 생애 전반에 걸쳐 활용 가능한 스킬에 대한 관심이 클 것이다. 이러한 스킬 조합에 대한 선호와 투자는 디지털 전환과 일의 미래를 감안할 때 합리적인 선택이다. 디지털 핵심 실무인재 양성훈련(K – Digital Training)은 우리나라 노동시장의 구조적 조건하에서 청년층의 숙련 투자 전략에 부응하는 훈련이 될 가능성이 있다(문한나 외, 2021).

5. 성인 역량과 평생학습

우리나라 노동시장에서 인적역량과 스킬은 적절한 수준으로 유지되고 충분히 활용되고 있는가? [그림 3-3]은 인지역량과 연령 간의 관계를 나타낸 것인데, 일본이나 핀란드, OECD 국가 평균과 비교하여 우리나라 성인 역량의 문제가 고스란히 드러난다.

핵심정보처리능력(key information processing skills)으로 측정되는 성인 인지역량은 OECD 평균 수준이나, 연령에 따른 인지역량 퇴화는 가장 급격하게 진행되고 있다. 청년 세대의 인지역량 수준은 OECD 국가 중에서 가장 높은 수준인 반면, 대학 진학 및 노동시장 진입 세대의 인지역량은 매우 가파르게 감소하고 있다. 인지역량이 연령에 따라 감소하는 것은 자연적 현상이나 일본이나 덴마크에서는 20대의 인지역량 수준이 학령기 청년세대와 크게 다르지 않은 반면, 우리나라는 매우 급격한 세대 간 차이가 발견된다. 이는 학습과 일, 여가, 은퇴 시기에 걸쳐 인적역량의 형성과 활용이 매우 분절적, 단선적으로 진행되고 있음을 보여 주는 단적인 사례이다. 학령기에 대학 입시 준비를 위해 압축적인 학습 시간이 투입되는 반면, 고등교육 단계나 노동시장 진입 이후 평생학습에 대한 투자는 매우 낮은 것이 현실이다.

직업능력정책의 주요 목표가 시민이 생애주기에 걸쳐 인적역량을 개발·활용하도록 지원하는 것이라면, 향후 생애주기 내내 학습과 일, 여가 등이 교차-융합하는 방식으로 평생직업능력개발체제를 구축해야 한다. 또한 일터에서 스킬 활용을 유인할 수 있도록 스마트한 일터를 실현하기 위한 일터혁신이 매우 긴요한 과제이다.

[그림 3-3] 인지역량 - 연령 곡선(Skill Proficiency-Age Profile)

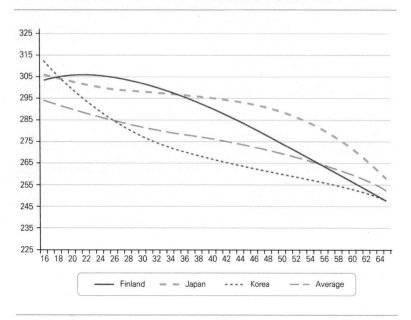

주: 인지역량은 OECD 24개 국가 15-64세 성인 대표 표본에 대해 컴퓨터 반응 검사 방식
　의 직접평가로 추정, 최고점은 500점, 전체 평균은 272점; 위의 추세는 교육 이수 수준
　과 언어배경을 조정한 값. 해외 출생자는 제외.

자료: OECD (2013a). Figure 5.2c(L) Relationship between literacy proficiency and
　age(adjusted)의 표를 이용하여 저자가 직접 작성.

노동시장 이중구조화와 포용적 노동시장

우리나라 노동시장에서의 일자리 양극화는 직업능력훈련 참여 유인을 낮추며 직무와 능력에 기반한 보상과 노동이동을 저해하는 요인이라고 할 수 있다. 기업 내부 노동시장에 기반한 입직과 승진, 직무능력 향상의 선순환은 유지되기 어려운 상황인데, 경제의 서비스화와 그에 따른 일자리 양극화는 직업능력정책에 커다란 도전이 되고 있다. 아래에서는 우선 일자리 양극화 추이를 숙련 수준별 일자리 규모 변동과 고용형태별 일자리 질 격차 추이를 통해 살펴본다. 다음으로 코로나바이러스 감염증 – 19(이하 '코로나19') 대유행이 남긴 숙제와 포스트 코로나 시대 포용적 노동시장 제도 구축의 필요성을 논의한다.

1. 일자리 양극화 추이

일자리 양극화는 주로 노동시장에서 중간 수준의 일자리가 사라지는 반면, 고숙련·고임금 일자리와 저숙련·저임금 일자리가 확대되는 경향을 일컫는다. 임금이나 숙련이 일자리의 질을 측정하는 대표적인 지표라는 점에서 일자리 양극화는 숙련에 따른 일자리의 분화를 의미한다. 전통적인 직업훈련이 중간 수준의 일자리에 필요한 스킬을 갖춘 인력을 양성하는 데 주력해 왔다는 점을 감안하면 일자리의 양극화는 직업능력정책의 목표와 방향에 상당한 변화를 요구한다.

[그림 3-4] 전체 고용에서 숙련 수준별 일자리 규모 변동 추이: 1995~2015년

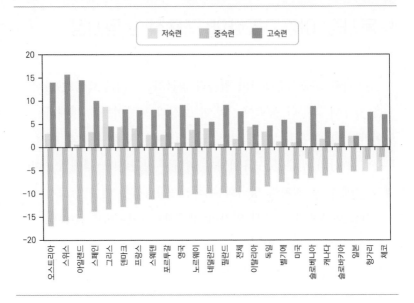

주: 고숙련 일자리는 국제표준직업분류 대분류 기준 1, 2, 3 직종; 중숙련 직종은 4, 7, 8
　　직종; 저숙련 일자리는 5, 9 직종; 1, 2, 18번 직종은 제외.

자료: OECD(2017: 121).

OECD 주요 국가에서 일자리 양극화 추세는 확연하게 드러나고
있다. [그림 3-4]는 1995년에서 2015년 20여 년간 국제표준직업분
류 대분류 기준으로 직종의 스킬 수준을 분류한 이후, 각 스킬 수준
에 해당하는 직종의 규모 변동을 제시한 것이다. 대다수 국가에서
중위 수준의 직종이 대폭 감소한 반면, 저숙련 일자리가 일부 증가
하고 고숙련 직종 비중이 대폭 증가한 것을 알 수 있다. 오스트리아
가 중숙련 일자리 비율 감소 폭이 16.8%p로 가장 크며 스위스, 아일
랜드, 스페인, 그리스, 덴마크 등이 그 뒤를 잇고 있다. 동유럽 국가

나 일본은 상대적으로 중위 수준 직종 감소 폭이 작은 편이다. 마찬
가지로 고숙련 직종의 증가 폭도 스위스, 오스트리아, 아일랜드, 스
페인에서 가장 큰 편이다.

[그림 3-5] 임금근로자의 고용형태별 평균 근속기간-취업시간-월평균 임금
　　　　　추이: 2013~2020년

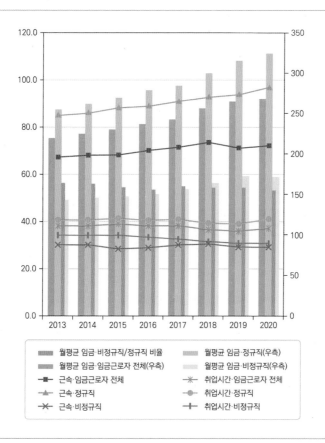

자료: 통계청(각 연도). 경제활동인구조사 근로형태별 부가조사에서 직접 구성.

우리나라 노동시장에서도 고용형태에 따른 일자리의 질의 격차는 크게 유지되거나 확대되고 있다. [그림 3-5]는 2013~2020년 기간 동안 '경제활동인구조사 근로형태별 부가조사' 자료를 활용하여 정규직과 비정규직 간 평균 근속기간, 취업시간, 월평균 임금 추이를 비교한 것이다. 정규직과 비정규직의 월평균 임금 추이를 살펴보면, 정규직 대비 비정규직의 월평균 임금 비율이 2013년 56.2%에서 2020년에는 52.9%로 하락하고 있다. 평균 근속기간도 정규직은 동기간 85개월에서 97개월로 약 12개월 증가한 반면, 비정규직은 30개월에서 29개월로 1개월 감소하였다. 평균 취업시간에서도 2020년 8월 기준으로 정규직은 월 40.7시간, 비정규직은 30.7시간으로 약 10시간 차이가 나고 있다. 요컨대 고용형태에 따른 일자리 질의 격차는 최근 10여 년간 크게 개선되지 못하고 있는 실정이다.

2. 포스트 코로나와 포용적 노동시장 제도

디지털 전환과 세계화에 따른 구조 변화가 우리나라 노동시장의 구조적 충격의 하나라면, 코로나19 대유행으로 초래된 위기는 우리나라 노동시장의 국면적 위기라 할 수 있다. 특히 코로나19로 초래된 고용위기는 글로벌 금융위기 이후 경기침체와는 다른 양상으로 전개되고 있다. 과거 금융위기가 남성, 제조업 일자리에 종사하는 핵심 노동연령층에 커다란 충격을 주었다면, 코로나19 팬데믹은 서비스업 일자리에서 핵심 연령층보다 여성 및 청년층 등 취약계층 일자리에 더 큰 위험으로 부상하고 있다.

코로나19는 노동시장에서의 지위에 따라 상이한 영향을 미치고 있다. 최근 연구(오삼일·이상아, 2020)에 따르면, 필수직 여부와 재택근무 가능 여부, 대면접촉 빈도에 따라 코로나19에 대한 일자리 취약성 측면에서 상이한 것으로 나타났다. 우리나라 노동시장에서는 비필수 일자리가 약 42%(숙박·음식, 부동산, 예술·스포츠·여가 등; 직업별: 서비스, 판매, 단순노무직), 비재택근무 일자리가 약 74%(농림어업, 숙박·음식, 운수·창고 등)로 비재택근무 일자리 비중이 높게 나타났다. 직업별로는 서비스 및 저숙련 일자리(농림어업 숙련직, 기능원 및 관련 기능직, 장치·기계 조작 및 조립직, 단순노무직) 등에 집중, 고대면접촉 일자리는 약 55%(콜센터, 물류센터, 방문판매업체 등)로 확인되었다.

학력과 성별, 종사상 지위에 따라 일자리 취약성도 격차가 큰데, 저소득, 저학력, 청년, 여성, 임시·일용직 및 자영업자, 고용보험 미가입자 등 고용 취약계층이 더 큰 위험에 직면하였다. 요컨대 코로나19 확산에 따른 경기침체는 일반적인 경기침체와는 다르게 남성 제조업 종사자보다 여성 대면 서비스업 일자리 종사자에 더 큰 충격을 주었다. 노동시장에서의 지위에 따라 코로나19가 미친 충격을 면밀하게 파악하고, 향후 경기회복 국면에서 직업능력정책이 어떤 역할을 할 수 있는지에 대한 다양한 논의가 필요가 필요한 이유이다. 코로나19가 준 충격은 다른 국가도 비슷하나, 노동시장 제도의 포용성에 따라 그 영향은 상이한 것으로 확인된다.

[그림 3-6]은 코로나19 확산의 충격이 고용에 본격적으로 영향을 미치기 시작한 2020년 4월 미국과 영국, 독일 노동시장에서 유급

[그림 3-6] 코로나19 이후 노동시장 지위에 따른 일자리 상실 비율

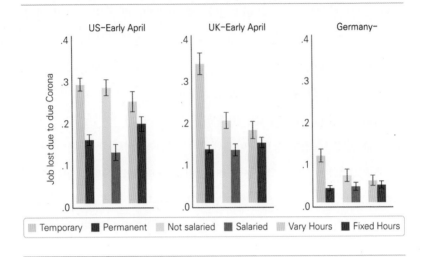

주: 조사 기간 4주 전 유급노동에 종사한 개인 중에서 코로나19로 일자리를 상실한 개인의
비율.
자료: Adams-Prassl(2020: 4).

노동에 종사한 개인이 코로나19로 인해 일자리를 상실한 비율을 제
시한 것이다(Adams-Prassl, 2020). 세 국가에서 고용형태와 임금노동
지위, 근로시간 형태에 따라 일자리 상실 위험에는 차이를 보였다.
특히 미국과 영국에서는 상용직에 비해 임시직의 실업 위험이 약
10~20%p 이상 높은 것으로 확인되었다. 임금노동자에 비해 비임금
근로에 종사하는 경우, 탄력적 노동시간 계약직(vary hours)의 경우
에 실직 위험이 더 높았다. 반면, 독일의 경우 전체적으로 실직 위험
이 10% 내외 수준으로 낮고 고용형태와 임금-비임금 근로 여부,
근로시간 형태에 따른 격차도 크지 않았다.

이러한 차이가 발생한 원인은 무엇일까? 바로 포용적 노동시장 제도의 유무에 있다. 주지하다시피 독일의 경우 조율된 단체교섭으로 근로시간 단축제도(short-time work) 등을 활용하여 외부 위기의 충격을 노동시장 행위자 다수가 공유하는 형태로 위기를 극복한 것이다. 반면, 신자유주의 자유시장경제를 갖춘 영국과 미국 등에서는 코로나19의 충격을 다수 노동자를 해고하는 방식으로 돌파하려는 경향이 두드러졌다.

우리나라는 노동시장 양극화와 포용적 제도의 부재로 인해 영미권과 비슷한 방식으로 위기의 충격이 나타나고 있다(일자리위원회, 2021). 향후 포스트 코로나 시대 포용적 회복 경로로 나아가기 위해서는 조율된 노동시장 제도 마련이 시급하다(Acemoglu & Robinson, 2019; Robinson & Acemoglu, 2012).

3. 노동시장의 유연성과 안정성

우리나라 노동시장의 유연성과 안정성은 어떠한가? 노동시장 안정성은 다양한 지표로 평가할 수 있으나 노동자의 평균 근속 연수가 국제 비교 가능한 지표이다. [그림 3-7]에서 우리나라 노동자의 평균 근속 연수는 2016~2020년 기간 동안 5.8~6.0년 정도에 머무르고 있어 비교 대상 국가에 비해 낮을 뿐만 아니라 근속 측면에서 노동시장의 불안정성이 가장 심각한 상황이다. 프랑스와 독일과 같은 대륙 유럽 국가나 그리스, 포르투갈, 스페인 등 남유럽 국가가 근속 연수가 가장 긴 것으로 나타나고 있으며, 덴마크나 스웨덴 같은 북유럽 국가와 아일랜드 등이 근속 연수가 상대적으로 짧은 것으로 확인된다.

[그림 3-7] OECD 주요 국가의 평균 근속 연수(2016/2020년)

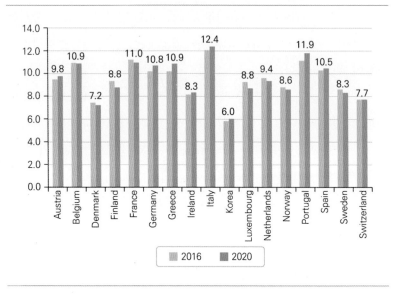

자료: OECD Stat(2021)에서 직접 추출(검색일: 2021. 05. 04.).

　　노동시장에서의 안정성을 측정하는 지표 중 하나는 실업 시 소득보장의 관대성, 즉 실업보험/실업부조 급여의 관대성 지표이다. 즉 일자리 상실 시 실업보험과 같은 사회보장에 의한 소득대체율 수준을 비교하여 노동시장의 안정성을 파악할 수 있다. OECD 조세급여(Tax-Benefit) 모형에서는 가족유형, 실직 기간, 기존 근로소득(최저임금 수준, 평균의 2/3 수준, 평균임금 수준), 사회부조 급여 포함 여부, 주거급여 포함 여부에 따라 실직 시 순소득 대체율을 산정하는 기준을 제시하고 있다. [그림 3−8]은 이 모델에 따라 실업 급여의 순소득 대체율[1]을 비교한 자료이다.

[그림 3-8] 실업 기간에 따른 실업 급여의 순소득 대체율

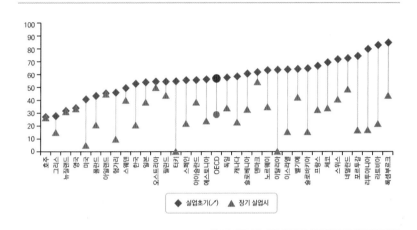

주: 사회보장체계의 작동을 파악하는 방법 중 하나는 상대빈곤선(중위 가구 소득의 50% 또는 60%) 대비 최소현금소득 급여 수준을 파악하는 방법이다. 소득 수준은 근로연령대 가구주가 있는 가구의 모든 형태의 현금 급여를 고려한 수준(다른 소득원이나 실업보험과 같은 1차 급여 수급자격이 없는 상태)으로 소득세와 사회보장 기여금을 제한 금액이다. 중위 가처분소득(주거비용 공제 이전)은 OECD 소득 데이터베이스에서 산출하였다. (www.oecd.org/social/income-distribution-database.htm (Society at a Glance, 2019: 102). 검색일: 2021. 05. 04

자료: OECD(2019: 103). Society at a Glance 2019.

---

1) 순소득대체율은 실업 시에 확보되는 순소득의 비율로 정의됨. 40세 무자녀 독신자로서 평균임금의 100%를 수입으로 얻는 집단을 대표함. 실업 초기 단계는 대기기간 이후 급여 수급 두 달째를, 장기실업은 급여 수급 5년째를 의미함. 가구소득은 OECD 조세−급여 모델을 활용하여 추정하였다. 자세한 내용은 http://www.oecd.org/social/benefits−and−wages.htm(검색일: 2021. 10. 07.)을 참고할 것.

초기 소득대체율은 OECD 평균이 58%, 장기실업 시 소득대체율은 29%로 나타난 반면, 한국은 초기에 54%, 장기실업 시는 21%로 실업기간이 길어질수록 급여 관대성이 매우 가파르게 낮아지는 급여 구조를 갖추고 있다. 실직 시 소득대체율 관점에서 우리나라 노동시장 제도의 안정성은 결코 높다고 할 수 없다.

제4절

디지털 전환과 자동화 위험에 대처하는 직업능력정책

디지털 전환과 플랫폼 자본주의의 도래로 중숙련 일자리 소멸에 대한 우려가 크다. 그러나 기존 산업혁명에 따른 기술변화는 일자리 감소보다는 새로운 일자리 창출로 이어졌다는 주장이 설득력을 갖는다. 인공지능(AI)과 지능정보기술의 도입과 확대는 기존 산업혁명과는 질적으로 다른 변화를 초래할 것이라는 우려가 있으나 실제 일자리 변화에 대한 경로는 정치적·사회적 의사결정 과정에 따라 충분히 변화할 수 있다.

디지털 전환에 따른 고용구조 변화에서 가장 주목할 점은 바로 일자리의 양극화 또는 노동시장의 이중구조화 강화에 관한 것이다. 우리나라 직업능력개발훈련은 일자리 분포의 양극화에 따른 자동화 위험의 양극화가 훈련시장에서도 그대로 재현되는 양상을 보인다(류기락 외, 2017).

1. 디지털 전환과 직업능력정책

디지털 전환은 일의 미래 변화를 추동하는 주된 동인이자 노동시장 내부와 외부에서 사회 불평등을 초래하는 핵심요인이다. 생애주기 전반에 걸쳐 인적역량 혹은 핵심정보처리능력의 개발 및 활용, 활성화 과정에서 불평등 추이가 여전히 지속되거나 확대되고 있어 직업능력정책에 커다란 도전이 되고 있다.

가. 인적역량의 격차

인적역량의 격차는 교육수준이나 성별, 연령에 따라 다양한 양상으로 나타나고 있다. 국제성인역량조사 결과에 따르면, 한국은 OECD 국가 평균에 비해 연령별, 교육수준별, 성별 격차가 OECD 평균에 비해 큰 편으로 나타난 반면, 부모 학력수준으로 측정되는 사회경제적 지위에 따른 격차는 평균보다 작은 것으로 확인된다. 교육수준별 인지역량 수준 격차도 한국은 OECD 국가 평균에 비해 약간 높은 수준이다. 우리나라 성인 중에서 고등교육 이수자의 인지역량 점수 평균은 272.6점으로 OECD 평균 267.7점과 비교하여 약간 높다. 학력에 따른 인지역량은 중졸 이하 학력 집단의 인지역량이 평균 229.5인 반면, 대졸 이상은 290.8점으로 두 집단 간 격차는 약 61.3점으로 OECD 평균 격차인 60.5점에 비해 약간 높은 수준이다 (OECD, 2019c).

컴퓨터 기반 환경에서의 문제해결력은 ICT 스킬과 밀접하게 연관되어 있으며 디지털 전환 시대의 핵심역량이다. 이 항목은 언어능력이나 수리력과는 다르게 역량 수준 점수가 아니라 역량 수준 범주로 평가하며, ICT 기초 문항을 통과하지 못하거나 컴퓨터 사용 경험이 없는 취약 집단, 컴퓨터 기반 평가를 선택하지 않고 지필 응답을 선택한 인구 비율을 파악할 수 있어 ICT 스킬에 대한 다양한 정보를 포함하고 있다. 우리나라 성인은 ICT 스킬 수준이 낮은 집단(PS-TRE 1수준 이하)이 약 39.4%로 OECD 국가 평균인 43.0%에 비해 작지만, ICT 스킬이 상대적으로 높은 집단(PS-TRE 2~3수준)의 비율은 30.4%로 OECD 평균인 29.7%에 비해 약간 높다. 그러나 ICT 기초평가를 통과하지 못한 집단이 약 24.6%로 OECD 평균인 16.3%에 비해 높다. 이러한 결과는 우리나라 성인의 ICT 스킬은 OECD 평균 수준이지만 상대적 취약 집단의 규모가 OECD 평균에 비해 매우 크다는 것을 의미한다(OECD, 2019b).

나. 스킬 수준과 불평등의 유형

세계화와 디지털 전환은 직종별 노동이동을 촉진한다. 새로운 직종에서 요구하는 스킬의 개발을 지원하는 교육훈련 정책은 노동자의 직종이동을 원활하게 한다. 문제는 이동 목표 직종의 스킬 요구와 기존 직종의 스킬 요구에 차이가 있다는 점이다. 직종별 인적역량 수준으로 직종 간 스킬 거리를 측정하여 직종 간 스킬 수준과 분포를 비교한 연구 결과는 중요한 시사점을 제시한다(OECD, 2019c).

보다 구체적으로 언어능력과 수리력으로 노동자의 인지역량 측면에서 직종 간 스킬 거리를 측정하는 한편, 직무 내용, 즉 직무기반 스킬(ICT 스킬, 관리 및 소통 스킬, 회계 및 판매 스킬, 고급 수리 스킬, 자기

〈표 3-3〉 스킬 수준과 불평등에 따른 국가 유형화

군집 유형	주요 국가	스킬 분포의 특성
Cluster 1	칠레, 그리스, 이탈리아, 리투아니아, 러시아, 슬로바키아, 터키	평균보다 낮은 스킬 수준, 작은 불평등
Cluster 2	호주, 캐나다, 아일랜드, 뉴질랜드, 영국, 미국	평균 중위 스킬 수준, 큰 불평등
Cluster 3	오스트리아, 벨기에, 체코, 덴마크, 핀란드, 독일, 일본, 네덜란드, 노르웨이, 스웨덴	평균 이상 스킬 수준, 작은 불평등
Cluster 4	에스토니아, 프랑스, 이스라엘, 한국, 폴란드, 싱가포르, 슬로베니아, 스페인	평균 중위 스킬 수준, 중위 불평등

출처: Bechichi, N. et al.(2018) "Moving between jobs: An analysis of occupation distances and skill needs", https://doi.org/10.1787/d35017ee-en. OECD(2019c: 87)에서 재인용.

조직 스킬)의 사용 빈도를 여러 항목으로 비교하여 직종 간 스킬 거리 지표를 구축하였다. 다음으로 OECD 국제성인역량조사 원자료를 활용하여 평균 스킬 수준에 더해 스킬 부족과 스킬 과잉을 측정하여 OECD 주요 국가의 스킬 분포와 불평등에 대해 군집 분석한 결과 (OECD, 2019c)에 따르면, 한국의 스킬 수준은 중상, 스킬의 분포(불평등)는 중간 수준으로 에스토니아, 프랑스, 이스라엘, 폴란드, 싱가포르, 슬로베니아, 스페인 등과 같은 집단에 속하는 것으로 나타났다.

다. 스킬의 개발과 활용의 현황

우리나라 스킬 정책의 전반적인 현황은 어떠한가? OECD 스킬 전략 상황판은 스킬 성과를 스킬의 개발·활용, 활성화 측면에서 지표로 일목요연하게 제시하고 있다. [그림 3-9]에서 우리나라는 청년

[그림 3-9] OECD 스킬 전략 상황판: 스킬 성과 지표의 요약

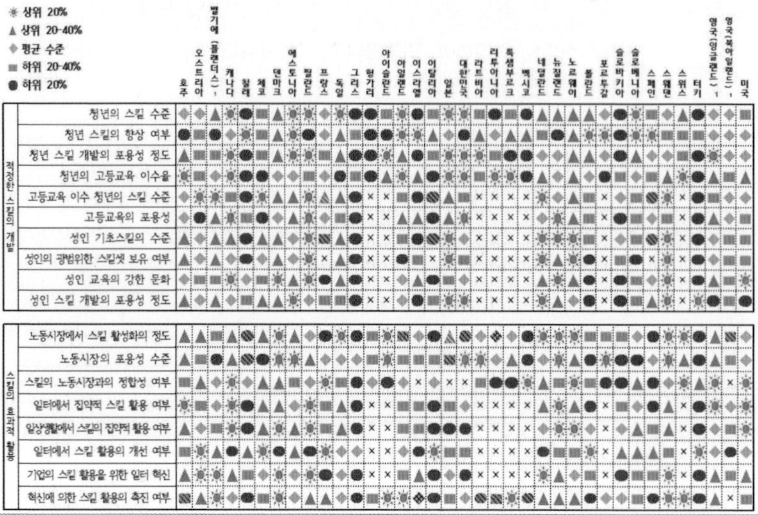

자료: OECD(2021b: 11), OECD Skills Strategy Implementation Guidance for Korea: Strengthening the Governance of Adult Learning, OECD Skills Studies, OECD Publishing, Paris, https://doi.org/10.1787/f19a4560-en. (검색일: 2021. 05. 04.)

의 스킬 수준, 청년 스킬 개발의 포용성 정도, 고등교육 이수율, 고등교육의 통합성, 성인 스킬 개발의 포용성, 스킬 활용에서 노동시장의 포용성은 상대적으로 높은 수준을 유지하고 있다. 반면에 청년 스킬의 향상 정도, 고등교육 이수 청년의 스킬 수준, 스킬 조합의 정도, 일상에서 스킬의 활용 정도, 일터에서 스킬 활용의 개선 정도, 스킬 활용을 위한 일터혁신 등에 있어서는 낮은 수준에 머물러 있다.

스킬 개발 관점에서 청년 스킬 성과는 한국이 매우 선도적인 반면, 성인 스킬 개발에서는 그렇지 못하다. 2018년 PISA 조사 결과, 청년층의 학업성취도는 하락 추세이나 여전히 최상위권을 유지하고

있다. 학생 성취도는 사회경제 배경과 연관성이 낮은 편으로 취약 청년도 상대적으로 필요한 지원을 받고 있는 것으로 평가받고 있다. 또한 청년층의 고등교육 이수율은 70%로 매우 높은 반면, 대졸자 기초역량의 수준은 낮은 편이다. 다방면 스킬을 갖춘 성인의 비율이 OECD 평균보다 낮다. 성인의 평생학습 참여 의지는 높은 편이나 상당수는 여전히 참여 장애 요인에 직면하고 있다(OECD, 2021b: 11).

스킬 활용 측면에서의 성과는 낮은 편이다(OECD, 2021b: 12). 고용률 및 경제활동참여율이 OECD 평균 이하에 머무르고 있으며, 특히 여성은 일과 돌봄 균형 문제로 경제활동참여율이 낮다. 또한 청년층의 유휴노동 상태를 측정하는 NEET 비율이 OECD 평균에 비해 약 2~3%p 높은 상태이다. 성인 스킬 활용 측면에서 한국의 전반적 성취는 평균 수준이며, 일터에서의 스킬 활용은 청년층이 노령 세대에 비해 매우 높은 수준을 보이고 있다. 자율과 재량의 조직문화를 대변하는 고성과 작업 조직 지표는 낮은 편인데, 이는 작업 조직과 직무 설계 – 팀워크, 자율성, 직무 재량, 멘토링과 일자리 순환; 경영 관행 – 성과급, 훈련, 노동시간의 유연성 측면에서 우리나라 일터의 혁신 여지가 많다는 점을 뜻한다.

라. 자동화와 일자리 대체 위험

OECD 주요 국가에서 자동화에 따른 일자리 대체 위험을 분석한 연구 보고서(OECD, 2019c)는 매우 중요한 정책 시사점을 제시해 준다. OECD 국가에서 14%의 일자리가 자동화 위험이 큰 일자리(70% 이상)이며, 연령과 일자리 대체 위험은 U자 곡선 형태를 취하고 있다. 연령대별로는 30~35세 일자리가 대체 위험이 가장 낮고, 이후 다시 상승하는 경향을 보여 준다. 자동화 위험은 장년(조기은퇴 정책)보다 청년에게 더 큰 위협이 되고 있다. 특히 청년실업 정책 - 재숙련화를 위한 자격취득(re-qualification)이 자동화 위험이 높은 일자리에서 자동화 위험이 낮은 일자리로 전환하는 데 있어 핵심수 단이 될 수 있다. 독일의 경우 약 40%의 노동자가 노동 생애에서 직종 재자격화(re-qualification)를 경험하는데, 두 번째 직종으로 자동화 위험이 낮은 직종을 지향한다. 이른바 '오래된 직종'의 높은 자동화 위험에 대처하기 위한 별도의 정책이 필요하다.

[그림 3-10] OECD 국가 일자리의 자동화 위험 분포: PIAAC 개인 자료 추정

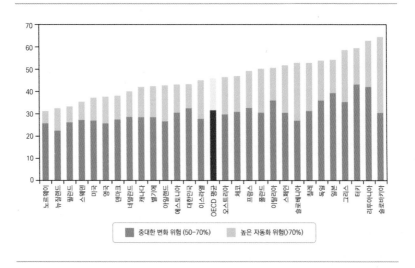

자료: OECD(2019c: 49).

[그림 3-10]은 국제성인역량조사 개인 자료를 활용하여 자동화 위험 수준이 매우 높은 집단과 중대한 변화 위험에 처한 집단(자동화 위험 50~70%)의 분포를 국가별로 비교한 결과이다. 이때 자동화 위험은 개인이 실제 수행하는 과업의 내용에 따라 추정한 것으로 이른바 과업기반 접근법이라 할 수 있다. 분석 결과에 따르면, OECD 국가는 평균적으로 자동화 위험이 매우 높은 일자리(>70%)가 약 14.0%이며, 중대한 변화 위험이 있는 일자리에 종사하는 집단의 비율은 약 31.6%에 이른다. 우리나라의 경우 자동화 위험이 높은 일자리 종사자의 비율은 약 10.4%, 중대한 변화 위험이 있는 일자리 종사자의 비율은 약 32.8%로 추정되고 있다. 전반적으로 자동화 위험이 높은 일자리 비율을 보면, 그 비율이 가장 높은 국가는 슬로바키아가 약 34.0%에서 가장 낮은 국가는 노르웨이가 약 6.0%로 국가 간 상당한 차이가 발견된다. 과업 기반 추정에 의한 자동화 위험 수준은 직종 기반 접근법에 비해 상당히 낮은 것으로 나타나고 있으며, 노동자에게 적절한 훈련을 제공하는 것이 자동화 위험에 대처하는 데 상당한 기여를 할 수 있다는 점에 주목해야 한다(OECD, 2019c).

[그림 3-11]은 지난 12개월 이내 직무 관련 직업훈련 참여 비율과 자동화 위험의 관계를 제시하고 있다. 직업훈련의 종류는 형식교육, 원격/개방 교육, 현장훈련, 기타 훈련으로 구분하고, 직무 관련 훈련시간과의 관계도 보여 주고 있다. 자동화 위험이 낮은 노동자의 현장훈련 참여 비율이 가장 높은데, 30% 정도 자동화 위험 이후에는 현장훈련 참여율이 급감한다는 점에 주목해야 한다. 즉 고용주의 훈

[그림 3-11] **자동화 위험과 지난 1년간 훈련 참여 비율**

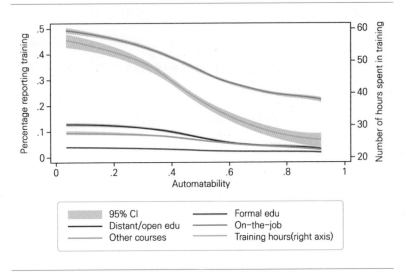

주: Frey & Osborne(2013)의 직종기반 자동화 위험 추정 방법을 참고하여 캐나다 자료에
   OLS 회귀 분석모형의 계수를 다른 국가에 적용하여 자동화 위험을 추정. OLS 회귀모형
   으로 교육수준, 연령, 성별, PIAAC의 수리력 점수, 국가 고정효과를 추가하고 직종·산
   업 더미 변수를 포함. 자세한 내용은 Nedelkoska & Quintini(2018)을 참고.
자료: Nedelkoska & Quintini(2018: 49).

련 투자 결정은 자동화 위험이 낮거나 중간 수준일 때 노동자 재훈
련을 위해 실시한다는 것을 의미한다. 자동화 위험이 큰 노동자에
대한 훈련 투자는 이루어지지 않으며, 동일 사업장 내에서 새로운
직무(tasks)로 전환 가능한 경우에 훈련을 실시하는 경향을 보여 준
다. 이러한 분석 결과는 향후 사업주훈련을 포함한 직업능력개발훈
련 정책에서 자동화 위험에 대한 분석과 모니터링, 그리고 그 결과
에 기반한 고용 및 직업능력개발 서비스 제공이 매우 중요한 수단이
라는 것을 의미한다.

[그림 3-12] 국가별 일자리 자동화 위험(평균)과 연령집단별 분포

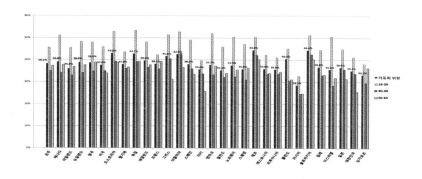

주: Arntz et al.(2016)의 과업기반 접근법에 따라 자동화 위험을 추정한 값임.

자료: 국제성인역량조사 1주기 개인 자료(PIAAC 2013/2016).

출처: 류기락(2017: 200-201)의 표를 이용하여 직접 작성.

[그림 3-12]는 OECD 국제성인역량조사 자료를 바탕으로 Arntz et al.(2016)이 제시한 과업기반 접근법으로 자동화 위험을 추정한 것이다. 우리나라는 자동화 위험 평균 수준이 38.2%로 OECD 평균에 비해 약간 낮으나, 청년 세대(16~29세)는 자동화 위험이 큰 일자리에 분포하고 있다. 이 연구의 주요 시사점은 다음과 같다.

첫째, 자동화 위험에 대비한 사회정책으로 노동시장 정책과 복지국가 구조개혁 등이 집단별 자동화 위험 불평등에 미칠 영향을 면밀하게 모니터링할 필요성이 있다.

둘째, 자동화에 따른 일자리 위험에 대응하기 위해 다양한 정책 조합이 필요(Frey et al., 2016)하다. 적극적 노동시장 정책의 일환인 직업훈련정책뿐만 아니라 노동 유인 제고를 위한 근로장려세제, 조

세격차 해소를 위한 규제 완화, 자영업 지원 인센티브를 효과적으로
결합해야 한다.

셋째, 노동 및 인력 변화에 대한 대응 여부가 자동화 위험에 따른
고용의 위기 혹은 기회의 불평등 구조를 좌우한다. 미시적으로는 작
업장의 기술혁신과 조직재편 과정에서 스킬과 자산 소유에 따른 의
사결정 구조 불평등을 해소하고, 거시적으로는 자본, 노동, 그리고
국가 간 사회적 대화에 기초하여 자동화 위험이 노동시장과 사회공
동체에 미칠 영향에 대한 지속적인 연구와 대안 마련이 필요하다(류
기락, 2017).

제5절
정책 과제

본 장에서는 직업능력정책의 의미를 시민의 생애주기 전 과정에
서 변화하는 사회에서 요구되는 인적자원과 역량의 개발 및 활용,
활성화에 필요한 정책을 포괄하는 것으로 규정하였다. 그리하여 직
업능력정책이 사회정책과 노동시장 정책의 가교 역할을 하면서 새로
운 사회 위험에 대한 적극적 대처 방안을 마련해야 한다는 점을 강
조하였다. 이러한 관점에서 현재 우리나라 직업능력개발훈련의 주요
현황과 문제점을 개관하였고, 적극적 노동시장 정책의 규모를 확대
하면서 직접 일자리 사업 비율을 낮추고 고용서비스와 직업훈련 간
연계가 필요하다는 점을 강조하였다.

디지털 전환 시대 노동시장 이중구조화와 불평등 확대의 위험이 여전히 상존하는 가운데, 직업능력정책은 일자리의 자동화 위험에 대한 면밀한 분석을 바탕으로 향후 직업능력정책은 포용적 노동시장의 구축에 이바지해야 한다. 마지막으로 결론에서는 구체적인 정책 과제 8가지를 제시한다.

1. 직업능력정책을 새로운 사회 위험 관리를 위한 노동시장 정책과 사회정책의 가교로서 자리매김하자.

전통적 노동시장 정책은 실업 위험에 대한 대처와 실직 시 소득 보상을 하는 데 주력해 왔다. 그러나 후기자본주의 사회와 디지털 전환의 도래로 직무능력의 변화, 일·생활 균형 요구, 고용불안 증가, 인구구조 변화와 같은 새로운 사회 위험이 부상하고 있다. 생애 주기의 결정적 전환의 국면에서 소득보장과 통합적 이행을 지원하는 정책 패키지가 요구되고 있다. 직업능력정책은 적극적 이행과 생애 주기에 걸친 소득 안정성을 담보할 수 있는 가교 역할을 수행해야 한다. 즉 새로운 사회 위험 관리를 위한 노동시장－사회정책의 가교로서 직업능력정책을 재정초해야 한다. 물론 그에 앞서 다중 격차와 노동시장 이중화에 적극 대처하기 위해서는 제도의 상호보완성과 전환의 가능성에 대한 정치한 분석이 요구된다. 현재처럼 개별화되고 분절화된 사업 중심의 정책 수행만으로는 문제해결을 기대하기가 어렵다. 다층적·종합적 문제 인식과 함께 정책성과 평가를 위한 새로운 프레임워크가 필요하다.

2. 직업교육훈련의 고도화와 현대화, 그리고 평생교육과 평생직업능력개발의 연계 및 통합정책으로 유연 안정 노동시장을 구축하자.

직업능력정책은 디지털 전환에서 직무 재편을 적극 지원하여 노동시장의 안정성과 기능적 유연성을 제고하도록 해야 한다. 직업능력정책의 주요 정책 수단별 타깃 집단과 확장 가능성에 대한 진단이 필요하다. 정책 선호에 관한 기존 이론과 실증연구를 분석하여 노동시장 위험과 소득보장의 유기적 조합을 통해 시민 다수의 지지를 견인할 수 있는 직업능력정책을 구축할 필요가 있다. 직업능력정책이 유연하고 안정적인 노동시장을 구축하면서 동시에 혁신을 선도하는 방안을 마련해야 한다. 혁신의 관점에서는 직업교육훈련의 고도화 및 현대화가 필요하며, 최우선 과제로 고등교육기관에서 산학협력과 지식기술 창업기반을 마련해야 한다.

최근 OECD를 비롯한 주요 국제기구에서는 평생학습 체계 마련을 위한 범정부적·범사회적 거버넌스의 필요성을 매우 강조하고 있다. 우리나라에서도 평생학습과 직업능력개발 정책과의 연계 혹은 통합을 강화할 필요가 있다. 이를 위해 교육훈련의 목적과 지향을 다시 설정하고, 교육훈련 참여 장애요인을 면밀하게 파악하여 평생학습 참여를 제고할 필요가 있다 이를 위해서는 교육훈련 전달체계의 단순화 및 유연화가 선결과제이며, 교육훈련 성과의 축적과 활용에 대한 근본적인 전환이 필요하다.

3. 적극적 노동시장 정책의 구조를 개편하여 직접 일자리 사업 규모를 축소하고 취업알선과 직업훈련에 대한 투자를 확대하자.

우리나라의 적극적 노동시장 정책은 여전히 직접 일자리 사업의 규모가 큰 반면, 고용서비스나 직업훈련에 대한 투자 규모가 작은 편이다. 이에 공공고용서비스의 규모와 인프라 확대에 적극 투자하고, 적극적 노동시장 정책 목표 집단의 성격과 일자리 위험 요인을 규명하여 수요자 맞춤형 직업능력개발 지원에 총력을 기울여야 한다. 또한 일자리 위험 요인을 규명하고 신기술 신산업 분야 일자리에 취업할 수 있도록 다양한 정책 수단으로 지원할 필요가 있다.

4. 소득중심 고용보험 징수체계 마련으로 고용안전망을 강화하고, 이를 위한 정책수단 간 정합성을 제고하자.

전 국민 고용보험제도 도입으로 고용보험 적용 대상이 확대되고 사각지대는 축소될 것이다. 소득중심 고용보험 징수체계를 마련하여 제도의 보편성과 지속가능성을 강화해야 한다. 노동시장 정책은 적극적 지출 비중을 확대하는 기조 속에서 직업훈련과 고용서비스의 정합성을 제고하는 방안을 마련해야 한다. 참여소득과 기본소득을 포함한 소득보장 정책과 직업능력정책의 정합성 제고를 위한 대대적 방안을 마련할 필요가 있다. 시민 개인의 기본 권리로서 평생학습 혹은 직업능력개발이 가능하도록 시민권 기반 직업능력개발 정책의 법적 기초를 마련해야 한다. 보다 구체적으로 개인훈련계좌(국민내일배움카드제)와 실업부조(국민취업지원제도) 연계성 확보를 위한 지속적인 정책 성과 모니터링 및 세부 조율이 필요하다.

5. 직업능력정책을 일터혁신과 결합하여 보다 짧은 노동시간과 스마트한 일터를 실현하자.

최근 주 52시간 근로상한제를 도입하는 등 노동시간 단축은 피할 수 없는 과제가 되고 있다. 노동시간 단축은 생산성 향상 없이 지속 가능하지 않다. 노동인구의 생산성 향상은 작업조직의 개편과 스마트화, 노동자의 직무능력 향상이 수반되어야만 한다. 직업능력정책은 일터혁신과 결합하여 보다 짧은 노동시간과 스마트한 일터를 실현할 수 있도록 재편해야 한다. 제조혁신과 플랫폼 자본주의 시대의 직업능력정책은 포용적 노동시장을 지향해야 한다. 실제 정책을 추진하는 데 있어 대기업-중소기업 간, 정규직-비정규직 간의 격차가 확대되지 않는 방안을 모색해야 한다. 직업능력정책은 세부 훈련사업의 단순 취업률 제고에서 시민 개인의 고용가능성 고양으로 전환할 필요가 있다. 그에 맞추어 훈련과정 심사와 훈련기관 인증 및 평가, 최소훈련시간·훈련비 환급 기준 등에서 유연성을 확대하는 방향으로 제도를 개편해야 한다.

6. 숙련친화적 디지털 전환을 위해 기업 내 분권화, 자율화, 네트워킹 기반 일터혁신을 촉진하자.

디지털 전환과 자동화 대처 못지않게 일하는 방식의 혁신을 통해 고용관계 변화에 적극 대응하고 숙련친화적 디지털 전환을 촉진할 필요가 있다. 분권화, 자율화, 네트워킹은 디지털 전환 시대 제조업 스마트화 전략의 핵심이다. 디지털 기술 도입이 생산방식, 작업장 문화, 기업의 숙련 수요에 미칠 영향을 지속적으로 모니터링할 수 있는 제도적 장치를 마련해야 한다.

7. 직업능력정책의 위기 대응성 강화를 위해 고용위기 조기 경보체계와 긴급 지원 방안을 마련하자.

앞서 언급한 것처럼 코로나19의 대유행은 노동시장 지위나 직종·업종뿐만 아니라 일자리의 성격에 따라 상이한 영향을 미치고 있다. 특히 대면 일자리와 서비스 업종에 그 충격이 더욱 크게 나타났다.

이에 직업능력정책은 디지털 전환과 코로나19 감염병의 영향에 대한 위기 대응성을 강화해야 한다. 보다 구체적으로 고용위기 지역에 대한 고용안정지원금과 직업훈련-취업알선의 연계를 강화하는 방안을 마련해야 한다. 코로나19 팬데믹의 종식에 대한 예측이 여전히 불투명한 가운데, 직종별·업종별 조기 경보체계를 마련한다. 특히 노동수요 감소에 따른 실업 위험과 더불어, 디지털 전환과 자동화에 따른 일자리 대체 위험 등 핵심 일자리 정보에 대한 피드백을 강화할 필요가 있다. 보다 구체적으로 팬데믹 위험 직종(업종) 및 지역에 대해서는 일정한 절차에 따라 국민내일배움카드제의 훈련비 자부담을 완화하는 방안도 고려할 수 있다.

8. 유급휴가훈련제도의 적용 대상을 확대하여 일·생활 균형 친화적 직업능력정책의 기반을 마련하자.

우리나라는 OECD 주요 국가에 비해 유급휴가훈련제도의 적용 대상이 협소하고 수급자격이나 급여기간 등이 지나치게 짧아 제도의 실효성이 낮다. 유급훈련휴가제도 적용 대상을 확대하고 수급자격 완화나 급여기간 확대로 제도의 실효성을 확보해야 한다. 특히 중소 기업에 대해 대체인력 활용에 필요한 제도를 정비하여 일·생활 친화적 직업능력개발 추진의 기틀을 마련해야 한다(OECD, 2020).

제6절
결론

본 장에서는 직업능력정책의 의미를 시민의 생애주기 전 과정에 서 변화하는 사회에서 요구되는 인적자원과 역량의 개발 및 활용, 활성화에 필요한 정책을 포괄하는 것으로 규정하였다. 그리하여 직 업능력정책이 사회정책과 노동시장 정책의 가교 역할을 하면서 새로 운 사회 위험에 대한 적극적 대처 방안을 마련해야 한다는 점을 강 조하였다. 이러한 관점에서 현재 우리나라 직업능력개발훈련의 주요 현황과 문제점을 개관하였고, 적극적 노동시장 정책의 규모를 확대 하면서 직접 일자리 사업 비율을 낮추고 고용서비스와 직업훈련 간 연계가 필요하다는 점을 강조하였다.

디지털 전환 시대 노동시장 이중구조화와 불평등 확대의 위험이 여전히 상존하는 가운데, 일자리의 자동화 위험에 대한 면밀한 분석을 바탕으로 향후 직업능력정책은 포용적 노동시장의 구축에 이바지해야 한다.

마지막으로 정책과제로 여덟 가지를 제안한다. 첫째, 직업능력정책을 새로운 사회위험 관리를 위한 노동시장 정책과 사회정책의 가교로 자리매김하고, 둘째, 직업교육훈련의 고도화와 현대화, 평생교육과 평생직업능력개발의 연계 및 통합정책으로 유연안정 노동시장을 구축하는 것, 셋째, 적극적 노동시장 정책의 구조를 개편하여 취업알선과 직업훈련에 대한 투자를 확대하는 것, 넷째, 소득중심 고용보험 징수체계 마련으로 고용안전망을 강화하고 정책 수단 간 정합성을 제고하는 것, 다섯째, 직업능력정책을 일터혁신과 결합하여 보다 짧은 노동시간과 스마트한 일터를 실현하는 것, 여섯째, 숙련친화적 디지털 전환을 위해 기업 내 분권화, 자율화, 네트워킹 기반 일터혁신을 촉진하는 것, 일곱째, 직업능력정책의 위기 대응성 강화를 위해 고용위기 조기 경보체계와 긴급 지원 방안을 마련하는 것, 마지막 여덟째로 유급휴가훈련제도의 적용 대상을 확대하여 일·생활 균형 친화적 직업능력정책의 기반을 마련하는 것을 제안한다.

CHAPTER

04

일-학습-삶이
연계된
평생직업교육

모든 국민의
안정된 삶을 위한
미래인재전략

Chapter

04

박동열 · 안재영 · 유진영 · 윤형한 · 이상훈

일-학습-삶이 연계된 평생직업교육

제1절

문제의 제기

저출생 · 고령화, 기술혁신, 사회문화의 변화, 기후 위기 및 코로나바이러스 감염증 – 19(이하 '코로나19') 등 급속한 환경 변화로 인해 일자리의 양적 · 질적 변화뿐만 아니라 '직업(job)'에서 '일(work)'로의 노동 가치가 변화되고 있고, '전 생애에 걸쳐 누구나 희망하는 학습에 참여할 수 있도록 지원하는 직업교육 체제', 다시 말해 '전 생애 직업교육 플랫폼' 구축의 필요성이 더욱 커지고 있다.

현 평생직업교육의 한계는 학습자들이 학습 주체로서 능동적 학습과 단절되어 있고, 학습 – 일 – 삶이 연계되어야 할 학습 공간에서 소외되어 있으며, 개별 학습자들의 특성을 반영하지 못한 효율성 중심의 평생직업교육 참여 기회만이 제공되고 있다는 것이다. 이러한 한계로 인해 개인의 생애 경력개발 관점에서 단절현상과 평생직업교육정책 전달체계의 분절현상, 그리고 일자리 및 직업교육 참여 기회에서의 소외 현상 등이 심화되고 있다.

이와 같이 효율성과 제도적 획일성을 강조한 평생직업교육에서
벗어나 '일－학습－삶'이 연계된 유연한 평생직업교육으로 전환하기
위해서는 인간다운 삶과 일에 관한 교육적 가치를 공유해야 하고,
평생직업교육의 '교육적·사회적 이슈'에 관한 사회적 공감대를 형성
함과 동시에 사회적 합의를 통해 '국가, 사회, 기업, 학습자'가 공동
으로 참여하는 공동체를 구축·운영해야 한다(박동열 외, 2020).

이에 현 평생직업교육의 한계인 '경력개발상의 단절현상과 전달
체계의 분절현상, 참여 기회의 소외현상'을 개선하고 '개인이 인간다
운 삶(well－being)을 누릴 수 있도록 지원할 것인가'라는 연구 문제
로 접근하였고, 일－학습－삶이 연계된 평생직업교육으로의 전환 과
제를 제시하였다([그림 4－1] 참조).

[그림 4-1] 미래 환경 변화에 따른 평생직업교육 진단과 혁신 과제

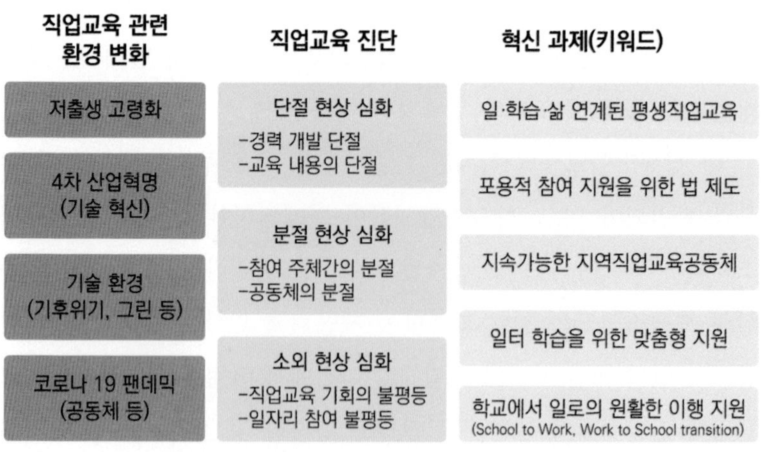

직업교육 관련 환경 변화	직업교육 진단	혁신 과제(키워드)
저출생 고령화	단절 현상 심화 -경력 개발 단절 -교육 내용의 단절	일·학습·삶 연계된 평생직업교육
4차 산업혁명 (기술 혁신)		포용적 참여 지원을 위한 법 제도
기술 환경 (기후위기, 그린 등)	분절 현상 심화 -참여 주체간의 분절 -공동체의 분절	지속가능한 지역직업교육공동체
		일터 학습을 위한 맞춤형 지원
코로나 19 팬데믹 (공동체 등)	소외 현상 심화 -직업교육 기회의 불평등 -일자리 참여 불평등	학교에서 일로의 원활한 이행 지원 (School to Work, Work to School transition)

현황 및 문제점

1. 평생직업교육을 희망하는 모든 사람들에게 참여 기회가 공평하게 제공되고 있는가?

인구 구조의 변화, 4차 산업혁명, 코로나19로 인한 비대면 사회 도래 등의 급속한 변화는 평생직업교육의 범위와 평생직업교육기관 유형, 평생직업교육의 내용과 방법, 교강사, 질 관리 등의 영역에서 혁신을 요구하고 있다.

특히 현 평생직업교육은 직업교육을 희망하는 모든 사람들에게 제도적으로 평생직업교육 프로그램에 참여할 수 있는 기회를 제공하지 못하고 있는 상황(TVET Divide)이다. 비록 관련 부처를 포함한 다양한 운영 주체들의 노력으로 소외계층의 직업교육 참여 기회는 상대적으로 확대되고 있지만, 아직도 생애 단계별 평생직업교육 참여 기회의 불균형 현상은 개선될 필요가 있다.

중등단계에서 나타나는 유형을 제시하면 첫째, 직업교육훈련에 관한 부정적 인식으로 인해 중학생들이 자신의 적성과 흥미에 따라 직업교육훈련을 받을 수 있는 기회를 갖지 못하는 유형을 들 수 있다. 둘째, 일반고로 진학한 학생 중에서 직업교육 참여를 희망하고 있음에도 불구하고 직업교육에 참여할 기회를 갖지 못하는 유형이 있다. 셋째, 자신이 희망하는 학과(과정)로 입학하지 못하고 다른 학과(과정)에서 공부하는 직업계고 학생들이 자신이 희망하는 학과(과

[그림 4-2] 생애 단계별 평생직업교육 참여 기회 불균형의 10가지 유형

출처: 박동열 외(2017), p. 22에서 인용.

정)로의 진로변경 기회를 갖지 못하는 유형이 있다. 넷째, 학교 밖 청소년 중에서 자신이 희망하는 직업교육을 이수할 기회를 갖지 못하는 유형 등이 있다.

특히 중등단계 학부모들은 직업계고와 전문대학을 졸업한 후 지속적인 학위과정 참여가 쉽지 않다고 인식하여 대학 진학을 목적으로 한 일반계고 진학을 선호하는 것으로 판단된다. 이러한 인식은 직업교육 정책에 대한 관심과 이해 부족 등에 기인한 측면도 있다. 그뿐만 아니라 학력에 의한 임금 차이로 인해 직업교육 경로를 선호하지 않는 경우도 있다.

〈표 4-1〉 임금근로자 학력별 총근로 일수, 총근로 시간, 월 임금액 현황

구분	총근로 일수 (일)	총근로 시간 (시간)	월 임금 총액 (천 원)	월 급여액 (천 원)
고졸	19.9	155.6	2,443	2,256
초대졸	21.6	171.8	3,023	2,739
대졸	21.6	172.1	3,950	3,513

자료: 고용노동부(2020). 고용형태별 근로실태조사.

따라서 직업교육을 희망하는 모든 사람들이 희망하는 시기에 다양한 방식으로 직업교육에 참여할 수 있도록 '개인맞춤형 평생직업교육체제'를 구축해야 한다. 이와 함께 학력에 의한 임금 격차를 최소화하고 직업자격, 현장경력, 교육자격 등과 같이 다양하고 객관적인 신호 기제에 따른 개인의 역량을 평가함과 동시에, 기업이 적극적으로 직무급 인사제도를 도입할 필요가 있다. 이러한 변화의 전제는 개인이 어떤 경력개발 경로를 선택하더라도 개인의 인간다운 삶을 영위할 수 있는 경제적 기반은 구축할 수 있어야 한다.

2. 현재의 직업교육훈련은 모든 근로자의 역량 개발을 지원하고 있는가?

우리나라는 높은 수준의 인적자본과 혁신성을 보유한 국가이다. World Bank(2019)의 인적자본 지수에 따르면, 우리나라의 인적자본 수준은 0.84로 157개국 중 싱가포르(0.88)에 이어 두 번째로 높다. 이는 우리나라에서 오늘 태어난 아이가 온전한 교육·의료를 제공받았을 때 0.84(1이 최댓값)만큼의 미래 생산성을 갖는다는 의미이다.

또한 2018년 WEF(World Economic Forum)의 국가경쟁력지수(Global Competitiveness Index)에서는 141개국 중 종합순위 13위를 차지하였으며, 세부적으로 정보통신기술 활용에서 1위, 거시경제 안정 1위, 혁신 능력 6위를 차지하였다(World Economic Forum, 2019). 특히 우리나라는 혁신에 대한 재정 및 인적 투자 수준이 OECD 회원국 내 각 2위에 해당하며, 그 결과로 특허출원 건수는 3위, 이를 GDP 수준 대비로 보면 압도적인 1위에 해당한다(박준 외, 2021).

그러나 문제는 이러한 인적자본의 경쟁력과 혁신성을 견인하는 것이 대기업이라는 점에 있다. OECD 국가의 대기업 대비 중소기업의 수출 활동 비율을 살펴보면 우리나라는 약 20% 정도로 두 번째로 낮은 수준이고, 세계시장에의 참여율 역시 세 번째로 낮다(OECD, 2020a). 특히 대기업과 중소기업의 노동생산성 격차는 OECD 국가 중 가장 큰 것으로 나타났다(OECD, 2020a). 즉 인적자본의 경쟁력과 혁신성에서의 문제는 이런 '격차'에서 발생하는데, 우리나라의 중소기업이 전체 기업의 99%를 차지하며, 전체 고용의 83%를 담당하고 있다는 점(통계청, 2019)에서 극소수와 대다수 간의 격차라는 중대한 문제를 안고 있다.

우리나라 중소기업과 대기업의 경쟁력 및 혁신성 격차의 중요한 요인 중 하나는 직업교육훈련 참여율과 참여방법에 있다. 먼저, 기업 규모에 따른 직업교육훈련 참여율의 격차 문제이다. 우리나라 임금근로자 중 사업주가 지원하는 비정규 교육 및 직업훈련에 참여하는 비중을 살펴보면, 대기업의 경우 OECD 평균 59.9%보다 많은 63.9%가 참여하는 데 비해 중소기업은 OECD 평균에 못 미치며, 10인 이하 기업과 대기업과의 차이는 OECD 평균 29.9%에 비해 13.3%p 높은 43.2%로 나타났다(OECD, 2020b).

[그림 4-3] **25~26세 임금근로자 중 사업주 지원 비정규 교육 및 직업훈련 참여자 비율(2016)**

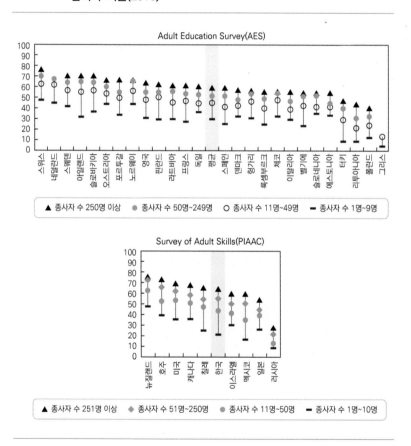

둘째, 기업규모에 따른 직업교육훈련 참여 방법의 격차 문제이다.

한국직업능력연구원의 인적자본기업패널(HCCP)에 따르면, 규모가 작은 기업일수록 집체식 사내 교육훈련에 의지하는 비율이 높은 반면, 규모가 큰 기업일수록 집체식 외부 교육훈련과 인터넷 학습(e-Learning)의 비율이 높다. 즉 대기업은 직업교육훈련에 외부자원을 적극적으로 활용하는 데 반해, 중소기업은 내부자원에 의존하는 경향이 크다고 볼 수 있다.

[그림 4-4] 한국의 기업 규모별 교육훈련 방법별 참여 현황

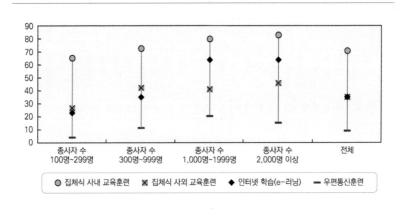

자료: OECD(2020a). Enhancing Training Opportunities in SMEs in Korea, p. 111.

디지털 전환 또는 제4차 산업혁명 등에 의해 오늘날의 산업 및 직무 환경은 더욱 급격하게 변화하고 있다. 이러한 변화에 적응하고 지속가능한 성장을 이루기 위해서는 개인은 더 큰 창의성을, 조직은 더 파괴적인 혁신을 발현해야 하는데, 이때 필요한 지식과 기술은 기존에 조직 내부에서 얻을 수 있는 성격의 것이 아니다. 따라서 개

인은 새로운 지식과 기술을 얻기 위해 외부자원을 더욱 적극적으로 활용해야 한다. 이러한 지점에서 현재의 중소기업과 대기업의 직업교육훈련 참여 방법의 차이는 교육의 질 차이로 직결된다.

따라서 국가 차원에서 직업교육훈련을 통한 개인과 조직의 경쟁력 및 혁신성 향상의 초점은 중소기업과 대기업의 참여율 격차, 참여 방법의 격차를 해소하는 방향으로 맞추어져야 한다. 이와 더불어 소상공인[1]과 특수형태근로종사자[2]의 경우 우리나라 취업자의 20% 이상을 차지하고 있음에도 불구하고 충분한 직업교육훈련 참여 기회가 보장되지 않고 있다. 따라서 격차와 소외 없이 모든 근로자가 수준 높은 직업교육훈련에 참여할 수 있는 기회를 확대해야 한다.

3. 지역 청년의 지역 안착을 위해 평생직업교육은 지역교육공동체 구축에 기여할 수 있는가?

청년들이 수도권으로 몰리게 된 데는 나고 자란 지역에서 더 이상 기회를 찾을 수 없다는 데 기인한다. 그러나 많은 청년들이 수도권에서

---

[1] 경제활동인구조사에 따르면, 전체 취업자 2,760.3만 명 중 자영업자가 약 20%(555.0만 명)이다. 이 중 고용원이 없는 자영업자가 424.9만 명으로 자영업자의 대부분(약 77%)을 차지한다(통계청, 2021). 또한 소상공인실태조사에 따르면 사업체 수는 277.0만 개, 종사자 수는 644.2만 명으로 집계되었다(중소벤처기업부·통계청, 2020).

[2] 특수형태근로종사자는 165.8만 명으로 추정되며, 이 중 임금근로자로 분류된 종사자가 74.5만 명, 비임금근로자로 분류된 종사자가 91.3만 명으로 추정된다. 그 외에도 번역가 등 상대적으로 새로운 직업군과 종속성이 약한 특수고용 및 플랫폼 노동자로서 새로운 유형의 근로자가 55만 명으로 추정된다(정흥준, 2019).

취업준비생으로서 지내는 동안에 치열한 경쟁구도에서 성공하지 못하고 다시금 지쳐 간다. 올해 한국고용정보원이 발간한 '청년취업자의 첫 일자리 입직 소요기간 분석' 보고서에 따르면, 조사에 참여한 청년취업자(만 15세부터 29세) 6,895명 중 전체 청년층의 평균 입직 소요 기간은 19개월로 조사되었다. 특히 고졸 이하 청년 절반 이상(54.0%)이 졸업 이후 첫 일자리 진입까지 2년 이상 걸린 것으로 나타났다(황광훈, 2021) 이처럼 청년들이 반복적인 좌절을 하게 되면 아예 실업자로 분류되는 비경제활동인구로 변하는 경우가 있고, 이러한 경향이 굳어지면 한국 사회에서 니트족(교육과 직업훈련을 받지도 않고 취업하지도 않은 청년)이 계속 늘어날 수 있다는 우려가 크다.

이러한 의미에서 수도권 쏠림 현상은 해결책이 될 수 없다. 이들이 다시 지역에서 대안을 찾고 공동체에 속해 상생과 소속감을 회복해야 하는데, 이를 위해서는 어떤 대안이 마련되어야 할까?

지금까지 정부에서는 고졸취업과 청년취업을 위한 다양한 정책들을 지속적으로 시행해 왔다. 그러나 많은 정책들 가운데 지역공동체와 청년을 잇는 정책은 눈에 띄지 않는다. 청년의 일자리 문제와 관련하여 지역의 산업정책과 전략산업 분석을 통해 지역인재가 정주할 수 있도록 지역기업의 교육훈련 수요 기반 직업교육훈련체계를 마련하는 것이 필요하다(이상돈 외, 2020) 직업교육에 있어 지역 산업계가 필요로 하는 숙련 및 기술·기능 인력을 양성하여 공급하면 지역기업은 경쟁력을 갖추게 되고, 청년들은 안정적인 일자리와 사회적 제반 서비스를 받을 수 있는 구조가 된다(김미란 외, 2019; 이상돈 외, 2020). 더구나 지역산업의 육성을 통한 일자리 창출과 더불어 이·전직이 지역 내에서 연계될 수 있는 평생직업교육은 지역을 활성화시키는 데 필요한 조건이 된다(조은상 외, 2018).

이러한 지역 및 산업 특성을 반영한 일자리 창출 지원사업에 지역의 청년들이 참여할 수 있도록 다양한 층위에서 협력과 연계가 필요하다. 각각의 역할을 고찰해 보면, 먼저 시도교육청은 기업, 학교, 지방자치단체와 협력하여 산학협력, 취업 지원 인프라 구축(학교 중심), 학생취업 대응 마련 등을 지원할 수 있다. 지방자치단체는 기업에 세금혜택과 지원금을 확대하고 시도교육청 및 학교와 함께 취업지원 인프라를 구축하는 협력체제를 마련하는 것이 필요하다. 또한 정부는 기업에 재정지원을 하고, 각 학교마다 고졸, 대졸 취업자 지원서비스를 마련하며 지방자치단체에는 정보교류를 위한 종합적인 플랫폼을 구축, 시도교육청에 지원금을 확대하는 방안을 고민할 수 있다(이상돈 외, 2020: 77－78). 그 밖에도 청년이 지역기업에 안착할 수 있는 방안으로 지역기업 공동브랜드를 구축하여 지역 직업훈련기관, 지역기업, 지역 NGO, 지방자치단체 등으로 구성된 '지역직업교육공동체'를 중심으로 교육과 복지를 연계하는 것도 하나의 방안이 될 수 있다(이상돈 외, 2020).

지역공동체를 거론할 때 일자리뿐만 아니라 청년의 안정적이고 지속가능한 삶을 위해서 크게 주거, 일자리·경제활동, 교육, 출산·보육, 보건·의료, 문화·여가, 교통·생활편의 측면에서도 고찰되어야 한다(행정안전부, 2021). 이처럼 '지역직업교육공동체'에서 우선적으로 일자리·경제활동, 교육적 측면을 고려한 체계를 구축하고, 다음으로 생애주기 단계별로 맞춤형 지원을 통해 청년들이 지역에 정착하여 지속가능한 삶을 살 수 있는 방향을 제시할 수 있다. 이러한 취지에서 지역의 직업교육공동체 구축은 단위 직업학교의 혁신에 국한된 것이 아니라 지역사회 및 공동체 전체를 위한 역량을 강화하기 위한 것으로 이해될 수 있다. 이를 위해 학교와 지역, 민과 관, 기업과 시민, 시도교육청과 지방자치단체 모두가 함께 하는 공동체적 연결망을 구축해야 하고, 그 연결망 안에서 우열이 아니라 상생을 통한 공진화로 나아갈 수 있다(심성보, 2021).

제3절
정책 과제

1. 직업교육훈련 격차(TVET Divide)를 해소할 수 있는 평생직업교육체계를 마련하자.

가. '일을 통한 개인의 인간다운 삶'을 누릴 수 있도록 지원하는 사회 안전망으로서 '전 생애 직업교육훈련 지원체계'가 구축 되어야 한다.

사회의 불확실성과 다양성이 커지고, 인공지능(AI)과 기계가 사람의 일자리를 대체하는 상황에서 「대한민국헌법」이 보장한 개인의 '근로', '교육', '직업선택', '인간다운 삶' 등과 관련된 사회적 가치는 더욱 강조되며 중요해지고 있다. 이러한 사회적 가치를 구현하기 위해서는 지속적인 도전이 가능한 전 생애 직업교육훈련 체제를 구축하고, 생애 위기 상황에서 사회안전망으로서의 평생학습을 제공할 필요가 있다. 이러한 지속적인 도전이 가능하기 위해서는 먼저 제도적으로 직업교육훈련을 통해 사회계층 이동이 가능하도록 지원함과 동시에 인간다운 삶을 살 수 있는 역량을 키워 주어야 한다.

따라서 직업교육훈련 체제의 혁신은 국민의 인간다운 삶에 기반을 둔 '사회의 질' 이론 관점에서 접근할 필요가 있다. 사회의 질 (social quality)이 높은 사회는 '직업에 대한 차별이 없고, 직업에 대한 귀천이 없이 개인의 다양한 경험과 자격을 동질적인 가치로 인정하며 교육 및 취업 기회를 지속적으로 보장할 수 있는 사회'를 말한다(허영준 외, 2014: 35 재인용). "직업교육훈련 관점에서 사회의 질이 높은 사회를 조작적으로 정의하면, '학력이나 학벌 등의 특정한 요소로 국한하지 않고 다양한 요소들을 종합적으로 활용하여 개인의 능력을 인정하는 국가적 체계를 구축함으로써 모든 구성원에게 능력개발에 대한 공정한 기회가 주어지고, 능력중심의 고용, 직업교육훈련, 인사 관행 등이 이루어져 개인이 가진 능력이 차별 없이 발휘될 수 있는 사회'를 말한다(허영준 외, 2014: 364)." 특히 학벌주의의 병폐를 해소하기 위한 차원에서 1990년대 후반부터 정부 주도로 '학력'에 의한 경력 경로 이외에 '직업교육훈련'을 통한 분절된 경력경로의 통합을 위한 정책들을 추진하여 왔지만 가시적인 성과를 거두지 못한 것으로 나타났다. 앞으로 학력이나 학벌에 의한 차별로 인해 발생되는 사회적 불합리를 해소하고 개개인 누구나 능력에 따라 평가받으며, 직무역량뿐만 아니라 개인의 인간다운 삶을 누릴 수 있는 역량을 지속적으로 개발할 수 있는 '일-학습-자격-삶'의 연계체계가 중요하게 대두될 것이다.

이를 위해 먼저, 숙련중심의 현 직업교육훈련에서 더 나아가 실천적 시민교육을 강화할 필요가 있다. 소외계층에 대한 즉각적이면서도 지속적인 직업교육훈련 기회를 제공해야 하며, 특히 일시적인 생애 위기 상황에 처한 대상자에게도 유급휴가제, 평생학습 바우처 등을 제공해야 한다. 또한 전 생애 직업교육훈련 정보 격차를 해소하기 위해 개인의 요구와 특성을 진단하고, 이에 기반하여 개인별 맞춤형 평생학습 정보를 제공할 수 있는 'One-stop 평생학습 정보 시스템'을 구축·운영할 필요가 있다.

나. 일-학습-자격 간 상호 인정 체계인 국가역량체계를 활용한 후학습 체계를 구축하자.

그동안 학력 이외에 경력, 자격 등 개인이 가진 다양한 능력이 노동시장 신호 기제로 작동하지 못하는 학력중심 사회를 벗어나기 위해 많은 노력을 기울여 왔다. 특히 채용·승진 단계에서 학위 이외의 다양한 학습 결과가 제대로 인정되지 않아 개인은 불필요한 중복 학습과 별도의 스펙 쌓기를 하고 있다. 이러한 사회적 비용을 최소화하고, 동시에 국민들이 평생 동안 학습할 수 있는 기회와 일할 수 있는 기회를 동등하게 가질 수 있는 사회로 전환하기 위한 주요 정책 기제가 국가역량체계(KQF)이다.

일-학습-자격 간 상호 인정하는 준거인 국가역량체계는 개인이 일학습병행, 평생학습, 직업훈련, 현장경험 등 다양한 방식으로 평생에 걸쳐 경력을 관리하고 역량을 개발하도록 지원할 수 있으며,

[그림 4-5] 국가역량체계 개요도

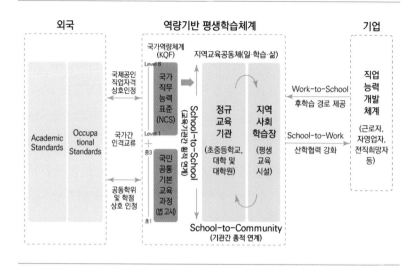

출처: 박동열 외(2016), p. 296의 그림을 수정함.

직업교육훈련을 역량과 성과중심으로 유도함으로써 직업교육훈련의 질 관리에도 크게 기여할 수 있게 된다. 그뿐만 아니라 노동시장 진입 후 다양한 경력을 인정받아 자유로운 인력 이동을 촉진하고, 더 나아가 다른 국가의 역량체계(NQF)와 연계하여 국내 인력의 해외 일자리 진출을 촉진시킬 수도 있다.

다. 미래의 변화에 대비하고 인간다운 삶을 누릴 수 있도록 지원하고, 누구나 접근할 수 있도록 유연한 학사제도로 전환하자.

국가역량체계(KQF)에 기반하여 기존 대학 학사제도를 한 대학 내에 다양한 직무 기반 프로그램 또는 나노디그리형 과정들을 개설하여 운영할 수 있도록 국가역량체계에 기반한 학사제도의 개편을 추진할 필요가 있다. 다시 말해, 고등직업교육 단계에서는 대학 내에 다양한 직무에 기반한 대학 프로그램을 개설하여 운영할 수 있도록 기존 대학의 학사제도 개편을 추진할 필요가 있다. 다만, 모든 대학 내에 직무 기반 프로그램을 운영하는 것보다는 '직업교육을 목표로 하는 일반대학'이나 '우수한 직업교육 여건을 갖춘 전문대학' 등을 선정하여 운영하도록 유도할 필요가 있다. 이를 통해 대학생뿐만 아니라 기존 근로자, 지역주민들이 기업에서 필요로 하는 직무중심의 교육을 이수하여 지역 기업에 취업하거나 지역 사회에 안착할 수 있도록 평생학습기관으로서의 지역 대학의 정체성과 공공성을 확보할 수 있을 것이다.

2. 희망하는 모든 국민이 직업교육에 참여할 수 있도록 '직업교육기본법(안)'을 마련하자.[3]

직업교육을 둘러싼 환경의 변화는 직업교육 발전의 계기가 되고 있다. 인구 구조의 변화는 생산가능인구의 지속적인 양성, 공급뿐만 아니라 역량을 갖춘 인력 배출을 요구하고 있다. 4차 산업혁명으로 직무 자체가 변화하고 일하는 방식, 노동수요와 고용관계도 변화하고 있으며, 코로나19를 계기로 비대면과 디지털화 사회가 도래하였다. 이러한 직업교육을 둘러싼 환경 변화는 직업교육 혁신의 중요한 계기가 되고 있다. 직업교육의 재도약을 통해 국민 개개인의 자아실

---

3) 본 절은 윤형한 외(2020)의 내용을 참고하여 작성한 것임.

현과 국가 발전에 이바지할 수 있어야 한다. 직업교육 혁신을 통해 이러한 환경에 능동적으로 대응하기 위해서는 직업교육을 직접 규율하는 법적 근거를 마련하는 것이 시급하다.

가. 직업교육 기회를 제도적 보장할 수 있는 '직업교육기본법(안)'을 마련하자.

'직업교육기본법(안)'은 「대한민국헌법」에서 근로의 권리, 직업 선택의 자유, 교육의 권리, 인간다운 삶을 누릴 수 있는 권리 등에 제시된 바와 같이, 직업교육의 궁극적 지향점을 인간 삶의 중심이자 존재 의의를 실현하는 활동으로 바라보고 삶의 중심인 일과 교육을 통해 실현할 수 있는 법적 근거가 될 수 있다. 그동안 이러한 직업교육의 근거들은 「교육기본법」, 「초·중등교육법」, 「고등교육법」, 「평생교육법」 등 다양한 관계 법률들을 통해 간접적으로 국민들의 직업교육 참여를 간접적으로 규율하였다. 하지만 '직업교육기본법(안)'은 「대한민국헌법」에서 보장하는 모든 국민들이 직업교육에 참여할 수 있는 근거들을 직접적으로 규율하는 법률이다. 이에 따라 우리나라 국민들은 「교육기본법」, 「초·중등교육법」, 「고등교육법」, 「평생교육법」, '직업교육기본법(안)' 등 직업교육을 직간접으로 규율하는 법률에 근거하여 직업교육에 참여할 수 있게 된다.

이와 같이 환경 변화에 직업교육이 대응할 수 있는 실질적인 근거 법으로서 '직업교육기본법(안)'을 마련하여 직업교육에 대한 국가와 지방자치단체의 책무, 직업교육 중장기 발전계획 수립 및 시행, 직업교육정책심의회 설치·운영, 직업교육 재정, 직업교육시설 및 기자재 확보 지원 규정 등을 규정한다.

〈표 4-2〉 '직업교육기본법(안)' 제정안 주요 골자

조문		주요 내용
목적	「교육기본법」을 근거 법으로 제시	「교육기본법」 제21조의 규정에 따라 직업교육의 효율성과 질 제고
정의	직업교육 및 관련 개념 정의	직업교육, 산업교육 등 관련 개념의 구분 정의
국가 및 지방자치단체의 책무	국가 및 지방자치단체의 책무	직업교육에 대한 국가와 지방자치단체의 책무를 제시
직업교육 발전 계획의 수립 · 시행	직업교육 중장기 발전계획 수립	• 4년 주기로 중장기 발전계획을 수립하고, 이때 직업교육정책심의회의 심의를 거치도록 하며, 발전계획에 포함되어야 할 사항을 명시 • 발전계획 수립 후 세부 추진실적 평가 • 발전계획 수립 후 국회 소관 상임위원회 보고
현장실습 등 현장교육	현장교육 강화	현장실습 등을 포함한 현장교육 강화
직업교육 교원의 양성 및 능력개발 지원 등	직업교육 교원의 양성 및 능력개발 지원 등	• 우수한 직업교육 교원 양성 및 능력개발을 위해 교원양성기관 평가, 능력개발 지원사항 포함 • 전문교육 강화를 해 교장 공모
직업교육정책심의회의 설치 및 운영	직업교육정책심의회 설치 및 운영	• 국무총리 산하에 직업교육정책심의회를 설치하여 직업교육에 관련된 주요 정책의 수립 · 조정, 관련 사업의 연계 · 효율화 증진 • 지역단위에서 직업교육협의회 설치 · 운영
직업교육 재정 지원	직업교육 재정 지원	직업교육 촉진에 필요한 재원을 확보하기 위해 '직업교육 촉진기금' 설치
직업교육 시설 및 기자재 확보 지원	직업교육 시설 및 기자재 확보 지원	직업교육기관에서의 실험 · 실습에 필요한 시설 및 기자재 등 설비 확보에 필요한 경비 지원

자료: 윤형한 외(2020)에서 인용함.

나. '직업교육기본법(안)'이 효과적으로 실행될 수 있도록 관계 법률을 개정하자.

그동안 직업교육을 직접적으로 규율하는 법률 제정의 필요성이 꾸준히 제기되어 왔지만, 법률 제정에 대한 의지, 법률 제정에 대한 이해당사자의 공감대 부족으로 인해 결실을 맺지 못하였다. 따라서 다양한 이해관계자들이 국민 개개인의 자아실현과 국가 발전에 직업교육이 기여할 수 있도록 '직업교육기본법(안)' 마련 과정에서 컨센서스를 형성해야 한다.

이러한 필요성을 감안할 때, '직업교육기본법(안)'의 제정 전까지 개정되어야 할 과제를 제시하면 다음과 같다.

첫째, 「초·중등교육법」을 개정하여 직업교육의 개념과 직업교육기관 유형 및 현장실습 운영 규정을 명확화하고, 직업교육과 관련한 전문교과 자격증 검정기준 강화 및 교원양성기관 평가를 개선하며 학생 안전 보호를 강화하자.

둘째, 「고등교육법」을 개정하여 전문대학의 평생직업교육 목적 규정을 명확화하고, 평생직업교육을 위한 전문대학의 수업연한 다양화를 규정하며, 교육단계 직업교육기관의 체계적 운영을 규정하자.

셋째, 「산업교육진흥 및 산학연협력촉진에 관한 법률」을 개정하여 산업교육 및 산업교육기관 정의를 규정하고, 산업교육에서 시도교육감의 역할을 규정하며, 중앙 및 지역단위 산업교육 활성화를 위한 전달체계 규정, 기업의 직업교육 참여 지원을 만들자.

넷째, 「직업교육훈련 촉진법」을 개정하여 현장실습 등 현장교육 지원을 규정하며, 교원의 현장실무 역량 함양을 위한 교원양성 및 능력개발 지원 등을 강화하자.

3. '지역직업교육공동체'를 구축하여 청년들의 지속가능한 삶을 찾게 하자.

가. 수도권 집중으로 인한 소모적 경쟁보다는 지역의 인재로 살게 하자.

우리나라는 OECD 국가 가운데 수도권의 인구 집중도가 매우 높은 편에 속한다.[4] 국토 면적의 12%인 수도권에 1,000대 기업 본사의 73.6%, 사업체의 47.4%, 기업 R&D 인력의 71.7%가 집중되어 혁신 자원의 지역 간 불균형도 심화되어 있다(이상돈 외, 2020: 11).

이러한 수도권 집중현상으로 인해 지역소멸에 대한 우려가 크며, 고령화·저출생 문제까지 중첩되어 지역의 인구감소는 더욱 악화되고 있다. 2017년 생산가능인구가 처음으로 감소하였고, 고령인구 비중은 14%를 초과하여 생산 동력의 감축 우려가 커지고 있다. 2018년도에 이미 수도권의 인구는 50%를 넘어섰고, 사업종사자는 55%, 100대 기업 본사 95%, 전국 20개 대학의 80%, 의료기관의 52%가 수도권에 집중되어 있다(심성보, 2021; 이상돈 외, 2020: 3-4; 관계부처 합동, 2021). 수도권 집중현상은 이제 지역적 문제에서 나아가 청년층의 도시 집중에 따른 주거비 상승 등 결혼 및 출산 여건 악화로 이어져 인구감소를 가속화하고 있다.

---

4) 국가별로 대한민국(49.5%), 일본(28.0%), 프랑스(18.8%), 영국(12.5%)의 순으로 수도권 집중현상이 강하다.

이러한 위기를 해결하고자 문재인 정부는 '지역이 강한 나라, 균형 잡힌 대한민국'이라는 기치를 내걸고 분권, 포용, 혁신을 추구하는 국가균형발전을 제시하며 정책목표로서 '지역주도 자립적 성장기반 마련'을 이행하기 위한 다양한 전략을 구사하고 있다. 특히 지방 정부 주도의 문제해결을 제시하며 지역의 자립적 혁신역량을 강화하여 지역의 인재가 지역의 특화산업과 일자리를 얻을 수 있도록 지역 내 선순환 혁신 생태계 구축 및 혁신성장을 촉진하고 있다(이상돈 외, 2020: 13)

이러한 문제를 해결하기 위해서는 [그림 4-6]과 같이 지역이 자립적 성장 기반을 마련하여 지역 일자리, 지역기업의 혁신역량 강화, 지역인재 교육을 활성화할 수 있어야 한다. 이러한 정책 방향에서

[그림 4-6] **지역인재 육성을 위한 지역공동체 성장 기반 마련**

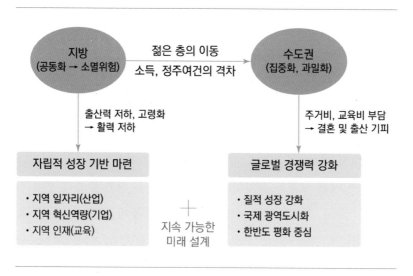

자료: 이상돈 외(2020: 3-4).

청년의 지속가능한 삶을 실현할 수 있도록 수도권 집중현상을 막고 지역의 인재로 키울 수 있는 정책이 필요하다.

나. 사회적 경제 공동체 안에서 청년의 일자리와 지속 가능한 삶을 실현하자.

지역의 인재로서 청년의 지속가능한 삶을 지원하기 위한 '지역직업교육공동체'에 대한 구체적인 그림을 그릴 필요가 있다. 먼저, '지역공동체'라는 개념은 일정한 지역을 기반으로 공동의 사회적 · 정서적 유대감을 가지고 서로 긴밀하게 상호작용하면서 공동의 가치와 목적, 규범을 추구하는 주민집단으로 정의되며, 지리적으로 제한된 공간 안에서 활동하는 지역성(locality), 구성원들 간의 활발한 사회적 상호작용(interaction), 공통의 유대감과 소속감을 공유하고 정체성을 형성하는 공동의 유대(common bonds)로 구성된다(행정안전부, 2017; 김승보 외, 2020). 이러한 지역공동체는 주민, 정부(중앙정부 및 지역자치단체), 기업, 중간지원조직, 시민단체, 전문가 등으로 다양하게 구성된다(행정안전부, 2017: 20–28; 이상돈 외, 2020: 33).

지역공동체와 유사한 개념으로 마을공동체가 있으며, 마을공동체는 마을교육공동체 운동을 통해 지역균형발전, 마을 만들기, 지역재생, 사회적 경제, 협동조합, 공유경제, 골목길 자본론 등으로 학교와 지역의 상생을 도모하고 지역의 교육적 역량을 강화해 오고 있다(김승보 외, 2020; 김용련, 2019). 또한 마을교육공동체 사업이 '혁신교육지구' 협약을 통해 전국적으로 추진되면서(김승보 외, 2020) '혁신교육지구'는 학교와 지역사회가 적극적으로 소통하고 협력하는 지역교육공동체 구축을 실현하고 있다. 이를 통해 학생들의 배움이 지역사회로 확장되고, 지역의 다양한 교육자원을 통해 학생중심 교육의 실현을 추구하고 있다.

최근에 이러한 공동체 구축과 운영에서 사회적 경제를 통한 지역공동체 구현도 목소리를 내고 있다. 사회적 경제는 지역주민과 사회의 요구와 관련된 지역 경제 회복과 취약계층의 일자리 창출, 복지 서비스 제공 등 상호협력적 공동체 활동으로 구성된다. 대표적인 사회적 경제의 형태는 사회적기업, 마을기업, 생활공동체, 로컬 푸드, 로컬 머니 등을 꼽을 수 있다(이상돈 외, 2020: 33-34).

앞서 살펴본 것처럼 지역공동체, 마을공동체, 마을교육공동체, 혁신교육지구, 사회적 경제 공동체의 가치 안에서 지역의 직업교육공동체에 대한 구상을 할 수 있다. 지역직업교육공동체를 구축하기 위해서는 먼저 지역 내 기업들이 경쟁력을 갖추고 지역사회에 기여하는 사회적 경제 가치 안에서 '사회적 협동조합'과 같이 지역의 경제발전과 인근 업종 분야와의 긴밀한 네트워크를 통한 상생적 공동체를 형성해야 한다(박동열, 2020).

이러한 공동체에서는 기술혁신 기반을 공유하고, 다양한 지역사회 참여 주체들이 경제적 이익과 분배에 관여할 수 있다. 지역공동체에 속하는 기업은 학교와의 유기적 협력관계를 맺어 학생의 진로탐색과 현장밀착형 실습을 진행하고 취업과 장기적인 정착에도 관여한다. 이를 위해 다양한 중간 인프라 조직이 참여하는데, 시도교육청은 이러한 기업, 학교, 지방자치단체와 협력하여 산학협력, 취업 지원 인프라 구축(학교중심) 등을 지원하고, 지방자치단체는 기업에 세금 혜택과 함께 지원금을 확대하는 등 시도교육청·학교와 함께 취업지원 인프라를 구축할 수 있다. 정부는 이러한 기업에 재정 지원을 하고 각 지역의 공동체가 운영될 수 있도록 정보교류를 위한 종합적인 플랫폼을 구축할 수 있다. 이처럼 '지역직업교육공동체'를 중심으로 학교와 지역사회가 적극적으로 소통하고 협력을 추진하며 청년의 일자리 창출, 복지서비스 제공 및 청년의 지속가능한 삶을 유지하는 체제를 추진할 수 있다.

다. 청년의 생애주기 단계별로 지원하자.

앞에서 살펴본 것처럼 지역공동체, 사회적 경제의 가치, 상생적 공동체 안에서 지역직업교육공동체를 구상할 수 있다. 지역직업교육공동체 구축을 통해서 청년의 생애주기 단계별로 진로, 일자리, 삶의 복지, 평생교육 등의 지원을 <표 4-3>과 같이 구체적으로 제안해 본다.

청년의 생애주기 단계별 지원을 위해서는 먼저, 재학 중 단계에서는 지역형 일자리 맞춤형 직업교육 제공이 지원되어야 한다. 고교 단계 및 대학교 재학 중에는 시도교육청과 지역의 일자리센터 등을 통한 지역기업 매칭, 그 기업으로부터의 현장실습, 인턴 기회를 제공 받을 수 있다. 이를 통해 지역기업으로 취업을 연계할 수 있는데, 중소기업뿐만 아니라 지역에 상주하는 대기업, 중견기업 등 다양한 기업과의 매칭이 필요하다. 또한 이 단계에서는 충분한 진로상담을 받을 수 있도록 상담체계 또한 구축되어야 한다. 지역의 청년들이 재학 시 경험한 산업체 경험 및 체험이력을 관리하고, 이를 활용하여

〈표 4-3〉 생애주기 단계별 지역의 학교-기업 연계 직업교육지원

생애주기 단계별	지원정책	지원정책의 내용(예시)
재학 중	지역형 일자리 맞춤형 직업교육	• 현장실습, 인턴 등을 통한 지역기업으로 취업가 능성 찾기 • 진로상담체계 구축을 통한 이력관리
졸업 후 미취업 시	취업장려금 지급 및 멘토링 프로그램 제공	• 지방자치단체, 지역 내의 일자리센터, 협회 등을 통한 프로그램 제공 • 청년활동 지원 공간 구축
입직 단계(취업)	청년과 기업에 보조금 지원	• 입직단계에 필요한 장려금 지급 • 기업에 취업 초기의 청년 정착을 위한 보조금 지원
후학습 (평생교육)	지역인으로서 정체성을 갖추고 역량 발전을 위한 지원	• 개인의 발전, 업무능력 향상을 위한 역량 강화 등 평생교육 기회 마련 • 지역 평생교육바우처 제공
장기 정착	지역 장기 정착을 돕기 위한 지원	• 지역인 · 직업인으로서의 정체성 및 주체적인 시 민성 강화를 돕기 위한 지원 • 주거 및 생활복지 지원

이후 입직과 이직·전직을 거쳐 장기적인 기록이 축적될 수 있는 맞춤형 진로상담 및 이력관리체제 구축이 필요하다(관계부처 합동, 2021).

다음으로 졸업 후 미취업인 경우, 지방자치단체에서 미취업 청년을 위한 여러 가지 지원을 해야 한다. 미취업인 시기에 청년이 위축되어 활동을 줄이거나 지역 내에서 그 기회를 찾을 수 없다면 좀 더 기회가 많은 수도권이나 큰 도시로 떠나기가 쉽다. 따라서 적극적으로 지역 내의 기업에서 실습 경험을 가질 수 있도록 미취업 청년을 위한 지역 내 일자리센터, 협회를 통한 프로그램 제공, 취업장려금

지급 및 실습, 정신상담 및 멘토링 프로그램 제공, 청년활동 지원공간 구축 등이 필요하다. 이를 위해서는 청년이 지역의 인재로서 정착할 수 있는 환경구축에 대한 광범위한 조사·검토가 이루어질 필요가 있으며, 지역 내 청년과 학교, 기업, 지방자치단체, 시도교육청 등이 공유할 수 있는 데이터베이스 시스템(빅데이터 분석)을 구축해야 한다(김봄이 외, 2020).

청년이 지역 내의 기업에 취업한 입직 단계에서는 이들이 잘 정착할 수 있도록 지원이 필요하다. 기업에는 취업 초기의 청년에게 신경을 쓸 수 있도록 보조금 지원 등을 고려할 수 있으며, 지역기업으로 취업 시 청년과 기업에 지방자치단체의 지원금 보조, 지역 거주 청년 우선채용 가산점 부여(기업), 지역기업 취업 시 청년의 주거와 생활편의 지원 등을 마련해야 한다.

청년의 시기에 취업은 인생의 시작이므로 뿌리를 내려 잘 성장해 나가기 위해서는 이후의 과정에 대한 설계 또한 필요하며, 이러한 관점에서 평생교육 지원이 이루어져야 한다. 지역직업교육공동체에서 평생학습을 지원하기 위한 지역공동체 내 교육기관, 실습기관, 문화센터 등과 연계된 교육바우처는 지역시민으로서 누릴 수 있는 권리를 보장하는 것이다. 다양한 기관에서 실시되는 학습과정에 대한 정보와 접근을 용이하게 하고, 지역공동체 내에서 사용할 수 있는 지역직업교육공동체 Pay 등의 제공을 통한 혁신적 지원이 요청될 수 있다. 이러한 지원을 통해 지역기업에 취업하여 근무하면서 지역인으로서의 정체성을 갖고 역량을 발전시켜 더 나은 단계로 성장할 수 있도록 지원이 필요하다.

끝으로 지역에 뿌리를 잘 내려 열매를 맺을 수 있도록 청년의 지역 장기 정착을 돕기 위한 지원도 함께 이루어져야 한다. 지역인으로서 그리고 직업인으로서의 정체성과 주체적인 시민성 강화를 돕기 위한 지원이 그것이며, 이에는 창업지원, 청년월세 지원사업, 정신건강 상담 등이 있다. 이처럼 지역직업교육공동체를 통한 청년의 지역인재로의 성장과 정착, 그리고 안정적인 삶을 영위하는 상생적 공동체가 이 시대의 청년 문제에 대한 하나의 대안으로 제시될 수 있다.

4. 모든 일터에 학습이 깃드는 직업교육훈련체계를 구축하자.

가. 중소기업 재직자의 고등 평생직업교육 참여 기회를 보장하고, 과정형 학습이력관리 시스템을 구축하자.

디지털 전환 시대에 개인과 기업의 경쟁력과 혁신성을 증진하기 위해서는 높은 수준의 지식과 기술의 습득이 필요하다. 그러나 중소기업 재직자의 경우 외부자원을 활용하는 직업교육훈련 참여가 상대적으로 부진한 상황이다. 따라서 대기업과의 격차를 해소하고 중소기업의 경쟁력과 혁신성의 향상을 위해서는 고등 평생직업교육 참여를 보장하고, 이를 이력으로 관리할 필요가 있다.

먼저, 중소기업 재직자 친화형 고등 평생직업교육 생태계를 구축하자. 현재 중소기업 재직자는 고급 지식과 기술의 습득을 위해 고등 평생직업교육을 희망하더라도 시간·공간의 문제, 그리고 학습단위의 문제 등으로 인해 참여하는 데 어려움을 겪고 있다. 따라서 중소기업 재직자 친화적인 고등 평생직업교육 생태계를 구축하려면 먼저, 고급 지식과 기술을 학습할 수 있는 고등 평생직업교육기관이 접근성이 우수한 공간에 있어야 하며, 해당 기관에서 학습자가 원하는 교육이 이루어져야 한다. 그러나 새로운 기관을 설립하기가 쉽지 않은 현재 상황에서 활용할 수 있는 방법은 기존의 기관이 재직자의 학습요구에 맞는 수용력을 지니는 것이다.

이에 더해 재직자 친화형으로 학습단위가 작게 구성되어야 한다. 중소기업 재직자에게 필요한 지식과 기술은 현재와 미래의 직무에 적용할 수 있는 실무적인 것이다. 그리고 이 지식과 기술에 대한 요구는 직무환경의 빠른 변화에 따라 시시각각 변화한다. 따라서 중소기업 재직자에게 유연성과 적응성이 높은 소규모 학습단위가 필요하다.

이러한 중소기업 재직자의 고등 평생직업교육 참여의 문제를 해결할 수 있는 새로운 모형으로 모듈형 학위과정을 고려해 볼 수 있다. 모듈형 학위과정은 학습자가 원하는 곳에서 작은 단위의 학점을 이수하여 학위로 인정받을 수 있도록 하는 대학 공유형 학습모형이다. 최근 충남대학교, 공주대학교, 한밭대학교 등 대전·충남 지역의 국립대학이 '(가칭)세종공유대학' 구축을 추진하고 있다. 이와 같이 정부 차원에서 학습자가 원하는 곳에서 필요한 지식과 기술을 유연하게 배울 수 있도록 대학 간의 경계를 허물고 인적·물적 자원을 공유할 수 있는 학습체계를 적극적으로 추진할 필요가 있다.

둘째, 과정형 학습이력 관리체계의 구축을 통해 학습과정과 결과를 사회적으로 인정받을 수 있는 관리 시스템을 만들자. 인간의 학습은 본래 여정이다(Knowles, 1984). 즉 인간의 성장과 학습은 제조업에서 그러한 것처럼 완성품이 나와야 의미를 지니는 것이 아니라, 이를 진행하는 과정 자체가 의미를 지닌다. 그러나 우리 사회의 학습은 졸업과 학력을 기준으로 관리된다는 한계를 지니고 있다. 이 때문에 학위를 이미 취득한 학습자의 추가적인 학습은 더 높은 수준으로 인정받지 못하고, 반대로 일련의 교육과정을 완결하지 못한 학습자의 학습과정 역시 인정받을 수 없다.

따라서 재직자의 학습은 과정형 이력으로 관리되어야 한다. 어떠한 교육과정을 완결했는지를 관리하는 것이 아니라 어떠한 학습 경험을 가졌으며, 어떠한 교육과정에 참여하고 있는지를 과정으로서 관리해야 한다. 그리고 이러한 이력은 통합 관리되어야 한다. 예를 들어 예방접종 이력은 「감염병 예방 및 관리에 관한 법률」에 따라 통합 관리되며, 일련의 과정으로서 관리되고 있다. 2021년에 정부는 '전 국민 평생학습체제 지원 방안'(2021. 08. 11.), '국민평생직업능력 개발 지원 방안'(2021. 09. 09.)의 발표를 통해 '(가칭)능력은행제(NCS Bank)'를 구축하여 평생에 걸친 직업훈련 및 이력을 관리하고자 추진하고 있다. 이를 강화 확대하여 재직자의 학습 이력을 결과가 아닌 과정으로 관리할 수 있도록 해야 한다.

나. 모든 일터의 학습시간을 보장하고 자생적 중소기업 학습조직을 지원하자.

직업교육훈련이 확대되고, 이를 통해 모든 근로자가 직무역량을 지속적으로 개발하기 위해서는 무엇보다 학습에 대한 위상의 변화가 선결되어야 한다. 중소기업이 대기업에 비해 인적자본 수준과 혁신성이 낮은 데에는 입직 과정에서 발생하는 격차가 영향을 미치지만, 그보다 큰 문제는 입직 이후에 발생하는 직업교육훈련 참여의 수준과 양의 차이에 있다. 이러한 격차는 최근 청년의 취업 결정 과정에도 영향을 미치는데, 대졸자들이 중소기업을 기피하는 이유를 탐색한 연구에서는 임금이 중소기업 기피에 주는 영향력보다 직무 관련 교육 또는 훈련의 부재가 미치는 영향력이 더 큰 것으로 나타났다(강순희 외, 2017).

먼저, 학습을 일로 인정하고 모든 일터의 학습시간을 보장하자. 현재 우리나라의 일터학습은 그 중요성에도 불구하고 개인의 책임으로 전가되는 경향이 있다. 디지털화에 따른 일터의 변화 대응과 교육훈련 책임은 개인이 주도적으로 해결해야 하는 것으로 인식되고 있다. 직업교육훈련은 국가로부터의 사회적 권리, 즉 시민권으로서 보장받아야 하는 권리로 인식되지 못하고 있으며(김안국 외, 2019), 노사 당사자들도 그 중요성을 인식하지 못하거나 피상적인 인식에 그치고 있는 실정이다(이장원 외, 2020). 즉 우리나라 재직자의 학습은 국가의 책임도 기업의 책임도 아닌 상태에서 표류하고 있다. 따라서 정부가 일과 삶의 균형을 통해 개인의 삶을 사회적 권리로 보장하고 책임을 구현한 것과 같이 일과 학습의 균형을 구현하기 위한 정책이 필요할 것이다. 일은 반드시 학습을 내포하고, 학습은 그 자체로 일로서의 의미를 지닌다(전재식 외, 2019). 따라서 학습을 하나의 일이라는 관점에서 업무 시간 내 학습 시간을 보장해 줄 필요가 있다.

물론 이를 위해서는 일터의 학습 참여 제약 요인을 제거하기 위한 정책 역시 필요하다. 중소기업의 측면에서 직업교육훈련의 가장 큰 저해 요인은 대체인력의 부족이다(OECD, 2020a). 이는 근로자가 훈련에 참여하는 동안 대체할 인력이 부족하여 직업교육훈련을 통해 생산성 향상이 기대됨에도 사업주가 꺼리는 경향이 있음을 의미한다. 따라서 프랑스의 FEST(Formation en Situation de Travail)와 같이 훈련기관이 직무 현장으로 강사를 파견하여 현장에서 맞춤형 훈련을 제공하는 현장훈련의 활성화와 같은 정책이 필요하다.

둘째, 지속가능한 자생적 중소기업 학습조직 모형을 확립하자. 현재 고용노동부는 중소기업이 업무 관련 지식·경험·노하우를 현장 내에서 체계적으로 축적·확산할 수 있도록 학습활동 및 인프라를 지원하는 중소기업 학습조직화 사업을 추진하고 있다. 해당 사업이 중소기업의 부족한 학습조직 구축을 지원해 준다는 점에 의의가 있으나, 2021년 기준으로 한해 37개 신규기업을 선정하는 등 지원 대상 수가 제한적이라는 한계가 있다. 그리고 지원의 내용이 대부분 학습조 활동 지원, 학습 네트워크 지원, 외부전문가 지원, 학습 인프라 구축 지원 등의 재정적 지원으로 한정됨에 따라 재정지원이 중단되었을 때 학습조직의 지속성을 담보할 수 없다는 한계가 있다.

따라서 중소기업의 학습조직을 활성화하기 위해서는 자생적 모형을 수립할 필요가 있다. 일본의 경우 산업체에서 퇴직한 베테랑들을 모노즈쿠리 인스트럭터로 양성하고, 이들이 자신의 기업뿐만 아니라 지역사회의 다양한 기업에서 현장 경쟁력 개선을 위해 활동할 수 있도록 하고 있다(전재식 외, 2019). 우리나라 역시 다양한 분야의 기업에서 퇴직한 베테랑들이 다수 존재한다. 이들은 내용 전문가에 비해 암묵적이고 실용적인 지식과 경험을 풍부하게 갖추고 있으며, 현장에 대한 높은 이해를 지니고 있다. 이들을 학습조직 전문가로 육성하고, 이들이 활동할 수 있는 환경을 조성함으로써 다수의 학습조직 전문가에 의한 중소기업 학습조직의 양적 확대와 질적 고도화를 꾀할 수 있다. 즉 기존의 기업체에 대한 투자를 넘어 학습조직을 구축할 수 있는 현장 전문가를 육성함으로써 우리나라 사회에 자생적인 학습조직 활성화를 기대할 수 있을 것이다.

다. 소상공인, 특수형태근로종사자 등 직업교육훈련 소외 대상들에게 직업교육훈련 참여 기회를 확대하자.

소상공인, 특수형태근로종사자 등은 우리 경제 사회의 중요한 한 축을 담당하고 있다. 이들은 우리나라 전체 취업자의 20% 이상을 차지할 것으로 추정된다. 2019년 '소상공인 실태조사'에 따르면, 우리나라 소상공인 사업체 수는 277만 개, 종사자 수는 644.2만 명에 이른다(중소벤처기업부·통계청, 2020). 그리고 특수형태근로종사자의 경우 임금근로자 74.5만 명, 비임금근로자 91.3만 명으로 추정되며, 번역가 등 상대적으로 새로운 직업군과 종속성이 약한 특수고용 및 플랫폼 노동자로 구성되는 새로운 유형의 근로자가 55만 명으로 추정된다(정흥준, 2019). 그러나 이들의 규모와 사회경제적 중요성에 비해 직업교육훈련 참여 기회는 매우 부족한 실정이다. 따라서 이들의 직업교육훈련 참여 기회를 확대하기 위한 정책적 지원이 필요하다.

첫째, 소상공인 및 특수형태근로종사자를 위한 직업교육훈련을 확대하자. 고용노동부와 중소기업벤처부는 자체적으로 직업교육훈련을 실시할 수 없는 중소기업을 위한 다양한 지원정책을 펼치고 있다. 대표적으로 중소벤처기업연수원, 사업주직업훈련지원, 국가인적자원개발컨소시엄, 지역·산업맞춤형훈련 등이 있다. 그러나 이러한 직업교육훈련 정책에 소상공인 및 특수형태근로종사자는 주요 교육대상으로 포함되지 못하고 있다.

이는 기존의 직업교육훈련 내용에 소상공인과 특수형태근로종사자가 진입할 수 없다는 것을 의미하며, 아울러 이들의 특수한 학습요구가 직업교육훈련 정책에 반영되지 못하고 있다는 것을 의미한다. 따라서 직업교육훈련 정책의 주요 대상으로 소상공인 및 특수형태근로조사자를 포함하고 이들의 직업교육훈련을 지원할 수 있는 정책을 마련하는 것이 시급한 상황이다.

특히 중소벤처기업연수원이나 공동훈련센터 등의 지역거점 직업교육훈련기관의 역할과 기능을 강화할 필요가 있다. 기존의 중소기업 근로자뿐만 아니라 소규모 자영업자, 1인 창업자, 플랫폼 노동자 등과 같은 다양한 형태의 직업교육훈련 소외 대상의 교육수요를 파악하고 맞춤형 교육을 제공해야 할 것이다.

둘째, 소상공인 및 특수형태근로종사자의 상황에 맞추어 온라인 직업교육훈련 시스템을 구축하자. 소상공인 및 특수형태근로종사자들의 경우 직무환경의 특성상 오프라인 교육에 참여하기 힘든 상황에 놓여 있다. 따라서 이들의 직업교육훈련 참여를 촉진하기 위해서는 온라인으로 손쉽게 접근할 수 있는 환경 구축이 필요하다.

현재도 일부 플랫폼을 통해 소상공인 및 특수형태근로종사자를 대상으로 하는 온라인 교육이 운영되고 있다. 예를 들어 소상공인시장진흥공단이 운영하는 소상공인 지식배움터, 서울특별시가 운영하는 소상공인아카데미, 안전보건공단이 운영하는 인터넷교육센터 등이 있다. 그러나 이러한 온라인 교육 시스템들은 기존의 직업교육훈련 정책에 비해 활성화되지 않고 있으며, 학습자의 학습과 이력 등이 통합 관리되지 않고 있다는 한계가 있다. 따라서 기존의 온라인 교육 시스템을 확대 개편함으로써 소상공인 및 특수형태근로종사자들이 손쉽게 접근할 수 있는 통합 온라인 교육 플랫폼과 이력관리 시스템을 구축할 필요가 있다. 이를 통해 누구라도 원하면 스스로 직무역량을 개발할 수 있는 빈틈없는 직업교육훈련체제의 구축이 가능할 것이다.

5. 학교에서 일, 일에서 학교로의 원활한 이행(School-to-Work, Work-to-School transition)을 지원하자.

가. 고교학점제를 통해 직업교육을 희망하는 모든 고등학생에게 직업교육 참여 기회를 확대하자.

우리나라의 중등 직업교육은 직업계고 학생을 대상으로 실시하지만, 중등학생의 직업교육에 대한 수요가 꾸준히 발생하고 있다. 먼저 학교 밖 청소년의 발생을 예방하기 위해 직업교육의 필요성이 강조되고 있다. 학교 밖 청소년이 발생하는 주된 원인은 경직된 학교 교육 체계로 인해 학업의 동기와 자신의 정체성을 잃어버리는 것이다. 이로써 학교에서 다양하고 유연한 교육과정을 운영하고 진로 및 직업교육을 확대할 필요가 있다(윤철경 외, 2018). 이는 학교 밖 청소년의 대부분을 차지하는 중등학생에게 직업교육을 제공할 필요가 있으며, 이를 위한 교육과정의 체계 전환이 필요하다는 것을 의미한다.

이러한 측면에서 고교학점제를 통해 직업교육을 중등학생에게 확대하여 제공할 필요가 있다. 직업교육이 기술이나 기능 교육에만 국한하지 않고 인문교육과 통합된 포괄적인 교육이라는 점에서 일반고 학생들도 자신의 미래 직업에 대해 성찰할 수 있도록 직업교육을 제공할 필요가 있다(한혜정 외, 2014). 일반고에서의 직업교육은 일반고 내 정규 교육과정이 아닌 직업교육 위탁과정(산업정보학교 위탁형, 직업능력개발훈련기관 위탁형, 전문대학 연계형) 방식으로 운영되어, 이른바 '공부에 흥미가 없는 학생이나 고교 졸업 후 취업을 희망하는 학생'만을 대상으로 운영한다는 한계가 있다(한혜정 외, 2014). 이러한 맥락에서 다음과 같이 직업교육을 일반고 학생 전체로 확대할 필요가 있다.

첫째, 고교학점제를 통해 일반고에서도 직업계고 전문교과 과목을 수강할 수 있도록 한다.5) '초·중등학교 교육과정 총론'(교육부 고시 제 2020-236호)에 따르면, 일반고에서는 자율 편성 단위 86단위를 보통교과와 전문교과의 과목으로 개설할 수 있으나 일반고에서 전문교과 과목을 개설한 사례는 찾아보기 힘들다. 이는 전문교과 담

---

5) 직업계고 전문교과 중에서 일반고 학생의 진로확장을 위한 이론중심 과목을 우선 적용할 수 있다. 이런 과목으로는 기업과 경영, 마케팅과 광고, 창업 일반(이상 '경영·금융' 관련), 공업 일반, 건축 일반, 토목 일반, 기계 일반, 자동차 일반, 통신 일반, 환경 화학 기초, 농업 이해, 항해 기초, 문화 콘텐츠 산업 일반, 관광 일반(이상 '공학 및 산업' 관련) 등이 있다. 예를 들어 경영학과 진학 예정 학생은 '기업과 경영', 건축공학과 진학 예정 학생은 '건축 일반' 과목이 진로 확장에 효과적일 것이다.

당 교사를 일반고에 배치할 수 없기 때문인데, 고교학점제를 활용하면 이러한 문제를 해결할 수 있다. 고교학점제의 성공적인 정착을 위해 교원의 양성 및 활용 체계의 개선 방안도 마련되어야 한다.

둘째, 직업계고와 일반고의 학점제 연계를 강화하여 직업계고와 일반고 간 학점 교류를 확대하고, 직업계고 학점제의 학교 밖 교육(시도교육청이 인증한 기업 및 연수원, 전문교육기관 등)을 일반고 학생에게도 적용한다.

나. 모든 중등학생의 기초학력 보장 교육과정을 운영하자.

누적된 학습부진을 통한 기초학력 문제가 심각한 수준이다. 이는 초등보다 학령이 높은 중등학생에게 심화되어 학습부진을 더욱 악화시킨다. 미래 사회의 변화에 대응하고 평생직업교육이 강조되는 시점에서도 핵심역량이 강조되고 있는데(OECD DeSeCo[6]프로젝트), 이를 학교 교육과정에서 다룰 때는 관련 교과내용을 배운 이후에 그 교과의 지식, 기능, 가치, 태도 측면에서의 수행 능력(교과 역량)을 통해 역량을 획득할 수 있다(소경희, 2017: 165). 즉 핵심역량을 강조하는 이 시대에서도 기초학력은 보장되어야 한다.

중등학생 중에서는 특성화고 학생의 기초학력 부진이 더욱 심각하다. '읽기'와 '수학 소양'의 경우, 한국의 특성화고 학생들 중에서 기준에 미치지 못한 학생 비율이 각각 31.1%와 36.1%로서 비교 국가들(호주, 일본, 독일)에 비해 높았다. 그리고 '국어' 및 '수학' 수업시간이 다른 국가들에 비해 적은 점도 학생들의 기초 소양이 낮은 것

---

6) Defining and Selecting Key Competencies

과 관련이 있을 것으로 추정된다(임언 외, 2019). 현재 우리나라는 기초학력진단평가[7]를 실시하고 있으나 고등학교의 기초학력진단평가는 고1 학생만을 대상으로 '국어', '수학', '영어' 과목에 한정된 중1~3학년군 교육과정 범위 내에서 진단한다. 이마저도 시도교육청별로 기초학력진단평가 운영 실태가 다르고 학교별로 학습부진 의심 학생을 대상으로 자율적으로 실시하고 있어서 특성화고 학생의 전반적인 기초학력 진단이 부재한 실정이다. 아울러 학업성취도평가는 기초학력 진단을 위한 평가가 아니지만, 학업성취도평가에 특성화고가 제외됨에 따라 특성화고 학업성취도에 관한 모니터링 시스템이 부재한 실정이다.

2019년 3월 28일, 교육부는 기초학력 지원 내실화 방안을 마련하였으나 특성화고에 대한 지원 방안은 찾아보기 힘들다. 그러나 다행스럽게도 「기초학력보장법」이 2021년 8월 31일 국회 본회의에서 통과되어 2023년부터 시행될 예정이다. 앞으로 시행될 「기초학력보장법」에 따라 "모든 학생의 기초학력을 보장하고 능력에 따라 교육을 받을 수 있는 기반을 조성할 예정"이므로 이에 대응하여 중등학생의 기초학력 보장을 위한 구체적인 정책과제가 요구된다.

첫째, 모든 중등학생의 기초학력을 보장하는 교육과정을 운영해야 한다. 이를 위해 기초학력 보장을 위한 별도의 과목을 신설하고 교과 및 비교과(상담 등) 교사의 배치를 확대하여 정서 및 상담 지원을 함께 강화할 필요가 있다(안재영, 2020a). 아울러 이와 관련된 초

---

7) 기초학력진단평가는 한국교육학술정보원(KERIS)과 충남대학교 응용교육측정 평가연구소에서 실시하지만, 평가 결과를 미공개하여 특성화고 기초학력 진단 결과를 알 수 없음.

중등학교 '교육과정 총론' 개정도 요구된다.

둘째, 기초학력 모니터링을 강화하는 측면에서 특성화고 기초학력진단평가를 전면 실시하여 기초학력 실태를 조사하고, 학업성취도 평가를 특성화고 대상으로도 확대하여 특성화고 학생의 기초학력과 학업성취 현황을 면밀하게 진단하고 모니터링해야 한다.

다. 학생, 기업의 요구를 반영하여 산업 분야별 중등 직업교육 규모를 최적화하자.

최근 산업의 급격한 변화와 학령인구의 감소에 따라 직업계고는 신입생 미충원이라는 위기에 봉착하였다. 이에 직업계고는 2016년부터 직업계고 재구조화 정책에 따라 학과 개편과 함께 변화를 꾀하고 있다.

직업계고 학과 변화 추이를 분석한 자료에 따르면(2016년, 2019년 비교) 경영·금융, 기계, 전기·전자, 정보통신 등의 교과군의 학생 정원(1학년 기준)은 감소 추세이다. 이들 교과군은 우리나라 산업의 기반이 되는 직종과 관련된 교과군이므로 학생들의 선호도가 낮더라도 국가적으로 이를 관리하고 유지할 필요가 있다. 반면 음식 조리, 식품 가공 등의 교과군의 학생 정원은 증가 추세이다(안재영, 2020b).

이는 국가 산업에 기반한 학과 개편보다는 직업계고 학생 충원을 위해 학생 선호도가 높은 학과 위주로 개편하는 경제성의 논리에 따른 결과로 해석되며, 이를 지속할 경우 일부 전공분야의 학과가 없어져서 산업계와 학생의 직업교육 수요에 부응하기 어려울 것으로 예상된다.

따라서 학생과 기업의 요구를 반영하여 산업 분야별 중등 직업교육 규모를 최적화해야 한다. 그리고 학생의 선호도를 함께 고려하여 직업계고 전공의 다양성을 확보해야 한다. 이를 통해 우리나라 모든 산업 분야에 걸쳐 중등 직업교육을 실시하게 됨에 따라 직업교육을 희망하는 학습자와 산업계의 최소한의 요구를 수용할 수 있을 것이다. 아울러 학습자와 산업계의 요구뿐만 아니라 산업 분야별로 양질의 일자리에 대한 정보를 구축하여 직업계고 학과 개편에 관한 최소한의 가이드를 제공해야 한다.

라. 고졸자의 노동시장 정착 지원을 강화하자.

중등 직업교육의 성과는 '졸업 후 취업'이라는 단기적이고 근시안적인 성과보다는 '졸업 후 사회 정착'이라는 장기적이고 노동시장 내의 성과라고 할 수 있다. 이러한 관점에서 우리나라 중등 직업교육의 노동시장 성과를 분석해 보면 그 결과는 긍정적이지 않다. 한국에서 직업교육을 받은 이들이 낮은 사회경제적 지위에 머무르고 있는데(남재욱 외, 2019), 이는 직업교육의 '내용'보다는 '서열화된 교육구조에서 직업교육의 낮은 위치'의 영향이 더 큰 것으로 나타났다.

고졸 취업은 단계적으로 고졸 인력 양성(교육) – 고졸자 사회 진입(취업) – 고졸자 성장 지원(정착)으로 구분할 수 있다. 최근 10년간의 직업계고 고졸 취업 정책에 관한 교육부 정책 문건을 분석해 보면, 현재까지의 고졸 취업 정책은 고졸 인력 양성(교육)과 고졸자 사회 진입(취업)에 집중한 반면, 고졸자 성장 지원(정착)은 상대적으로 부족했다고 판단된다(안재영, 2020a). 결국 고졸 취업에 대한 인식과 처우가 개선되지 않는다면 고졸 취업 정책은 한계를 가질 수밖에 없다(안재영, 2018). 이러한 측면에서 노동시장 정착을 위한 고졸 취업 정책의 개편이 요구된다.

첫째, 고졸자의 실질적인 요구를 고려한 노동시장 정착 지원 정책이 필요하다. 고졸자는 노동시장 내에서 상대적으로 연령과 경력이 낮기 때문에 직장적응에 많은 어려움을 겪고 있고 비교적 열악한 영세 중소기업에서 근무하고 있으며, 기성세대와는 달리 정주 요건에 대한 요구가 높은 편이다. 또한 후학습에 대한 요구가 높으면서도 남학생들의 경우 군 입대로 인한 경력단절의 위기에도 놓여 있다. 따라서 고졸자의 직장적응 지원, 고용환경 및 정주 여건 개선, 후학습 및 경력개발 지원, 경력단절 예방 및 정착 지원 정책 등이 뒷받침되어야 한다(안재영, 2019a).

둘째, 고졸자의 사회 정착을 위해 산업 분야별 특성을 고려한 고졸자 성장경로의 제도화가 필요하다. 고졸자를 채용하는 공공기관에서도 고졸자의 인원이 많지 않기 때문에 이들을 위한 승진이나 임금체계가 별도로 설정되어 있지 않은 경우가 있다. 고졸자의 역량이 발달하면 그에 맞게 승진과 보수 등 인사체계에 고졸자의 역량이 반영되어 고졸자가 지속적으로 성장할 수 있는 성장경로의 제도화가 필요하다. 또한 기업 내 성장경로를 설정하고 고졸자의 성장을 지원하는 기업에게 강력한 인센티브를 제공해야 한다(안재영, 2020a).

셋째, 고졸 일자리의 질을 분석하고 최소 일자리 질 기준을 설정하여 고졸 일자리의 질 관리를 제도화해야 한다(안재영, 2020a). 좋은 일자리의 개념에는 '임금'과 '고용 형태' 이외에도 '부가급여', '일의 성격', '자율과 독립성', '승진가능성', '기술향상 가능성' 등에 대한 판단과 평가가 포함될 것이다(Ritter & Anker, 2002; 방하남·이상호, 2006 재인용). 직업교육을 통한 사회이동이 가능하기 위해서는 좋은 일자리의 창출과 함께 노동시장의 이중구조를 무너뜨리기 위한 노력이 필요하다. 이를 위해 노동시장의 안정성과 이동성의 동시적 개선, 대기업과 중소기업 간 원청-하청 관계 개선 및 중소기업 육성 등을 통한 기업규모에 따른 격차 개선, 노동시장 임금격차 완화, 고용형태별 격차 완화, 최저임금 및 저임금노동자 지원 정책 등이 요구된다(남재욱 외, 2019).

넷째, 직업교육을 통해 고졸자가 실제적인 역량을 함양하고 이를 노동시장에서 제대로 평가받는 시스템이 요구된다. 이와 관련하여 교육부는 학력, 자격, 현장경력 및 교육훈련 이수 결과 등이 상호 연계되는 한국형 국가역량체계(KQF)를 고시하였으나(교육부고시 제2019-177호, 2019. 02. 15., 제정) 사회적 공감대가 부족하여 유명무실한 실정이다. 전 세계적으로 선도적인 직업교육 모델로 평가받는 독일의 도제교육은 산업현장으로부터 검증된 도제자격을 기반으로 표준화되어 도제교육의 질 관리가 효과적으로 이루어지며 독일역량체계를 통해 노동시장에서의 보상과 성장경로가 구축되어 있다. 이로 인해 학생은 역량을 중심으로 공정한 대우를 받고 성장 경로를 설계할 수 있으며, 기업은 검증된 인재를 채용할 수 있다(안재영, 2019b). 이와 같은 독일의 제도는 과잉학력과 사교육을 조장하는 우리나라의 심각한 학력사회에 중요한 시사점을 제공한다. 따라서 국가역량체계(KQF)에 대한 사회 전체 구성원 간의 논의를 통해 학력보다는 실제적인 역량 기반에 따른 보상과 인사체계가 구축되어야 한다.

제4절
결론

우리 사회는 미래 불확실성의 시대를 맞아 유연, 융합, 글로컬, 핵심역량 등을 기반으로 한 '일-학습-삶이 연계된 평생직업교육 생태계' 구축이 강조될 전망이다. 앞에서 제시된 현황 및 추진 과제를 정리하여 제언하면 다음과 같다.

첫째, 모든 국민에게 끊김 없는 평생직업교육훈련 기회를 제공한다 (TVET for All). 이를 위해 직업훈련 참여 기회의 격차를 해소하기 위해 모든 직장과 조직에 학습이 깃드는 일터학습 문화를 구축하고, 학력만이 아닌 다양한 신호 기제를 활용하여 개인의 역량을 인정하는 체계를 갖추어야 한다.

둘째, 국민들의 다양하고 성공적인 경력개발을 위해 학습-경력 -자격 간 상호 인정하는 국가역량체계(KQF)와 산업별역량체계(SQF)의 사회적 공감대를 형성한다. 이를 위해 교육자격(학위)과 직업자격의 상호 인정 및 선행학습경험의 학점 인정 등의 기준이 되는 국가역량체계(KQF)를 기업 인사제도에 적용할 필요가 있다.

셋째, 미래 환경 변화에 적합한 평생직업교육의 학제 개편과 함께 유연한 학사제도로 개편한다. 이를 위해 직업계고-평생직업교육대학(전문학사-전공심화-전문기술석사) 등의 종적 연계와 함께 평생직업교육대학 – 일반대학 – 평생교육시설 및 직업훈련기관 등의 횡적 연계를 통해 언제, 어디서나, 누구나 희망하는 프로그램을 이수할 수 있도록 평생직업교육 학제로 개편해야 한다.

넷째, 「대한민국헌법」에 보장된 개인의 교육권리, 직업선택 자유, 근로 자유, 인간다운 삶 영위 등을 보장하기 위해 분산되어 있는 직업교육 관련 법률의 근간이 되는 '직업교육기본법(안)'을 제정한다.

다섯째, 지역 청년 인재의 원활한 지역 안착과 지속가능한 삶을 지원하기 위한 '지역교육공동체 프로젝트'를 실시한다. 이를 통해 지역 청년의 지역 안착을 지원하기 위한 조직과 정책을 마련해야 한다.

여섯째, 학교에서 일로의 원활한 이행을 지원하기 위해 선취업 – 후학습 병행 지원 프로젝트를 추진하고, 학교의 역량 강화와 함께 지역 경제 활성화를 위한 협력적 거버넌스와 정책이 마련되어야 한다.

위에서 제시된 바와 같이 '전 생애 일 – 학습 – 삶이 연계된 직업교육 플랫폼'을 갖추기 위해서는 노동시장에서 필요한 인재 양성이라는 직업교육 패러다임에서 벗어나 인간다운 삶과 일에 관한 교육적 가치를 공유해야 하고, 사회적 대화를 통해 개인 및 개별 대학 책임에서 '국가, 사회, 기업, 대학, 학습자'의 공동 책임으로 전환해야 한다. 이와 함께 효율성과 제도적 획일성을 강조한 직업교육 거버넌스에서 벗어나 '일 – 학습 – 삶'이 연계된 유연한 직업교육 거버넌스를 구축하고, 지역교육공동체의 구축 및 운영을 위한 지역 전문대학의 역할 강화와 산학협력을 통한 지역 기업의 경쟁력 제고뿐만 아니라 지역인재의 지역 내 정주화를 지원할 수 있는 방안이 모색되어야 한다.

위에서 제시된 추진 과제들은 미래 사회에 당면하게 될 지역소멸을 방지하고 지역교육공동체의 거점 역할, 지역인재의 지역 정주화 등 사회적 이슈를 주도적으로 해결하는 데 크게 이바지할 것으로 기대된다.

모든 국민의
평생진로개발 체제
구축

모든 국민의
안정된 삶을 위한
미래인재전략

정윤경 · 이재열 · 정지은

모든 국민의 평생진로개발 체제 구축

제1절
문제의 제기

과학기술 발전과 사회 · 경제 환경 변화에 따른 노동시장과 직업 세계의 불확실성이 증대되면서 모든 국민의 진로개발에 대한 요구는 개인뿐만 아니라 사회적 과제로 대두되고 있다. 진로는 개인이 유치원부터 직업 은퇴에 이르기까지 삶의 과정에서 겪게 되는 역할, 학습, 일, 직업의 연속선을 의미한다(김봉환 외, 2000). 개인이 일생 동안 다양한 삶의 맥락에서 소득을 얻는 일로서의 직업을 포함한 다양한 생애 역할과 경험을 잘 선택 · 준비 · 수행하도록 하는 진로개발은 개인의 행복한 삶뿐만 아니라 사회의 안정, 발전과도 직결된다.

우리나라는 2001년 제1차 국가인적자원개발기본계획을 발표하면서 국민의 진로개발을 지원하는 국가의 책무성을 강조하고 진로개발 지원체제를 본격적으로 구축하기 시작하였다(대한민국정부, 2001.

12.). 그동안 진로개발 지원의 성과는 다수의 연구에서 확인된 바 있다. 즉 초·중·고 학교 진로활동을 경험한 학생들이 경험하지 않은 학생들보다 학교생활 만족도와 진로개발역량 수준이 높으며(서유정 외, 2020a: 142-148), 고등학생의 진로개발역량과 정(+)적인 관계에 있는 부모 학력의 영향력이 진로교과 수업에 참여한 학생들에게서는 더 작고(이영선 외, 2020: 199), 청년 대상 고용서비스가 구직기간을 단축시키며, 다음 기 취업확률을 높이는(오선정 외, 2019: 59) 것으로 나타났다.

그러나 진로개발 지원에 대한 요구는 여전히 높게 나타나고 있다. 성인 진로교육 활성화를 위한 연구(서유정 외, 2020b: 92)에 따르면, 독립된 성인 진로지원 및 서비스 전담 시설의 필요성에 대해 응답자 10명 중 9명 정도(90.5%)가 요구할 만큼 높게 나타났다(서유정 외, 2020c).

오늘날 진로개발 체제는 저성장 시대, 저출생·고령화, 기후 변화, 과학기술 발전에 따른 4차 산업혁명 시대 진입, 산업 및 직업구조 변화와 코로나바이러스 감염증-19(이하 '코로나19') 사태에 따른 일자리 감소 등 여러 사회 변화에 대처할 수 있는 국민 평생진로개발 체제로 거듭날 필요가 있다(OECD, 2020). 과거 학교 졸업 후 직장에 입사하여 퇴직하는 단선적인 진로 경로(career path)는 점차 사라지고 있으며, 평생에 걸쳐 여러 직업을 갖게 될 것이라는 이야기는 이제 상식이 되었다. 국제노동기구(ILO)는 고용관계의 다양화와 고용형태 변화를 반영하여 기존 임금노동자와 자영업자의 분류를 독립취업자와 의존취업자로 개정하여 특수형태근로종사자와 플랫폼 노동자를 포괄하였다.

산업 환경과 고용 형태, 근로방식의 변화는 그동안 노동시장으로의 신속한 진입에 중점을 둔 '고용 우선 정책(work–first policy)[1]'의 변화가 필요함을 시사한다. 국가의 진로개발 지원도 신속한 의사결정에서 경력 관리 기술을 향상하는 방향으로 변화해야 한다는 것은 이전부터 강조되어 왔다(OECD, 2004). 앞으로 변화의 속도는 더욱 빨라질 것이고, 재교육과 재훈련은 선택이 아닌 필수가 되었다. 이를 위해서는 현재 이루어지고 있는 다양한 교육과 고용서비스 정책 및 사업들이 진로개발 관점에서 재해석될 필요가 있다. McQuaid와 Fuertes(2014)에 의해 처음 언급된 진로 우선(Career–first) 접근은 국가 정책에 있어 노동시장 진입과 이후의 고용 지속가능성까지 고려해야 한다는 점을 언급하고, 이를 위해 정책 설계에 있어 일자리의 질(quality of jobs), 직업 성장경로(job progression), 장기적 관점의 경력 향상(a longer–term career progression)이 포함되어야 함을 주장하고 있다.

한편 2019년 말에 촉발된 코로나19 사태가 지속되고 있는 상황에서 각급 학교 및 대학, 진로체험지원센터, 고용센터, 취업지원센터 등 그동안 오프라인을 중심으로 이루어진 진로개발 지원체제는 진로교육 및 진로체험 활동 축소, 취업지원 교육 및 상담 축소 등 진로개발 활동과 서비스를 제공하는 데 적지 않은 제약에 직면하고 있다(서유정 외, 2020a; 정시원 외, 2020). 또한 AI, AR, VR, 지능형 로봇, 사

---

1) 구직 및 단기교육, 훈련 또는 직업 체험활동을 통해 가능한 한 빨리 보조금이 없는 고용으로 이동시키는 것을 목표로 하는 정책(출처: https://www.mdrc.org/publication/work–first)(검색일: 2021. 09. 24.).

물인터넷 등 4차 산업혁명의 미래 혁신 기술 도입과 직업세계의 변화가 가속화되면서 새로운 진로개발 서비스에 대한 지원 필요성도 대두되고 있다(장주희, 2021).

따라서 4차 산업혁명 시대를 맞이하여 각 연령층을 대상으로 한 진로개발 체제의 현황과 문제점을 살펴보고 향후 진로개발 체제의 방향과 개선과제를 살펴보는 것은 매우 중요하고 또한 필요하다. 제5장에서는 '평생진로개발 조직 및 인력', '평생진로개발 관련 법·제도', '진로교육과 고용서비스', '진로선택을 위한 진로정보' 등 네 가지 측면에서 현황과 문제점을 살펴보고, 이를 개선하기 위한 정책과제를 제시하고자 한다.

제2절
현황 및 문제점

1. 평생 진로개발을 위한 조직과 인력

모든 국민의 평생에 걸친 진로개발 지원은 초등학생부터 성인에 이르기까지 전 연령층을 고려한 생애 단계별 지원과 각 생애 단계에서 특화된 서비스를 요구하는 대상별 지원을 포함한다. 또한 진로개발 지원을 위한 주된 체제는 조직과 인력이라고 말할 수 있다.

현재 국민을 위한 진로개발 지원 조직은 중앙 조직과 지역 조직으로 구분할 수 있는데, 중앙부처는 연령층에 따라 학령기 청소년과

[그림 5-1] 중앙과 지역의 진로교육 협력체계

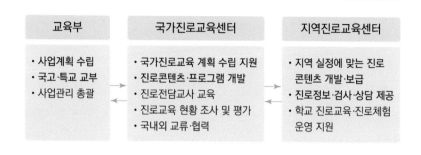

교육부	국가진로교육센터	지역진로교육센터
・사업계획 수립 ・국고·특교 교부 ・사업관리 총괄	・국가진로교육 계획 수립 지원 ・진로콘텐츠·프로그램 개발 ・진로전담교사 교육 ・진로교육 현황 조사 및 평가 ・국내외 교류·협력	・지역 실정에 맞는 진로 콘텐츠 개발·보급 ・진로정보·검사·상담 제공 ・학교 진로교육·진로체험 운영 지원

자료: 안선회 외(2015). 초·중등교육과 연계한 대학 진로교육 발전방안 연구. 한국직업능력
개발원. p. 92.

대학생은 교육부, 청년과 성인 구직자는 고용노동부, 여성은 여성가
족부 등이 진로개발 지원 정책을 담당하고 있다. 국가 수준의 진로
개발 관련 연구와 사업 수행은 한국직업능력연구원과 국가진로교육
센터, 한국고용정보원 등이 담당하고 있다. 국가진로교육센터는 「진
로교육법」('15. 12. 23. 시행) 제15조에 따라 지정되어 '진로교육의 목
표 및 성취기준 개발', '진로정보망 구축·운영', '진로교육 현황조사
및 평가' 등의 업무가 있으나 적은 예산으로 한정된 업무를 수행하
고 있고[2], 다른 많은 업무는 한시적으로 특별교부금에 의해 수행되
고 있어 범국가적인 진로교육 허브 역할 및 인프라 구축 역할을 하
기에 한계가 적지 않다(서유정 외, 2016: 133).

---

2) 한국직업능력연구원에 지정된 국가진로교육센터의 2020년과 2021년 예산은
각각 3억 6,000만 원, 3억 4,000만 원이며, 초·중등 및 대학 진로교육 현황
조사, 진로교육 관계자 연수, 진로교육 연계·협력체계 구축 등을 수행함(한
상근 외, 2021).

지역 조직은 17개 시도교육청, 지역진로교육센터, 지역진로체험지원센터, 단위학교 등이 청소년의 진로개발을 지원한다. 진로체험지원센터는 2020년 12월 기준 전국에 231개가 운영되고 있다(박천수외, 2020: 3).

학령기 청소년의 진로개발 지원 인력은 초·중·고 진로전담교사를 꼽을 수 있다. 2020년 4월 기준으로 초·중·고(11,751개교) 대비진로전담교사의 배치율은 95.7%(11,123명)로 높다. 중·고등학교 진로전담교사는 '진로진학상담교사'가 되기 위한 부전공 자격 연수를 받아 2011년부터 단계적으로 배치되어 <표 5−2>와 같이 중·고 각

〈표 5-1〉 청소년 진로개발 정책

구분	정책	연도
계획	9개 부처 공동 발표 평생 진로개발 활성화 5개년(2007~2011) 계획	2006년
	교육부 진로교육 종합계획(2010~2013) 발표	2010년 2월
	교육부 진로교육 활성화 방안 마련	2013년 2월
	교육부 제2차 진로교육 5개년 기본계획 발표	2016년 4월
조직	교육부 진로교육정책과 신설	2011년 3월
	시도교육청 진로직업교육과 등 신설	
	국가진로교육센터 설치	2017년
	진로체험지원센터 지정·운영 (2014년 67개 → 2020년 231개)	2014년
인력	진로진학상담교사(진로전담교사) 배치 시행	2011년

자료: 서유정 외(2016). 진로교육법 체제에서 진로교육 추진 현황과 과제(2016). p.62. 〈표
3-1〉; 박천수 외(2020). 2020년 진로체험지원센터 활성화 1. 진로체험지원센터 활성
화(2020). p.3.; 김봄이 외(2020). 온라인 진로상담의 빅데이터 분석. pp.30~34. 〈표
2-1〉의 내용을 재구성. 한국직업능력개발원.

〈표 5-2〉 초 · 중 · 고등학교 진로전담교사 배치 현황(2020. 04. 기준)

(단위: 개교, 명, %)

구분	초등학교	중학교	고등학교			전체
			일반고[1]	특성화고[2]	소계	
배치 인원	6,113	2,738	1,762	510	2,272	11,123
순회 교사 수	0	239	29	2	31	270
배치 학교 수(A)	6,113	2,876	1,763	495	2,258	11,247
전체 학교 수(B)	6,119	3,228	1,867	537	2,404	11,751
배치율(A/B)	99.9	89.0	94.4	92.1	93.9	95.7

주: 1) 일반고는 자율고, 특수목적고를 포함.
　　2) 특성화고는 마이스터고를 포함.

자료: 서유정 외(2020a). 2020년 국가진로교육센터 운영 지원 1. 초 · 중등 진로교육 현황 조사(2020). 한국직업능력개발원. p.18.

〈표 5-3〉 초등학교의 진로전담교사 배치 여부

(단위: 개교, %)

학교급	있음						없음		N
	진로전담교사		학교 진로업무 담당교사		소계				
	빈도	비율	빈도	비율	빈도	비율	빈도	비율	
초등학교	34	8.4	337	84.4	371	92.8	29	7.2	400

주: 비율에 가중치 적용함.

자료: 서유정 외(2020a). 2020년 국가진로교육센터 운영 지원 1. 초 · 중등 진로교육 현황 조사(2020). 한국직업능력개발원. p.192.

각 89.0%, 93.9%의 배치율을 보이고 있다. 그러나 초등학교의 경우 진로전담교사 배치율은 99.9%로 매우 높지만, 진로교육 전문성을 갖춘 교사는 8% 수준이고 대부분 진로업무 담당교사(84.4%)이다(<표 5-3> 참조).

또한 초등학교 진로교육 운영을 제대로 파악하기는 어렵다(서유 정 외, 2020a: 18, 291). 중·고등학교는 선택 교과 '진로와 직업'이라는 진로교육 전담교과가 있는 반면에 초등학교에는 없다. 비록 초·중· 고 모두 비교과인 창의적 체험활동(진로활동)이 있지만 초등학교는 진로교육에 전문성 있는 진로전담교사가 적어 실질적인 진로개발 지 원을 기대하기가 어렵다. 한편 특화된 진로개발 서비스를 제공할 필 요가 있는 학교 밖 청소년과 특수학교, 다문화 및 북한이탈 학생 등 진로취약계층 청소년의 진로개발 지원체제는 여전히 미흡한 실정이 다(박동 외, 2019; 이지연, 2019).

또한 지역 진로체험지원센터는 센터 설치·운영을 위한 기초지방 자치단체 조례 제정이 어려울 뿐만 아니라 인력의 단기계약으로 업 무 공백이 발생하는 등 조직의 안정성과 인력의 전문성이 미흡한 실 정이다. 컨설팅과 상시 점검을 통해 진로체험 프로그램의 이용 실적 이 부족한 진로체험처에 대한 질 관리가 계속될 필요가 있다(박천수 외, 2020: 142 – 143, 151).

대학생과 청년층은 지역 대학의 대학일자리센터, 취업지원센터를 중심으로 진로개발을 지원하고 있는데, 대학일자리센터는 2019년 기 준 105개소가 운영되고 있다(오선정 외, 2019: 7). 또한 구직 청년과 성인을 위해서는 고용복지플러스센터, 일자리센터, 여성새로일하기 센터 등을 중심으로 공공고용서비스를 제공하는 인프라가 구축되어 있다(<표 5 – 4> 참조). 고용복지플러스센터는 고용노동부의 지방고 용노동청 또는 지방고용노동지청의 소속 기관으로 2014년 고용복지 플러스센터를 개소한 이래 2019년 기준 전국 104개소가 운영되고 있다(김은석 외, 2019: 42).

〈표 5-4〉 **공공고용서비스 기관 및 주요 업무**

소관 부처	대표 기관	대상	주요 업무

고용노동부	고용복지
	플러스센터
		• 실업급여대상자
		• 구직자
		• 구인 기업
			• 실업급여, 고용안정사업 등 고용보험
			  업무
			• 취업지원(상담 · 알선, 동행면접, 만남
			  의 날 등)
			• 직업능력개발(내일배움카드)
			• 직업진로지도 및 직업상담
			• 구인 발굴 및 채용지원

지방자치 단체	일자리센터	• 일반 구직자 • 구인 기업	• 취업지원(박람회, 동행면접 등) • 직업진로지도 • 구인 발굴
여성 가족부	여성새로 일하기센터	• 경력단절여성 • 구인기업	• 집단상담 등 취업지원 • 인턴십(새일여성, 결혼이민여성) • 직업교육훈련

자료: 오선정 외(2019). 청년층 노동시장정책 심층평가 연구: 고용서비스. 한국노동연구원.
    p.6.

그러나 고용복지플러스센터가 진로개발 지원 측면에서 강화하거
나 추가할 내용으로 '구직 스트레스 관리(14.8%)', '자기 특성 탐색
(11.9%)' 등의 요구가 있으나(정시원 외, 2020: 127), 현재 고용복지플
러스센터의 직업진로지도 프로그램은 지원금 수급을 위해 가장 먼저
접하는 공공고용서비스로서 취업특강을 1~2회 참여하는 데 편중되
어 있는 실정이다(정시원 외, 2020: 62, 188).

2. 평생진로개발 지원을 위한 법·제도

국민의 진로개발을 위한 법적 근거는 체계적이고 안정적인 지원 조직, 인력 및 예산을 확보하기 위해 매우 중요하고 필요하다. 국민의 진로개발을 위한 대표적인 법은 청소년 및 대학생의 진로개발 지원을 위한 「진로교육법」('15. 12. 23. 시행)과 청년을 포함한 성인근로자의 직업안정을 위한 「직업안정법」('62. 01. 01. 시행)을 꼽을 수 있다. 법 제정 이전에도 국가 교육과정에 중학교(2009년)와 고등학교(2002년) 교육과정에 선택 교과 '진로와 직업'이 신설되었으며, 2016년의 중학교 자유학기제와 2025년 본격 시행 예정인 고교학점제가 청소년의 소질과 적성을 고려한 진로탐색과 진로·학습 설계 지원을 강화하게 될 것이다.

「진로교육법」은 "학생에게 다양한 진로교육 기회를 제공함으로써 변화하는 직업세계에 능동적으로 대처하고 학생의 소질과 적성을 최대한 실현하여 국민의 행복한 삶과 경제 사회 발전에 기여함을 목적으로 하며"[3], 국가진로교육센터와 지역진로교육센터, 진로전담교사 등 청소년의 진로개발 지원체제를 구축하기 위한 근거이다. 「진로교육법」은 초·중등학교뿐만 아니라 장애인, 북한이탈주민, 저소득층 가정의 학생 및 학교 밖 청소년 등 사회적 배려대상자를 위한 진로개발 지원 시책 마련을 국가 및 지방자치단체 등의 책무로 명시

---

3) 출처: 국가법령정보센터 「진로교육법」
(https://www.law.go.kr/LSW/lsSc.do?dt=20201211&subMenuId=15&menuId=1&query=%EC%A7%81%EC%97%85%EC%95%88%EC%A0%95%EB%B2%95#EJ2:0)(검색일: 2021. 08. 30.).

<표 5-5> 진로개발 관련 법 및 교육제도

구분	정책	연도
법	「직업안정법」 제정(1961. 12. 06. 제정, 1962. 01. 01. 시행)	1962년 1월
	「진로교육법」 제정(2015. 06. 22. 공포, 12. 31. 시행)	2015년 12월
교육제도	국가 교육과정 고교 '진로와 직업' 선택 교과 신설	2002년
	국가 교육과정 중학교 '진로와 직업' 선택 교과 신설	2009년
	중학교 자유학기제 전면 시행	2016년
	고교학점제 본격 시행: 마이스터고(2020), 특성화고 및 일부 일반고(2022), 전체 고교(2025)	2025년

자료: 서유정 외(2016). 진로교육법 체제에서 진로교육 추진 현황과 과제(2016). p.62. 〈표 3-1〉; 김봄이(2020). 온라인 진로상담의 빅데이터 분석. pp.30~34. 〈표 2-1〉의 내용을 재구성. 한국직업능력개발원.

하고 있으나 구체적인 지원체제에 관한 조항은 없으며, 대학생 관련 근거는 제14조 1개 조항만 제시하고 있어 사회적 배려대상 청소년, 대학생 및 성인의 진로개발 지원을 위한 법령 개정이 필요한 실정이다(서유정 외, 2016: 134).

「직업안정법」은 "모든 근로자가 각자의 능력을 계발·발휘할 수 있는 직업에 취업할 기회를 제공하고, 정부와 민간 부문이 협력하여 각 산업에서 필요한 노동력이 원활하게 수급되도록 지원함으로써 근로자의 직업안정을 도모하고 국민경제의 균형 있는 발전에 이바지하는 것을 목적으로 하며"[4], 고용센터, 직업상담원 등 직업안정기관의 조직과 인력을 확보하는 법적 근거이나 지난 60여 년 동안 30회 이상

---

4) 출처: 국가법령정보센터 「직업안정법」 (https://www.law.go.kr/LSW/lsSc.do?dt = 20201211&subMenuId = 15&menuId = 1&query = %EC%A7%81%EC%97%85%EC%95%88%EC%A0%95%EB%B2%95#Eundefined)(검색일: 2021. 0 8. 30.).

<표 5-6> 성인 진로교육 관련 법령의 주요 내용

구분	교육 관련 법령			고용 및 직업교육 관련 법령			
	교육 기본법	진로 교육법	평생 교육법	고용정책 기본법	직업교육 훈련법	남녀고용 평등법	직업안정법*
목적	교육에 관한 국민의 권리·의무, 교육제도 운영 등을 규정	다양한 진로교육 기회 제공, 학생의 소질·적성 실현	평생교육 제도와 운영에 관한 기본사항 규정	국민의 직업 능력개발, 취업기회 제공, 근로자 고용 안정 등	직업교육훈 련 촉진에 필 요한 기본사 항 규정	고용에서 남 녀평등 기회 와 대우 보 장, 모성 보 호, 여성 고 용 촉진 등	근로자의 능력 계발, 취업기회 제공, 직업 안정 도모
대상	모든 국민	학생	모든 국민	근로자, 사업주, 구직자 등	학생 및 근로자	모든 사업 또는 사업장	모든 근로자
주요 활동 및 내용	학교교육, 특수교육, 영재교육, 유아교육, 직업교육, 과학기술 교육 등	진로수업, 진로검사, 진로상담, 진로정보, 진로체험 등	학교 정규 교육과정 을 제외한 모든 교육 활동	직업능력 개 발, 인력 양 성, 고용관 리 및 안정, 직업훈련 등	직업교육훈 련기관 설치 ·운영, 직 업교육훈련 계획 및 내 용 규정 등	기회보장, 여성직업능 력개발 및 고용 촉진, 모성보호, 경력단절여 성 지원 등	구인·구직 자 소개, 고 용정보 수집 ·제공, 구 직자 직업훈 련, 직업안정 기관 운영 등
기타 특성	모든 국민 의 학습권 및 기회균 등 명시	초·중등 교육위주, 대학 진로 교육 관련 1개 조항 삽입	학습자의 필요와 실 용도 존중, 문해교육 이 별도 조 항으로 추 가됨	고용정책, 일자리창출, 직업정보 수 집관리, 직업능력 개발 지원	취업지원센 터 설치 및 운영 근거	근로자의 일과 가정의 양립 지원	직업안정기 관 설치 및 운영 근거

출처: 서유정 외(2020b). 성인 진로교육 활성화를 위한 연구: 법령 개정을 중심으로. 한국직 업능력개발원. pp.105-106. '〈표 4-1〉 성인 진로교육 관련 법령의 주요 내용' 재인용.

*출처: 국가법령정보센터 「직업안정법」

(https://www.law.go.kr/LSW/lsSc.do?dt=20201211&query=%EB%82%A8 %EB%85%80%EA%B3%A0%EC%9A%A9%ED%8F%89%EB%93%B1%EB %B2%95&subMenuId=15&menuId=1#undefined.)(검색일: 2021. 09. 24.).

개정이 이루어졌는데 근로자의 직업안정에 초점을 두고 있다. 따라서 근로자 이외의 청년 및 성인의 특성과 요구에 부합하고 교육적 관점의 진로개발 역량을 지원하기 위한 법적 근거는 미흡한 실정이다.

그 밖에 성인의 교육과 고용 및 직업교육 관련 법령에는 「교육기본법」, 「평생교육법」, 「고용정책기본법」, 「직업교육훈련법」, 「남녀고용평등법」 등이 있다. 이 법령들은 성인의 진로개발 지원을 위한 직접적인 근거로 보기는 어렵다(서유정 외, 2020b: 105 – 106). 또한 「진로교육법」은 학생을 주요 대상으로 하여 학교 진로교육에 초점을 두고 있어 성인 대상으로 적용하기에는 현재 한계가 있다(서유정 외, 2020b: 106).

3. 진로교육 및 고용서비스

2020년도 진로교육 현황조사에 따르면, 초·중·고 학생들의 진로활동 참여율은 2019년도에 비해 큰 폭으로 감소하고, 진로교육의 성과라 여겨지는 진로개발 역량과 진로교육 만족도 또한 감소한 것으로 나타났다(서유정 외, 2020a). 이러한 결과는 코로나19의 영향으로 보고 있는데, 실제 2019년과 2020년의 진로활동 참여율을 비교해 보면, 활동 중심의 진로체험과 진로상담, 창업체험 비율이 크게 감소한 것을 확인할 수 있다(서유정 외, 2020a). 이러한 경향은 2020년 청소년 종합실태조사에서도 확인되는데, 2017년도에 비해 2020년도의 청소년의 진로교육 경험은 전반적으로 증가하였으나 도움을 받았다는 응답은 대체로 낮아진 것으로 나타나고 있으며, 이러한 원인으로

[그림 5-2] 중학생의 학교 진로활동별 참여율 변화(2015~2020년)

(단위: %)

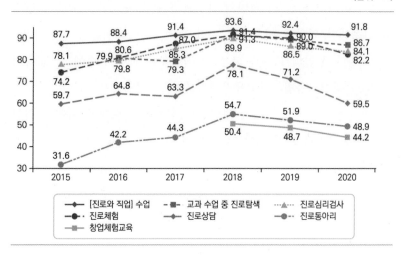

자료: 서유정 외(2020a). 2020년 국가진로교육센터 운영 지원 1. 초 · 중등 진로교육 현황조
사(2020). 교육부 · 한국직업능력개발원.

코로나19를 지목하고 있다(김기헌 외, 2021).

대학생을 대상으로 중 · 고등학교에서 경험했던 진로교육에 대해
조사해 보면, 중 · 고등학교에서 진로교육을 경험하였으나 그 도움
정도에 대해서는 보통 수준으로 인식하는 비율이 약 87%에 해당한
다(이재열 외, 2020). 이러한 결과는 현재 중 · 고등학교에서 이루어지
고 있는 진로교육을 학생 맞춤형으로 보다 개선할 필요가 있음을 시
사한다.

대학 진로교육에 대한 학생들의 관심과 참여는 저조한 것으로 나
타나고 있는데, 대학에서 운영하는 진로 및 취 · 창업 지원 조직(센
터)의 이용률은 약 10% 내외이고, 지원 조직(센터)을 알고 있음에도

활용하지 않는 경우가 절반 이상이며, 진로 지원을 위한 온라인 시스템의 활용률은 30% 내외이다(이재열 외, 2020).

[그림 5-3] **진로 및 취·창업 지원 조직 이용 경험**

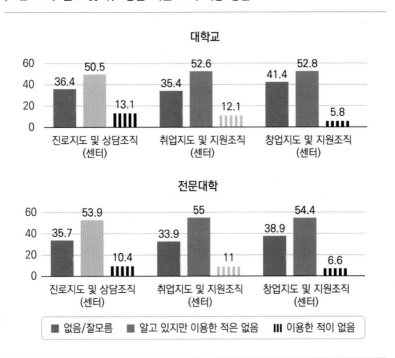

주: 응답자 수는 대학 37,193명, 전문대학 8,322명.

자료: 이재열 외(2020). 2020년 국가진로교육센터 운영 지원 2. 대학 진로취업지원 현황조사.

이처럼 대학생들의 센터 이용률이 저조한 이유를 살펴보면, 센터의 지원 내용이나 이용 방법을 잘 모르고 있고, 조직을 이용할 시간적 여유가 없거나 도움이 되지 않을 것으로 생각하고 있으며, 원하는 지원이 없다는 점 등의 부정적 인식과 지원 내용의 불만족 등을 원인으로 꼽고 있다(이재열 외, 2020). 대학 진로 및 취·창업 교육에 대한 학생들의 낮은 인식 수준과 참여율 저조는 대학에서 이루어지는 학생 진로 및 취·창업 교육 지원에 가장 큰 걸림돌로 작용하고 있다.

〈표 5-7〉 진로 및 취·창업 지원 조직(센터)을 알고 있지만 이용하지 않은 이유

(단위: 명, %)

항목	대학교		전문대학	
	빈도	비율	빈도	비율
1) 지원 내용을 잘 모름	7,060	29.9	1,493	28.2
2) 내가 원하는 지원이 없음	2,648	11.2	451	8.5
3) 도움이 되지 않을 것 같음	3,568	15.1	636	12.0
4) 조직을 이용할 시간 여유 없음	4,433	18.8	1,416	26.8
5) 조직 이용 방법을 모름	4,925	20.9	1,143	21.6
6) 기타	944	4.0	151	2.9

주: 1) 항목별 빈도는 중복 응답에 대한 합산 빈도이며, 응답자 수는 대학교 37,193명, 전문대학 8,332명임.
 2) 기타 의견으로는 '아직은 도움이 필요하지 않아서', '학교를 가 보지 않아서', '귀찮아서(관심이 없어서)', '나에게 뭐가 필요한지 몰라서', '부담스러워서' 등이 있음.
자료: 이재열 외(2020). 2020년 국가진로교육센터 운영 지원 2. 대학 진로취업지원 현황조사.

성인 진로교육의 현황은 어떠할까? 공공교육시설(고용복지플러스센터, 여성새로일하기센터 등)에서 성인을 대상으로 이루어지는 진로교육 프로그램의 만족도를 살펴보면, 진로목표 체계 영역별 만족도가 모두 3점 이하(5점 만점)로 낮게 나타나고 있는 것을 확인할 수 있으며, '희망하는 교육 프로그램의 부재'로 인해 공공 교육시설의 이용을 중단한 경우가 절반 이상인 것으로 나타나고 있다(서유정 외,

2020b), 이는 고용센터를 대상으로 한 고용센터 개선 사항 조사 결과에서 '제공 프로그램의 다양화'가 높은 비율로 나타난 결과(정시원 외, 2020)와 유사한 맥락으로 볼 수 있다. 성인 진로교육 및 상담을 제공하는 현장 관계자들은 현재 성인 진로교육은 취업지원의 일부로 추진됨에 따라 체계적인 진로지원보다 취업 유도의 편향된 지원이 이루어지고 있음을 지적한다. 그러나 센터를 방문하는 사람들이 기대하는 진로개발은 취업뿐만 아니라 전문성 추구, 사회적 가치 추구 등으로 보다 다양하게 나타나고 있다(서유정 외, 2020b). 대학 평생교육 참여자를 대상으로 조사한 결과, 대학 평생교육 참여의 가장 주요한 동기는 '직업, 진로 및 경력개발'로 평생학습을 통해 개인의 역량을 개발하고자 하는 요구가 큰 것을 확인할 수 있으며, 생애주기에 따라 순수한 배움의 열정, 취미활동 또는 개인적 즐거움, 사회적 교류 및 네트워크 형성 등의 요구가 증가하고 있었다(최상덕·한효정, 2019).

이상의 진로교육 및 고용서비스의 현황을 종합해 보면, 진로교육

[그림 5-4] **공공 교육시설 진로교육 프로그램의 진로목표 체계 영역별 만족도**

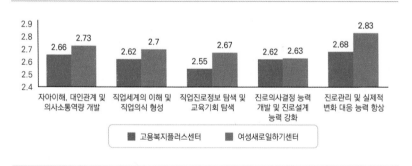

자료: 서유정 외(2020c). 「공공 교육시설을 통한 성인 진로교육의 실태와 문제점」, 『KRIVET Issue Brief』, 198호.

의 양적 확대에도 불구하고 학생과 청년들의 이용률과 만족도 등의 성과에서 만족스럽다고 보기는 어렵다. 성인의 경우도 진로개발에 대한 다양한 기대가 충분히 지원되지 못하는 것으로 보인다. 그러나 앞서 일자리와 고용형태의 변화에 따르면, 향후 진로개발에 대한 개인의 요구는 더욱 다양하고 세분화될 것임을 짐작하기는 어렵지 않다. 그렇다면 수요자들이 원하는 진로개발 지원은 무엇일까?

학생들이 원하는 진로활동을 살펴보면, 중학생과 고등학생 모두 진로체험을 가장 높게 꼽고 있으며(서유정 외, 2020a), 대학생들도 진로 준비를 위해 가장 필요로 하는 지원으로 '직업체험 프로그램'을 원하는 것으로 나타나고 있다(이재열 외, 2020).

이러한 경험중심 진로교육에 대한 요구는 진로교육이 여러 교과 및 학교 활동 전반에 연계되어 통합적인 방식으로 변화해야 함을 시사한다. 경험이 의미 있는 학습으로 이어지기 위해서는 교육과정의 연계성, 학습자의 요구 반영, 학습자의 주도적 참여와 전문가와의 상호작용 등이 핵심적인 요소이다. 자유학기제와 고교학점제 등의 대표적인 교육 정책들이 의미 있는 학습을 위해 학습 경험을 학생 개인의 삶의 맥락과 연계하는 데 중점을 두고 있는 것과 같은 맥락이라 볼 수 있다. 대학에서 시도하고 있는 진로탐색학점제도 학생 개인이 자신의 관심 주제를 탐구해 나가면서 그 과정에서 수업과 상담 등을 활용하며 스스로 진로를 찾아가는 방식으로 대학 진로교육의 새로운 접근을 시도하고 있다. 성인의 진로개발 역시 취업중심의 접근에서 나아가 평생학습과 경력관리 등과 연계되고, 궁극적으로 국민의 삶의 질을 향상하는 방향으로 나아갈 필요가 있다.

〈표 5-8〉 학교 진로활동별 향후 참여 희망(중·고등학생)

(단위: 명, %, 점)

학교 진로활동	중학생		고등학생	
	빈도	비율	빈도	비율
'진로와 직업' 수업	5,797	66.2	5,718	66.0
교과 수업 중 진로탐색	6,136	70.7	6,440	73.9
진로심리검사	6,866	81.5	7,092	82.5
진로체험	7,464	88.3	7,504	86.7
진로상담	6,525	77.0	7,131	82.3
진로동아리	5,736	66.8	6,332	72.1
창업체험교육	5,828	67.8	6,008	69.1
N	8,050		8,206	

주: 1) '향후 참여 희망'은 '예'라고 응답한 학생 수와 비율임.
   2) 비율에 가중치를 적용함.

자료: 서유정 외(2020a). 초·중등 진로교육 현황조사.

〈표 5-9〉 진로 준비에 필요한 대학과 정부 지원 내용

(단위: 명, %)

항목	빈도	비율
직업체험 프로그램/현장실습/인턴십 기회 확대	2,434	24.0
경제적 지원(장학금, 창업 비용, 실습비 등)	2,007	19.8
현직 선배/취업 멘토 지원(특강, 멘토링 등)	999	9.9
자격증 취득 지원(프로그램, 비용 지원)	828	8.2
진로, 취·창업 프로그램 확대	757	7.5

주: 1) 자유 응답 내용을 분류하여 빈도 분석한 결과이며, 상위 5개 항목만 발췌하였음.
   2) 응답자 수: 대학교 37,193명, 전문대학 8,332명.

자료: 이재열 외(2020). 대학 진로취업지원 현황조사(2020).

4. 진로교육정보망과 진로정보

정보화 시대에 들어선 이래로 교육을 포함한 사회 전 분야에서 정보망의 구축 및 활용은 이제 당연한 흐름이 되었다. 국민의 진로 선택을 돕고자 운영되고 있는 진로교육 영역에서도 많은 정보가 산출 및 운영되고 있기에, 진로교육정보망은 지속적으로 확대 운영되고 있다. 특히 코로나19에 의해 촉발된 비대면(원격) 교육으로의 급속한 전환은 온라인 기반의 진로교육 및 진로정보망 활성화를 촉진시켰다.

한국직업능력연구원에서 운영하고 있는 종합 진로정보망 '커리어넷(Careernet)'을 비롯하여 온라인 창업체험교육 플랫폼 'YEEP', 진로체험정보망 '꿈길' 및 '원격영상 진로멘토링' 등 다양한 온라인 진로교육정보망이 현재 활용되고 있다. 또한 최근에는 진로교육정보망의 통합 및 연계를 위해 통합회원 서비스를 제공하여 하나의 아이디로 사용자 개인이 상기 진로교육정보망을 편리하고 자유롭게 이용할 수 있는 시스템을 갖추어 운영되고 있다. 형식적인 측면에서 진로교육정보망의 활성화를 위한 여건이 대내외적으로 마련된 것으로 볼 수 있다.

2019년 이후 진로교육정보망 통합회원 수의 추이를 살펴보면([그림 5-5] 참조), 2019년 하반기에 다소 감소하던 회원 수가 2020년 이후부터 지속적인 상승세를 보이고 있음을 알 수 있다. 온라인 개학이 보편화된 2020년 3월부터 진로교육정보망 가입이 폭발적으로 늘어나기 시작하여, 2020년 6월에 중복으로 가입된 기존 커리어넷 회원의 탈퇴로 인한 전체 회원 수 감소에도 불구하고 사용자가 급증

함에 따라 2021년 7월 기준 180만 명 이상의 회원을 보유하고 있다.

[그림 5-5] **진로교육정보망 통합회원 수(2019~2021)**

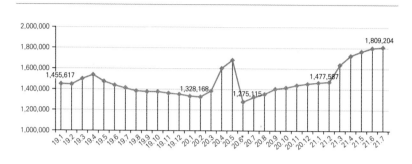

자료: 진로교육정보망 통합회원 시스템 등록 회원 수 월별 추계자료(2019~2021년 7월).
　　　교육부 · 한국직업능력연구원(2021).「진로정보망 커리어넷 운영」 사업 내부자료.

[그림 5-6] **진로교육정보망 통합회원 신규 가입자 수(2019~2021)**

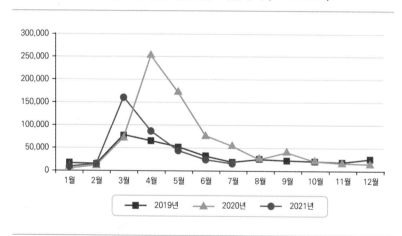

자료: 진로교육정보망 통합회원 시스템 신규 가입자 수 월별 추계자료(2019~2021년 7월).
　　　교육부 · 한국직업능력연구원(2021). 「진로정보망 커리어넷 운영」 사업 내부자료.

신규 가입자 수의 증감을 살펴보면([그림 5-6] 참조), 코로나19에 따른 비대면 진로교육이 본격화된 2020년 상반기(3~6월)에 가입자 수가 크게 늘어났음을 알 수 있다. 또한 2021년에도 비대면 또는 블렌디드(대면-비대면 교차) 진로교육이 계속됨에 따라 상반기에 가입자 수가 증가하였다.

즉 진로교육정보망에 가입하여 콘텐츠와 정보를 활용하는 신규 사용자의 수는 계속 증가하고 있다. 이에 따라 진로교육정보망에서 제공하고 있는 서비스에 대한 접근 및 활용 빈도도 늘어나고 있다.

진로교육정보망 중 가장 많이 활용되고 있는 대표 사이트 커리어넷의 페이지 뷰 현황을 살펴보면 [그림 5-7]과 같다. 사용자들이 접속하여 남긴 페이지 뷰는 2020년 이후 증가세가 뚜렷해진 것을 알

[그림 5-7] 커리어넷 페이지 뷰(2019~2021)

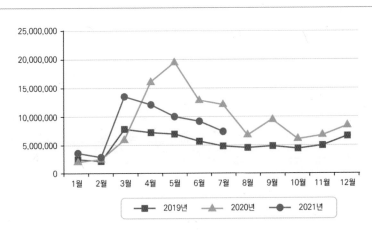

자료: 진로교육정보망 커리어넷 사용자 페이지 뷰 월별 추계자료(2019~2021년 7월).
　　　교육부 · 한국직업능력연구원(2021). 「진로정보망 커리어넷 운영」 사업 내부자료.

[그림 5-8] 커리어넷 온라인 진로상담 건수(2019~2021)

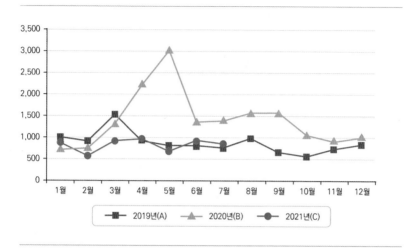

자료: 진로교육정보망 커리어넷 온라인 진로상담 수행 건수 월별 추계자료(2019~2021년 7
월). 교육부 · 한국직업능력연구원(2021). 「진로정보망 커리어넷 운영」 사업 내부자료.

수 있다. 2021년 상반기에는 2020년에 비해 다소 낮아졌으나 코로나
19 이전 시기에 비해서는 여전히 높은 수치를 보이고 있다.

그리고 비대면 진로교육이 시행됨에 따라 진로전담교사의 중요
업무 중 하나인 학생과의 진로상담에 공백이 발생할 수 있다. 이에
온라인 진로상담 또한 활용도가 2020년에 크게 증가하였다. 커리어
넷 온라인 진로상담 수행 건수의 변화를 살펴보면 [그림 5-8]과 같
다. 다만, 2021년부터는 온라인 상담과 학교 진로교사의 비대면 상
담이 병행되고 있는 흐름도 살펴볼 수 있다.

커리어넷을 비롯한 진로교육정보망 관련 현황을 종합 정리하면,
코로나19 이후 최근까지 급격한 활용 증가세를 확인할 수 있다. 온
라인 진로교육정보망의 접근도가 증가하였고, 또한 콘텐츠 소비 및

활용 빈도도 늘어나는 경향이 나타났다. 한편 블렌디드 진로수업 자료와 같은 새로운 형태의 콘텐츠가 개발·보급되기도 하고, 진로교육 장면에서의 온라인 활용이 증가함에 따라 동영상 및 시각화 자료 등이 다양해지고 풍부해지고 있다. 따라서 진로교육정보망은 양적으로 확대 및 활성화 시기를 맞이하였고, 공급자와 사용자 양측의 관심 또한 가장 높은 시점으로 볼 수 있다.

한편 진로교육정보망에 대한 방문과 활용이 증가하였음에도 불구하고 여전히 진로교육에 참여하는 국민들은 맞춤형 진로정보가 확충·보급되기를 기대하고 있다. 앞서 살펴본 바와 같이, 진로교육정보망의 구축 및 활용이 급증하여 진로정보의 유통은 비교적 원활한 상황이라고 볼 수 있을 것이다. 하지만 진로정보가 부족하다고 느끼거나, 어디서 양질의 정보를 찾거나 활용할 수 있는지를 알기 어렵다고 호소하는 사용자들이 존재하기에 진로정보의 확충은 지속되어야 한다.

지금까지의 진로정보 생산 및 유통은 학교 진로교육을 주요 대상으로 실행되어 왔으며, 교육부를 비롯한 공급자 중심으로 다수의 진로정보가 산출되었다. 그 결과 학교 진로교육의 실행 및 학생들의 진로탐색과 의사결정을 돕기 위한 정보는 양적으로도 늘어났고, 질적으로도 점차 우수해졌다. 그럼에도 불구하고 학교 현장의 진로교사들은 학생 진로개발 역량을 키워 줄 수 있는 양질의 진로정보가 부족하거나 찾기 어렵다고 보고하였다. 예컨대 2020년 진로교육 현황조사 결과(<표 5-10> 참조), 중·고등학교 진로전담교사들은 진로교육에 활용하는 자료를 진로교육정보망에서 가장 많이 찾는 것으로 나타났지만 전체 응답자 중 약 30% 정도로 비율이 높지 않았으며, 비교적 접근이 용이한 진로전담교사 인터넷 카페나 연구회 등에서 자료를 공유하는 비율 또한 비슷하게 나타났다.

〈표 5-10〉 중·고등학교 진로전담교사의 진로교육 자료 습득 경로

(단위: 명, % / N=400)

습득 경로	2019년				2020년			
	중학교		고등학교		중학교		고등학교	
	빈도	비율	빈도	비율	빈도	비율	빈도	비율
진로교육정보망(커리어넷, 원격영상진로멘토링, 꿈길, YEEP 등)	89	22.2	99	24.7	152	37.5	136	33.2
시도교육청 또는 교육지원청 홈페이지	26	6.6	35	8.8	13	3.3	25	6.5
진로전담교사 인터넷 카페	128	32.0	92	22.9	135	33.8	115	29.4
진로전담교사 연구회 및 동아리	128	32.0	112	28.1	78	19.8	87	22.0
민간기관 홈페이지	6	1.5	19	4.8	11	2.8	18	4.2
기타	23	5.7	42	10.6	11	2.8	19	4.7

자료: 서유정 외(2020a). 2020년 국가진로교육센터 운영 지원 1. 초·중등 진로교육 현황 조사(2020). 교육부·한국직업능력개발원.

그리고 진로교육정보망 및 관련 사이트를 활용하지 않는 이유로는 '필요하지 않거나 도움이 되지 않아서'라는 응답 비중이 가장 높게 나타났다(<표 5-11> 참조). 이러한 결과는 학교 진로교육을 수행하는 진로전담교사들이 활용하기 좋은 진로정보가 충분하지 않다는 것을 시사한다.

〈표 5-11〉 **진로교육 관련 사이트를 활용하지 않는 이유(중·고등학교 진로전담 교사)**

(단위: 명, % / N=376, 390)

활용하지 않는 이유	중학교		고등학교	
	빈도	비율	빈도	비율
사이트에 대해 잘 몰라서(홍보 부족)	46	12.2	30	7.7
다른 업무가 더 많고 중요해서(시간 부족)	22	5.9	22	5.6
필요하지 않거나 도움이 되지 않아서	159	42.3	217	55.6
이유 없음	7	1.9	3	0.8
다른 사이트를 활용하는 것이 더 편해서	75	19.9	61	15.6
활용 방법을 잘 모름(미숙함)	11	2.9	8	2.1
기타	20	5.3	21	5.4

자료: 서유정 외(2020a). 2020년 국가진로교육센터 운영 지원 1. 초·중등 진로교육 현황 조사(2020). 교육부·한국직업능력개발원.

한편 학교 진로교육에 많은 자원과 노력이 집중됨에 따라 대학생 및 성인과 관련된 진로정보의 생산과 보급은 상대적으로 더딘 상황이었다. 이에 따라 중·고등학교 관련 구성원들과는 달리 대학생이나 성인들은 진로정보의 확충 및 접근성 제고가 필요한 것으로 보고하였다. 2020년 대학 진로취업지원 현황조사 결과를 살펴보면, 대학생들은 높은 비율로 진로교육(취·창업 교육 포함) 강화가 필요함(대학교 76.3%, 전문대학 70.1%)을 주장하였다([그림 5-9] 참조).

이때 진로 및 취·창업 준비에서 필요한 사항으로 관련 자격증 취득이나 취업 스킬(자기소개서, 면접) 보유, 진로정보(취·창업) 탐색 및 활용능력 등 진로정보를 필요로 하는 항목들이 비교적 높게 나타나([그림 5-10] 참조), 실질적으로 진로 및 취·창업 준비에 도움이 될 수 있는 맞춤형 진로정보의 제공을 요청하고 있었다.

[그림 5-9] 대학 진로 및 취·창업 교육 강화에 대한 인식(대학생)

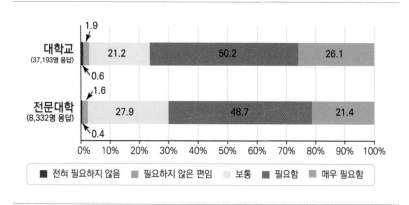

자료: 이재열 외(2020). 2020년 국가진로교육센터 운영 지원 2. 대학 진로취업지원 현황조
사(2020). 교육부 · 한국직업능력개발원.

[그림 5-10] 진로 및 취·창업 준비를 위해 필요한 사항(대학생)

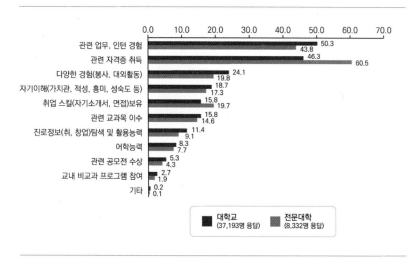

자료: 이재열 외(2020). 2020년 국가진로교육센터 운영 지원 2. 대학 진로취업지원
현황조사(2020). 교육부 · 한국직업능력개발원.

성인 대상의 조사 결과에서도 진로정보의 필요를 확인할 수 있다. 예컨대 서유정 외(2020b)가 수행한 '성인 진로교육 활성화를 위한 연구'에서 진로 재설계를 위한 준비와 관련하여 조사한 결과, '자격증 공부'나 '진로정보 탐색' 등이 비교적 높게 나타났다(<표 5-12> 참조). '구인정보 검색'과 '외국어 공부' 등 단기적 관점의 취업 준비활동을 우선시하는 경향도 있었지만, 진로를 재설계하고 준비하는 데 있어 진로정보를 탐색하고 활용하고자 한다는 것을 알 수 있다.

〈표 5-12〉 진로 재설계를 위한 준비

(단위: %, 중복응답 / N=97)

구분	아무것도 하고 있지 않음	준비하고 있음								
		진로 심리 검사	진로 프로 그램 참여	진로 정보 탐색	외국어 공부	학위 공부	자격증 공부	구인 정보 검색	관련 분야 인맥 구성	취·창업 교육
전체	26.8	11.3	12.4	14.4	28.9	3.1	30.9	29.9	9.3	14.4
20~30대	10.0	35.0	25.0	25.0	35.0	15.0	45.0	35.0	15.0	15.0
40~50대	30.2	6.3	9.5	14.3	30.2	–	30.2	28.6	7.9	14.3
60대 이상	35.7	–	7.1	–	14.3	–	14.3	28.6	7.1	14.3

자료: 서유정(2020b). 성인 진로교육 활성화를 위한 연구. 한국직업능력개발원.

더불어 조사에 참여한 사람들 중 공공 교육시설에서 진로교육 서비스를 받아 본 경우, 진로정보 탐색 관련 서비스에 대한 이용 경험과 만족도가 가장 높게 나타났다(<표 5-13> 참조). 이러한 결과는 성인을 대상으로 한 진로정보 확충이 필요한 일이며, 사용자들의 만족도 제고에도 도움을 줄 수 있음을 시사한다.

〈표 5-13〉 공공 교육시설의 성인 진로 서비스 이용 경험과 만족도

(단위: %, 점 / N=150)

구분	진로역량 강화 교육 프로그램	진로상담 · 조언 · 멘토링 등	진로심리검사 및 평가	진로정보 탐색
이용 경험(비율)	52.7	52.7	55.3	60.7
만족도(5점 만점)	4.53	4.53	4.55	4.61

자료: 서유정(2020b). 성인 진로교육 활성화를 위한 연구. 한국직업능력개발원.

요컨대 학교 진로교육 및 성인 진로교육 전반에서 진로정보의 필요성은 여전히 높은 것으로 볼 수 있다. 다양한 경로와 방법을 통해 진로정보를 생산 및 보급하고 있지만, 각 대상별로 원활한 진로교육 및 진로결정을 위해 양질의 진로정보를 제공받고자 하는 요구가 직간접적으로 확인되고 있다. 따라서 다양한 계층과 대상이 필요로 하는 진로정보를 생산해야 할 것이고, 모든 국민들이 원활하게 진로정보를 획득하여 활용할 수 있도록 진로정보에 대한 접근성을 더욱 높여야 할 필요가 있다.

정책 과제

1. 평생진로개발 활성화 5개년 계획을 3개년 계획으로 수립하자.

그동안 국민의 진로개발 지원 인프라는 '평생진로개발 활성화 5개년(2007~2011) 계획'을 비롯하여 정부에서 '진로교육 기본계획'을 여러 차례 수립(2010년, 2013년, 2016년)하고 이를 실천한 결과라고 말할 수 있다. 그러나 최근 몇 년 동안 급변하는 사회 교육 환경과 과학기술 발전을 고려하여 관련 정책을 연구하고 방안을 발표하기도 하였으나, 국민의 진로개발 지원 인프라를 개선하고 혁신하는 종합적이고 체계적인 계획은 거의 발표되지 않았다. 이는 최근 사회 변화와 미래 예측 불확실성이 높아짐에 따라 계획 수립과 실천이 시대 변화를 따라가기 어렵다는 판단일 수도 있다. 그러나 학령기 교육의 지방 권한 이행이 진행되고 있는 시점이고 모든 국민의 생애 단계별, 세분화된 대상별 특화된 진로개발 지원 인프라 구축과 서비스를 제공하기 위해서는 종합적이고 체계적인 계획 수립과 실천이 요청된다. 따라서 2022년에 ① 전 국민 평생진로개발 활성화 3개년 계획(2023~2025)을 수립·실행하고 주기적으로 평생진로개발 활성화 계획을 수립·실행할 필요가 있다. 기존에는 5개년 계획을 수립하였으나 시대 변화가 빠르므로 3개년 계획 또는 2개년 계획으로 수립하여 추진할 필요가 있다. 평생진로개발 활성화 3개년 계획에는 모든 국민의 생애 단계별 진로개발 지원 인프라를 개선·강화하는 방안과 함께 초등학교 단계부터 성인에 이르기까지 진로개발 지원 조직과 인력의 교류 및 협력을 통해 평생진로개발 지원 서비스의 유기적인 효율성을 높일 수 있는 방안이 포함될 필요가 있다.

한편 종합적인 진로개발 지원 인프라 구축 계획과 더불어 국민의 ② 대상별 특화된 진로개발 지원 서비스 제공을 위한 기본계획을 수립하여 실천해 나갈 필요가 있다. 여기에 포함해야 할 것으로는 대상별 진로개발 지원 현황과 요구조사를 비롯해 진로개발 지원기관과 인력의 전문성, 즉 연수나 교육체계 개선 등 진로개발 지원 역량 제고 방안, 인력의 양성·배치 및 재교육 방안 등을 들 수 있다. 특히 모든 국민의 대상별 진로개발 지원은 교육부나 고용노동부뿐만 아니라 여러 부처에서 협력해야 하며, 공공기관뿐만 아니라 민간기관의

[그림 5-11] 모든 국민의 진로개발 지원체제(안)

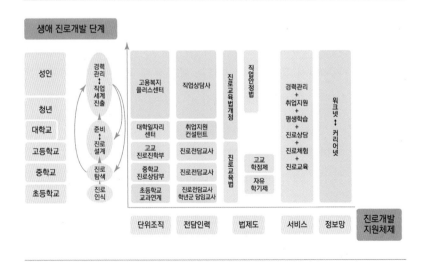

역할도 중요하다 따라서 공공기관뿐만 아니라 지역의 민간 진로체험 지원센터, 취업지원센터 등의 기관과 인력의 역량을 제고할 수 있는 방안을 포함할 필요가 있다.

2. 국가 수준의 진로개발 가이드라인을 마련하자.

성인 진로개발에 대한 국가의 지원과 요구가 높아짐에 따라 성인 진로개발과 관련한 정책 및 사업이 점차 확대되고 있다. 관련 국가 정책이 국민의 진로개발이라는 큰 틀에서 효과적으로 추진되기 위해서는 모든 국민을 대상으로 하는 국가 진로개발 가이드라인이 마련될 필요가 있다. 그동안 우리나라 진로교육 정책이 학교를 중심으로 이루어짐에 따라 학생을 대상으로 한 학교 진로교육 목표와 성취기준을 개발하였으나, 모든 국민을 대상으로 한 진로개발 가이드라인은 마련하지 못하였다. 처음으로 국가 수준의 진로개발지침(NCDG: National Career Development Guidelines)을 마련한 미국은 NCDG를 통해 국가 및 지역의 진로교육 프로그램 개발, 학교 교육과정 내 진로교육 성취기준 제시 등의 근거 자료로 활용하며 국가에서 이루어지는 진로개발 지원이 연계되어 이루어질 수 있는 기반을 마련하였다.

또한 국가 진로개발 가이드라인은 개발 이후 여러 차례 개정을 통해 환경 변화에 대응하는 국가의 진로개발 전략을 마련하고 있다. 미국의 NCDG는 개발 초기에 자기이해와 학업적·직업적 탐색, 진로계획의 3개 영역으로 개발되었으나, 이후 개인적·사회적 발달, 교육적 성취 및 평생학습, 진로관리의 영역으로 수정하며 평생학습과 진로관리의 중요성을 강조하고 있다. 최근 개정작업을 진행 중인 영국에서도 진로개발 프레임워크(CDF: Career Development Framework)를 중등 교육에서 평생교육으로 확장하는 것을 주요한 변화로 삼고 있으며, '일자리의 질'과 '삶의 질' 영역을 포함하여 직업뿐만 아니라 다양한 사회적 역할을 아우르는 방향으로 나아가고 있다.

〈표 5-14〉 호주 진로개발 가이드라인

	단계1	단계2	단계3	단계4
능력 (Competencies)	초등학교 (Students in Kindergarten-Primary School)	중학교 (Students in Middle School)	고등학교 (Students in Senior/Post-Compulsory School or its Equivalent)	성인 (Adults)
4. 진로목표를 위해 평생학습에 참여한다.	4.1 평생학습이 자신의 삶과 직업에 어떠한 기여를 하는지를 깨닫는다.	4.2 자신의 현재와 미래의 진로열망에 평생학습을 연계시킨다.	4.3 평생학습을 자신의 진로설계 과정과 연계한다.	4.4 진로목표를 위한 계속 학습에 참여한다.

자료: MCEECDYA(2010). The Australian Blueprint for Career Development, prepared by Miles Morgan Australia, Commonwealth of Australia, Canberra. 일부를 발췌함.

이와 함께 '국민의 진로개발의 목적은 무엇인가'에 대한 논의도 확산되어야 할 것이다. 현재 「진로교육법」은 자아실현을 통한 국민의 행복한 삶과 경제 사회 발전에 기여함을 목적으로 하고 있다. 앞서 영국 CDF는 시간을 보내는 방식에 만족하며, 지역사회에 공헌할 수 있고 적절한 생활수준을 가질 수 있는 긍정적 커리어(positive career) 개발을 진로개발의 목적으로 두고 있다. 국내 진로개발의 대상과 영역이 확대되어 가는 현 시점에서 국가가 추구해야 할 진로개발의 목적에 대한 충분한 논의와 그에 따른 진로개발 가이드라인을 마련함으로써 국가 진로개발의 방향을 정립해야 한다. 더불어 국가 진로개발 가이드라인이 학교 교육과정뿐만 아니라 평생직업교육훈련, 고용서비스, 복지서비스 등 진로개발 관련 모든 정책과 연계되기 위해서는 개발 과정에서 다양한 주체의 참여를 보장하여야 한다. 앞서 제시한 평생진로개발 지원 종합계획 수립에서 교육부, 고용노동부뿐만 아니라 여성가족부, 보건복지부 등 여러 부처와의 협의를 통한 개발이 필요한 것과 같이 범부처 차원의 국가 진로교육 방향과 전략을 마련할 필요가 있다.

3. 성인을 포함한 생애 진로개발 지원을 위해 「진로교육법」을 개정하자.

모든 국민의 진로개발을 위한 지원체계는 생애 단계별 지원과 함께 각 단계의 특화된 지원 요구를 지닌 국민들을 위한 지원으로까지 확대되어야 한다. 즉 생애 단계는 학령기 청소년, 대학생 또는 청년, 성인 등 전 연령대를 포함하되 각 단계의 특화된 대상으로는 학령기 청소년 중 학교 밖 청소년, 다문화 학생, 북한이탈주민 가정의 학생 등이 있고, 대학생, 청년 및 성인 등도 성별이나 취업 여부 또는 경력 유무 등 여러 요인을 고려하여 세분화된 대상이 있다.

위와 같이 생애 단계별 진로개발 지원을 위해서는 법적 근거가

보다 강화될 필요가 있다. 현재 「진로교육법」('15. 12. 23. 시행)은 학령기 청소년과 대학생을 위한 진로교육 지원체제를 다루고 있는 가운데, 제5조(국가 및 지방자치단체 등의 책무) 제2항에서 "장애인, 북한이탈주민, 저소득층 가정의 학생 및 학교 밖 청소년 등 사회적 배려대상자를 위한 진로교육 시책을 마련하여야 한다."라고만 명시할 뿐 보다 자세한 진로개발 지원체제에 관한 별도 조항은 마련되어 있지 않다. 따라서 「진로교육법」에 사회적 배려대상자를 위한 보다 구체적인 조항이 추가될 수 있도록 법 개정이 필요하다. 구체적으로 특수학교 진로전담교사 배치 등을 포함한 특수교육대상학생을 위한 진로개발 지원체제가 강화될 필요가 있으며 다문화 청소년, 북한이탈주민 가정의 청소년, 학교 밖 청소년 등은 진로개발 지원현황 및 요구조사를 주기적으로 실시하고 그 결과를 반영하여 여러 청소년 집단의 특수성을 고려한 체계적인 지원체제를 구축할 필요가 있다. 특히 학교 밖 지역 기관의 조직과 진로개발 지원 인력의 역량을 제고할 필요가 있다.

성인의 진로개발 지원체제는 고용센터 등을 통해 고용서비스가 제공되고 있으나, 행정절차 서비스의 간소화를 꾀하고 행정처리 인력이 아닌 성인들이 필요한 직업진로지도 기능 지원 인력이 증원되어야 한다. 또한 질적으로 우수하고 다양한 프로그램 강좌를 강화하고 개인 진로·취업 상담이 가능하도록 직업진로지도 상담원 인력 배치와 역량 강화가 필요하다. 성인의 경우 연령, 성별, 취업 또는 경력 유무에 따라 진로개발 지원 실태와 요구를 파악하고 현재 공공고용서비스뿐만 아니라 '자기 이해'에서 출발하는 진로인식, 진로탐색 및 재설계를 지원하는 인프라를 구축할 필요가 있다. 이와 더불어 재직자와 구직자뿐만 아니라 산업구조 변화에 따라 전직 지원이 예상되는 대상 등 폭넓은 성인들을 대상으로 교육적 관점에서 진로개발 지원 서비스를 제공할 수 있는 인프라 구축이 필요하다.

따라서 「진로교육법」('15. 12. 23. 시행)은 모든 국민의 진로개발 지원을 위해 다음의 내용(조항)을 추가하여 개정을 추진할 필요가 있다.

첫째, 모든 국민의 진로개발을 위해 초·중·고 및 대학 단계에 더해 노동시장 진입, 재직과 전직 준비 등 평생학습 단계까지 진로개발 지원이 이루어질 수 있도록 관련 조항이 추가되어야 한다. 구체적으로 성인의 진로개발을 위한 지원 기관 및 인력, 콘텐츠 및 프로그램 개발·보급 등이 포함될 수 있다.

둘째, 대학의 진로교육을 강화하기 위해 제14조(대학의 진로교육)에 대학 재학생과 졸업생, 지역 청년들의 진로개발을 지원하는 허브 역할을 수행할 수 있는 인프라 구축을 위한 조항들을 추가해야 한다.

셋째, 제5조 제2항에서 장애인, 북한이탈주민, 저소득층 가정의 학생 및 학교 밖 청소년 등 사회적 배려 대상자를 위한 진로교육 시책 마련을 국가와 지방자치단체의 책무로 명시하고 있는데, 이에 보다 다양한 진로취약 청소년을 포함하고 구체적인 지원 내용이나 협력 기관을 명시하여 진로취약 청소년을 위한 진로개발 지원 인프라 구축과 함께 서비스가 강화되도록 해야 한다.

4. 국민의 진로개발 기초 단계인 초등학교 진로교육을 강화하자.

초등학생의 진로개발은 진로인식 단계로서 중학교의 진로탐색, 고등학교와 이후 단계의 진로설계 및 준비 등으로의 원활하고 체계적인 진로개발이 이루어지는 데 초석이 되는 중요한 의미를 갖는다. 따라서 모든 국민의 진로개발 지원체계를 구축하기 위해서는 현재 취약한 초등학교 학생의 진로개발 지원을 위한 단위학교 내 조직과 전문인력을 강화할 필요가 있다.

현재 「진로교육법」에 따른 진로전담교사가 초등학교에 배치되어 있다고는 하나 대부분 진로 담당교사에 해당한다. 초등학교는 진로인식 단계로서 진로개발 역량의 기초를 닦는 매우 중요한 시기이므로 진로교육에 대한 전문성을 갖추고 초등학교의 진로교육 기획과 실행에 실질적인 역량을 발휘할 수 있는 진로전담교사의 배치를 확대해야 한다. 이를 위해 현재 중·고등학교 진로전담교사 양성·배치를 위해 운영되고 있는 '부전공 자격연수' 제도와 13개 대학의 교육대학원 '진로진학 상담' 과정 운영과 같이 초등 교원의 진로전담교사 양성·배치 제도가 마련되어야 한다. 즉 전국 11개 교육대학교를 대상으로 거점 교육대학교에 '초등 진로전담교사 양성을 위한 자격연수' 제도를 운영하도록 하고, 교육대학원에 '초등 진로교육' 과정의 개설을 추진할 필요가 있다.

또한 초등학교 진로개발을 위한 교육과정으로 전 학년 창의적 체험활동(진로활동)이 있으나 진로교육을 위한 전담 교과가 없는 실정에서 학년군별 학생들의 진로발달 수준에 차이가 있다. 즉 저학년

(1~2학년), 중학년(3~4학년), 고학년(5~6학년) 간 학생들의 진로발달에 차이가 있어 학년군별 세심한 진로개발 지원체계가 요구된다. 이를 위해 저학년은 '슬기로운 생활', 중학년은 '사회·도덕', 고학년은 '과학·실과' 등의 주요 교과와 연계한 진로교육이 이루어질 수 있도록 '교과연계 진로교육 전담교사 제도'를 신설할 필요가 있다. 초등학교의 경우는 '영어', '과학', '음악', '실과' 등의 과목에 교과전담교사를 많이 배치하는 편인데, 학년군별 진로교육을 위해 '학년군별 교과연계 진로교육 전담교사 제도'를 마련할 필요가 있다. 이들의 양성은 전국 교육대학교 교육대학원 '초등 진로교육' 과정에서 담당할 것을 제안한다.

한편 초등학교는 진로교육 목표와 성취기준은 마련되었으나 교육과정에서 이를 실현할 구체적인 교과서(교재)가 없는 실정이다. 따라서 학년군별 교과연계 진로교육을 위한 프로그램과 교재를 개발해야 한다.

5. 지역인재 양성을 위해 지역 기반의 진로개발 운영체제를 마련하자.

진로교육이 경험으로부터 학습하는 방식으로 전개되기 위해서는 (OECD, 2004) 지역사회 기반의 진로교육 운영체제가 마련되어야 한다. 자유학기제 시행 이후 초·중등학생의 진로체험 참여율은 상당히 높아졌으나, 진로체험이 학생들에게 의미 있는 학습경험으로 이어지고 있는가에 대해서는 여전히 많은 논란이 있다. 이러한 한계를 극복하기 위해서는 진로체험을 학생 개인이 경험하는 학습활동의 하나로 바라보는 시각에서 지역사회 인재 양성의 출발점이라는 인식의 전환이 필요하다.

지역사회에 펼쳐져 있는 다양한 삶의 양식을 마주하며 자신의 진로를 탐색해 나가는 과정은 학생 개인뿐만 아니라 지역사회에 주는 의미도 매우 크다. 즉 학생은 지역사회의 일원이라는 소속감과 공동체 의식을 형성할 수 있으며, 또한 지역사회의 발전을 이끌어 가는 인재로 성장하여 궁극적으로 지역사회에 이바지할 수 있다. 이러한 관점에서 지역 내 청소년과 청년들을 대상으로 현장 기반의 진로탐색 기회를 확대하고, 더 나아가 진로 재설계, 전직 등을 희망하는 성인에게도 지역 내 진로탐색의 기회를 제공할 필요가 있다. 또한 진로탐색의 범위를 직업현장과 직업인에 한정하기보다는 지역사회 안에서 주도적인 활동 경험으로 확장하여 접근할 필요가 있다. 앞서 대학의 진로체험학점제의 경우, 희망 직업과 무관하더라도 자신의 관심사를 주제로 이루어지는 경험 안에서 자신에 대한 이해는 물론 진로에 대한 답을 해결하는 사례도 적지 않았다. 현장과 실전에서 이루어지는 경험은 온라인 교육이 확대되어 가는 상황에서도 필수적으로 고려되고 있다. 예컨대 온라인 교육 시스템의 우수성을 전 세계적으로 인정받고 있는 미국의 미네르바 스쿨(Minerva school) 역시 원격교육뿐만 아니라 현지 기업 및 지역사회 단체와 연계한 프로젝트를 운영하여 앎과 삶을 통합하는 방식으로 교육과정을 운영하고 있다(이경호, 2020). 이와 같이 지역사회의 진로개발 운영체제를 마련하기 위해서는 현재 지역사회에서 이루어지고 있는 교육, 고용, 복지 분야 등의 다양한 사업들 안에서 진로개발과 관련될 수 있는 활동 요소들을 찾아내어 연계하고 통합하는 작업이 필요하다.

6. 진로정보 접근성 제고를 위한 진로교육정보 종합 플랫폼을 구축하자.

현재 진로교육정보망은 가장 오래되고 또한 많은 정보를 보급하고 있는 커리어넷을 필두로 해서 온라인 창업체험교육 플랫폼 'YEEP', 진로체험정보망 '꿈길' 및 '원격영상진로멘토링' 등이 각각의 전문 분야를 구축하며 운영되고 있다. 이에 따라 다양한 진로정보들이 생산 및 유통되고 있는 가운데, 2018년 이후 '진로교육정보망 통합회원 시스템(통합진로교육정보망)' 체제로 전환하여 수요자들의 편의성을 제고하고, 각각의 진로교육정보망을 독립적으로 활용하기보다는 종합적이고 입체적으로 사용할 수 있도록 유도하고 있다. 제2절에서 살펴본 바와 같이 통합회원으로 가입하여 진로교육정보망을 활용하고 있는 가입자는 지속적으로 증가하였으며, 그에 따라 형식적으로는 통합회원 체제를 통한 진로정보 접근성 또한 좋아진 것으로 볼 수 있다. 실제 교육부와 한국직업능력연구원에서는 통합진로교육정보망 운영을 통해 사용자 개인정보 관리를 비롯해 서비스 제공자 그룹 관리, 진로활동 이력 조회 및 사용자 간 공유 등을 원활하게 수행할 수 있는 환경을 제공하였고, 원스톱 진로교육 지원체계로의 확대를 모색하였다.

최근에도 교육부는 커리어넷과 다른 진로교육정보망의 연계를 강화하여 학생 진로활동 이력을 통합적으로 누적 관리하는 방안을 진로교육 활성화 지원계획의 하나로 제시하였으며, 진로교육정보망의 편의성 제고 및 협력체계 강화를 위해 노력하고 있다(교육부, 2020).

다만 시스템적인 통합연계의 노력에도 불구하고 사용자들이 실질적으로 체감하는 진로정보의 활용도 향상 및 원활한 내용적 연계가 이루어지고 있는가에 대해서는 여전히 물음표라고 할 수 있다. 진로교육정보망 가입자 수와 페이지 뷰 등 양적인 지표는 확대되었지만, 사용자들이 각자의 입장에서 필요하고 적합한 진로정보가 충분하지 않거나 찾아서 적용하기 어렵다는 의견 또한 여전히 나타나고 있다. 이는 다양하게 생산·보급된 정보들의 내용적 연계가 미흡한 편이어서 상호보완적 활용과 새로운 콘텐츠의 창출이 어렵다는 것을 시사한다.

또한 대학생이나 성인 대상으로 진로정보를 제공하는 기능은 현재 진로교육정보망에서 미흡한 실정이고, 대학교육이나 평생교육 관련 자료들과의 연계협력체계 구축도 이루어지지 못하고 있는 형편이다. 따라서 향후 진로교육정보망에서 다루어야 할 범위는 학교 진로교육 관련 정보를 넘어 대학 및 성인 대상의 진로교육 전반으로 확대될 필요가 있다. 이 과정에서 교육부에서 추진하고 있는 평생학습계좌제와 같은 제도와 연계하여, 국민의 전 생애 단계에서 실시되는 진로 관련 교육 및 학습 정보를 망라하는 종합정보 시스템을 구축·운영할 필요가 있다.

이러한 측면에서 현존하는 진로교육정보망의 실질적 통합을 이루어 내면서 학생뿐만 아니라 모든 국민들에게 필요한 진로정보를 제공할 수 있도록 진로교육정보 종합 플랫폼 구축을 제안한다. 현재 가장 큰 규모를 자랑하는 커리어넷을 넘어서는 원스톱 운영시스템을 구축하기 위한 구체적인 세부 과제를 제시하면 다음과 같다.

첫째, 진로교육, 진로체험, 진로상담 등 모든 활동이 한곳에서 수행될 수 있는 종합포털 플랫폼을 구축하자.

현재 분리 운영되고 있는 사이트들의 자료와 콘텐츠의 연계 및 새로운 콘텐츠 양산의 활성화를 위해 진로교육과 관련된 모든 정보를 모으는 아카이브와 모든 활동을 한곳에서 실시하는 광장의 역할을 겸하는 종합포털 플랫폼을 만들어야 한다. 그리고 현재 제공되고 있는 진로교육정보(자료, 콘텐츠, 프로그램 등)의 항목별 공통성을 분석·분류하여 내용체계를 재정비하여 사용자들이 손쉽게 확인할 수 있는 제공 목록을 생산할 필요가 있다.

둘째, 학생, 교사, 성인 등 다양한 수요자들이 각각의 필요와 요구에 부합하는 정보를 축적하고, 그에 손쉽게 접근할 수 있도록 검색 기능을 강화하자.

많은 자료들이 생산·유통되는 가운데, 자료의 중복성 문제와 필요 자료를 가려내기 어려운 혼재 양상이 나타나고 있다. 따라서 각각의 정보망에서 운영·관리하는 정보와 자료들이 별도의 주체에 의해 다루어지더라도, 전체 플랫폼에서 일괄 체계하에 정리되어 사용자들에게 전달되는 체계 구축이 필요하다. 다양한 정보망 사이트 간 검색과 이동 기능을 강화하고, 연계 정보에 대해서는 어느 지점에서 접속하든 일괄적으로 자료의 위치나 내용을 확인할 수 있도록 보여주어야 한다.

셋째, 학생과 성인을 대상으로 한 진로교육, 진로체험, 진로상담이 연계된 우수 사례를 발굴하자.

각각의 정보와 콘텐츠들이 내용별, 대상별로 분리 운영되는 가운데 내용적 연계를 통한 상승효과를 기대하기는 어려웠던 것이 사실이다. 이제 진로정보 종합플랫폼을 통해 진로교육과 관련한 다양한 내용과 정보들이 연결되어 우수한 성과를 맺은 사례를 발굴, 연구함으로써 더 나은 진로교육을 선도하는 모델로 확산시켜야 한다.

7. 인공지능 기반의 진로정보 활용 시스템으로 전환하자.

커리어넷을 중심으로 체험·창업·멘토링 등 다양한 영역에서 진로교육을 지원하는 진로교육정보망은 점차 규모가 커지고 활용성도 높아지고 있다. 이에 따라 많은 정보가 생산·유통되고 있는 시스템 자체는 효용이 높지만, 방대한 정보들이 여러 형태로 산재되어 있기에 사용자의 입장에서는 혼란이 가중되는 등 친화적이지 않다고 느낄 수 있다. 이에 잘 만들어진 진로정보의 확산 및 활성화를 유도하기 위해 많은 양의 정보들을 효과적·효율적으로 정리하고 검색하여 적재적소에 활용할 수 있도록 돕는 시스템으로 재정비할 필요가 있다.

이와 관련하여 기술이 급속도로 발전함에 따라 많은 정보를 손쉽게 처리할 수 있는 다양한 방법들이 제시되고 있다. 특히 4차 산업혁명 시대의 미래혁신 기술로 대변되는 빅데이터, 사물인터넷, 인공지능 기술의 발달과 활성화는 처리가 어렵거나 많은 자원을 요구했던 일을 손쉽게 처리하는 데 크게 기여하고 있다. 진로교육정보망을 운영하는 경우에서도 사용자 편의와 정보망 이용의 효율성을 제고하는 것이 중요한 시점이기에 인공지능 기술에 기반한 대규모 데이터 처리 시스템의 구축 및 활용이 요구된다.

국내외를 막론하고 금융, 쇼핑, 상담 등 사용자와 밀접한 접촉이 이루어지는 서비스 분야에서 빅데이터와 인공지능의 활용이 급격하게 증가하고 있다. 내용적으로도 정보검색과 이용 문의에 대한 대응을 비롯하여 콘텐츠 연결, 전문적 상담에 이르기까지 다층화된 활용 사례를 보이고 있다(교육부·한국직업능력개발원, 2021). 예컨대 우리나라 법무부는 2017년 '버비'라는 챗봇 서비스를 론칭하고 인공지능 기능을 보완하여 2세대 챗봇을 운영하고 있으며, 일본에서는 '미코(Miko)'라는 관광 챗봇을 2018년에 구축하여 각종 정보 제공 및 안내 등을 시행하고 있다. 심리상담 분야에서도 챗봇은 일정 수준 이상의 기능을 수행할 수 있는데, 대표적 사례로 미국의 '워봇(Woebot)'은 대화형 방식과 스토리텔링 방식을 융합한 심리적 상담이 가능하도록 인공지능을 학습시켜 서비스를 제공하고 있다. 진로교육정보망과 유사한 형태로는 고용노동부와 한국고용정보원에서 운영하고 있는 워크넷에 챗봇 '고용이'가 있는데, 정보와 서비스 제공 목적으로 2019년에 구축하여 운영 및 고도화를 지속하고 있다.

이러한 사례들을 참고하여 커리어넷을 비롯한 진로교육정보망에서 구축·활용 중인 대규모의 정보와 콘텐츠를 사용자들에게 효과적으로 전달하고 확산할 수 있도록 지능화된 진로정보 활용 시스템으로의 전환이 필요하다. 특히 진로정보와 관련된 빅데이터를 학습한 인공지능 기반 챗봇시스템을 도입하여 신속성과 지능화를 모두 잡기 위한 대대적 전환이 요청된다. 교육부와 한국직업능력연구원은 이러한 필요성에 근거하여 2020년 하반기에 인공지능 기반의 진로정보망 챗봇시스템 구축을 위한 정보화전략계획(ISP) 수립 용역을 실시한 바 있다(교육부·한국직업능력개발원, 2021). 진로교육정보망에서 다루고 있는 많은 양의 정보와 콘텐츠들이 단순처리 정보뿐만 아니라 상담이나 교육 등 복잡하고 다양한 측면을 보유하고 있기에, 단기적으로 챗봇시스템을 구축하는 것에만 그치지 않고 3년 이상의 고도화를 꾀하여 진로상담 기능 수행 및 개인 맞춤형 답변을 제공할 수 있는 미래적 시스템 도입이 필요하고 또한 가능하다는 것을 확인하였다([그림 5-12] 참조).

[그림 5-12] 진로교육정보망 챗봇시스템 구축 로드맵

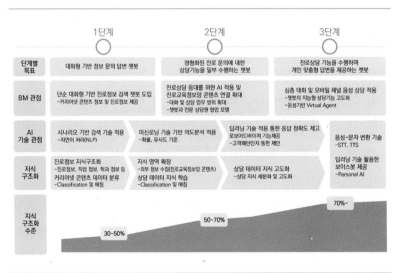

자료: 교육부·한국직업능력개발원(2021). 진로정보망 챗봇시스템 구축을 위한 기본계획 및 정보화전략계획(ISP) 수립(내부자료).

미래 기술을 활용한 고도화된 인공지능 챗봇시스템을 도입하여 지능화된 시스템으로 전환한다면, 급격하게 늘어난 진로정보와 콘텐츠들을 효과적으로 활용할 수 있는 체계가 마련될 수 있다. 이를 통해 실시간 서비스 제공, 콘텐츠 접근성 향상, 진로정보 연계활용도 증가 등 사용자 편의성이 제고될 뿐만 아니라, 진로상담 서비스의 품질이 향상되고 개인별 맞춤형 진로탐색이 활성화되어 다수의 사용자가 만족할 만한 수준으로 진로정보 활용 효과가 높아질 것이다.

인공지능 기반 진로정보 활용 시스템으로 전환하기 위한 구체적인 세부 과제를 제시하면 다음과 같다.

첫째, 현재 진로교육정보망의 특성을 세밀하게 분석하여 최적화된 챗봇시스템을 빠르게 구축하자.

진로교육과 관련된 정보와 자료들의 속성과 쓰임이 다양하기에, 빅데이터와 인공지능 기술이 결합된 지능화된 챗봇시스템을 적용하면 효과나 효율이 극대화될 수 있다. 향후 구축될 진로정보 종합플랫폼 활용의 최적화를 위해 신속하게 챗봇시스템을 구축하고, 지속적인 고도화와 인공지능 학습의 지원을 통해 선진적인 정보시스템 활용 및 운영 모델을 구축할 필요가 있다.

둘째, 진로정보 시스템을 활용하는 학생, 교사, 성인 등 다양한 수요자 집단과 계층에게 맞춤형 서비스 전달체계를 강화하자.

인공지능 챗봇이나 빅데이터 분석을 형식적으로 도입하는 것에 그치지 않고, 모든 국민의 진로선택에 실질적인 도움을 주는 맞춤형 서비스 전달체계를 운영해야 한다. 이를 위해 현재 학교 진로교육 정보 및 콘텐츠 보급 중심의 진로정보 시스템 운영의 범위를 넓혀,

다양한 주체로부터 생산·보급된 정보를 빅데이터 기반 사용자 대상별 맞춤 정보로 재구조화하기 위한 노력을 계속해야 한다. 이를 통해 공급자 중심으로 개발된 정보를 광범위하게 확산해 오던 기존 관행에서 벗어나, 사용자 그룹별 필요 정보를 맞춤형으로 제공하는 시스템으로 지속적으로 전환해 나가야 한다.

셋째, 교육부에서 운영하고 있는 다양한 교육정보 시스템과 연계 협력하여 진로정보의 사용과 확산을 촉진하자.

지능화된 진로정보 활용 시스템으로의 전환이 이루어지고 인공지능 챗봇시스템을 중심으로 정보 처리의 속도와 범위가 확대된다면 학교 교육, 취업 지원 등 진로교육과 연계 협력할 수 있는 외부 정보망 및 포털사이트 등과의 연결을 강화해야 한다. 이를 통해 진로정보가 모든 국민의 삶과 밀접한 관계에 놓일 수 있도록 확산의 폭을 넓혀 가야 한다.

제4절
결론

사회·경제 환경 변화와 직업세계의 불확실성이 심화되면서 모든 국민의 진로개발은 개인적·사회적 과제로 그 중요성이 증대되었다. 우리나라는 2000년대 초반부터 국가인적자원개발기본계획을 수립하여 학령기 청소년부터 성인에 이르기까지 진로개발 지원체제를 구축하였으나 중·고등학교, 대학교에 비해 초등학교와 성인 단계의 진로개발 지원체제가 미흡하고, 또한 산업 환경 변화와 코로나19에 따른 비대면의 확산 등으로 인해 오프라인의 진로개발 지원 서비스가 한계에 직면하였다.

모든 국민의 진로개발 지원 요구와 주변 환경 변화에 대응하여 평생진로개발 지원체제 중 취약한 체제를 개선하고 모든 국민의 진로개발 지원 서비스를 강화하는 한편, 비대면 사회에 대응하여 모든 국민의 진로선택을 위한 진로정보 접근성과 활용성을 높이는 데 초점을 두고 최종적으로 7개의 정책 과제를 제시하였다.

먼저, 모든 국민의 생애에 걸친 진로개발 체제를 구축하기 위해 기존 체제를 개편하고 강화하기 위한 평생진로개발 활성화 5개년 계획을 3개년 계획으로 수립할 것을 제안하였다.

둘째, 성인을 포함한 진로개발 지원체제를 강화하기 위해 국가 수준의 진로개발 가이드라인을 마련할 것을 제안하였다.

셋째, 성인의 진로개발 지원을 포함한 생애 진로개발 지원을 위해 「진로교육법」개정을 추진할 것을 제안하였다.

넷째, 국민의 진로개발 기초 단계인 초등학교 진로교육을 강화하고 초등학교에 진로교육 전문성을 갖춘 진로전담교사 배치를 확대함으로써 학년군별 교과연계 진로교육 전담교사 제도를 마련할 것을 제안하였다.

다섯째, 지역인재 양성을 위한 진로탐색 기회를 확대하기 위해 현재 지역사회에서 이루어지고 있는 다양한 교육, 고용, 복지 등의 사업들을 연계하는 지역 기반의 진로개발 지원 틀을 마련할 것을 제안하였다.

여섯째, 모든 국민의 진로선택을 위한 맞춤형 진로정보의 제공 및 진로정보에 대한 접근성을 강화하기 위해서 진로교육, 진로체험, 진로상담 등 모든 진로개발 활동을 양적·질적으로 아우르는 진로교육정보 종합플랫폼 구축을 제안하였다.

마지막으로 사용자들의 진로정보 활용성을 높일 수 있도록 인공지능 기반의 진로정보 활용 시스템으로의 전환을 위한 세부 과제들을 제안하였다.

탄소중립 이행과 정의로운 전환을 위한 고용 · 직업능력정책

남재욱

06 탄소중립 이행과 정의로운 전환을 위한 고용 · 직업능력정책[1]

제1절

문제의 제기

2021년 8월 9일 발표된 '기후변화에 관한 정부 간 협의체 (Intergovernmental Panel on Climate Change, 이하 IPCC)」6차 보고서는 지구의 온도가 우려되는 수준으로 높아지고 있으며, 그 원인이 인간 활동에 있음을 다시 한번 확인했다. 인간의 활동으로 인한 기후변화 는 이미 폭염, 가뭄, 폭우 등 다양한 이상기후 현상에 영향을 미치고 있을 뿐만 아니라, 향후 전례 없는 극단적 기후 현상, 북극 빙하 유 실, 해수면 상승 등 기후위기를 초래할 것이라는 전망이다. 기후위기 는 인간이 살아가는 생태 환경을 위협할 것이다.

IPCC 6차 보고서는 인간 활동에 따른 지구 환경 변화의 어두운 전망과 함께 적극적인 기후위기 대응으로 피해를 최소화할 가능성도

---

1) 본 장의 내용은 남재욱 외(2021) 연구의 일부를 활용하여 재정리한 것이다.

제시하였다. 이 보고서에서는 인류가 어떤 사회경제적 경로(Shared Socio-economic Pathway, 이하 SSP)를 선택할지에 따른 지구 온도 상승의 시나리오들을 제시했는데, 현재 수준의 탄소배출이 지속된다면 2081~2100년 기간에 지표면 온도는 산업화 이전 대비 약 3.3~5.7℃까지 상승하지만(SSP5-8.5), 각국이 파리협약에서 합의한 목표에 따라 2050년 탄소중립을 실현할 경우(SSP1-1.9) 약 1.0~1.8℃ 상승에 머무를 수 있다(IPCC, 2021).

지난 2015년 12월에 파리에서 채택되고 2016년에 미국 뉴욕에서 서명된 파리협정에서 당사국들은 지구 평균기온 상승을 산업화 이전 대비 2℃보다 낮은 수준으로 유지하고, 1.5℃ 이내로 제한하기 위해 노력한다는 목표에 합의하였다. 한국 정부는 이에 따라 지난 2020년 대통령이 2050년 탄소중립을 선언하고 2050장기저탄소발전전략(LEDS: Long-term Low greenhouse gas Emission Development Strategy)을 UN에 제출한 데 이어(대한민국정부, 2020), 2021년에는 「기후위기 대응을 위한 탄소중립·녹색성장 기본법(이하, '탄소중립기본법')」을 마련하고[2], 2050 탄소중립위원회를 출범시키는 등 기후위기 대응에 나서고 있다.[3]

탄소중립은 인간 활동에 의한 이산화탄소 배출량과 전 지구적 이산화탄소 흡수량이 균형을 이루도록 함으로써 인간 활동에 의한 이산화탄소 순 배출량이 '0'이 되도록 하는 것이다. 2018년 기준, 한국의 온실가스 총배출량은 727.6만 톤으로 전 세계 배출량의 1.51%에

---

[2] 2021년 9월 24일에 제정됐으며, 2022년 3월 25일에 시행될 예정이다.
[3] 대한민국 정책 브리핑, 「2050 탄소중립위원회 출범」(https://www.korea.kr/news/policyNewsView.do?newsId=148888066)(검색일: 2021. 08. 29.).

해당하며, 기후변화협약(United Nations Framework Convention on Climate Change, 이하 UNFCC) 당사국 중 11번째로 높다(2050 탄소중립 위원회, 2021). 따라서 탄소중립화를 위한 한국의 산업 활동 변화는 그 폭이 클 수밖에 없으며, 이는 상당한 경제적 · 사회적 변화를 촉발한다. 기후위기 대응은 기존의 사회경제적 시스템의 상당한 전환 없이는 이루어지기 어렵다.

기후위기가 촉발하는 전환이 디지털 전환이나 인구구조 변화와는 다른 한 가지 측면은 이것이 적어도 직접적으로는 정부 정책에 의해 이루어지는(policy – driven) 변화라는 점에 있다(OECD/Cedepof, 2014; Botta, 2019). 물론 기후위기에 대응하기 위한 각국의 정책은 국제사회의 협약과 규범에 의해, 좀 더 근본적으로는 인류의 활동에 의한 지구환경의 악화에 의해 제약된다. 그러나 파리협약이 각 국가의 온실가스 감축목표를 국가결정기여(NDC: Nationally Determined Contributions) 방식으로 정하도록 한 것에서 드러나는 것처럼, 해당 국가에서 일어나는 전환의 속도와 정도를 결정하는 것은 각 국가의 정책이다.

정책 주도적 전환으로서의 기후위기 대응의 특성은 이 정책을 수립하고 실행하는 개별 국가들의 의지와 능력이 전 지구적 기후위기 대응의 성패를 가름한다는 것을 의미한다. 그리고 또 한 가지 주목할 것은, 기후위기 대응 정책의 결과로 나타날 경제적 · 사회적 변화를 감수해야 하는 직접적 이해관계자는 물론 사회 전체의 기후위기 대응 정책에 대한 이해 · 합의 · 지지가 필수적이라는 점이다.

기후위기 대응을 위한 전환이 장기적으로 모두에게 이익이 된다고 하더라도, 단기적으로는 손실을 보거나 최소한 조정과정의 진통을 겪는 집단이 발생한다. 만약 기후위기 대응을 위한 정책이 특정한 집단의 일방적인 희생을 초래하거나, 기존의 사회경제적 불평등을 유지·강화하며 이루어진다면 기후위기의 심각성에도 불구하고 정책 추진의 안정성을 보장하기 어렵다. 기후위기 대응을 위한 변화의 필요성이 제기된 이래 늘 따라 붙었던 '환경 대 일자리' 담론은 기후위기 대응의 이와 같은 측면을 잘 보여 준다. 환경을 보호하기 위한 정책이 일자리를 감소시키는 것으로 받아들여질 때, 많은 노동자와 그 가족들은 기후위기 대응 정책의 반대편에 설 수 있다.

기후위기의 이런 성격은 정의로운 전환(just transition)이 기후위기 대응을 위한 정책의 원칙으로 등장하는 배경이 된다. 정의로운 전환은 국제노동조합연합(International Trade Union Confederation, 이하 ITUC) 및 국제노동기구(International Labor Organization, ILO) 등 노동 관련 국제기구를 중심으로 제기되어, 2015년에 파리협약 전문에 명기되고, 2018년에 제24차 당사국 총회(COP24, 카토비체)에서 '연대와 정의로운 전환 실레지아 선언'(Solidarity and Just Transition Silesia Declaration)으로 채택된 기후전환과 노동에 관련된 원칙이다(COP24 − KATOWIC, 2018).

정의로운 전환은 좁게는 탄소중립 이행과정에서 나타날 수 있는 특정 지역 및 산업에서의 일자리 상실에 대응하는 고용·노동 정책을, 넓게는 탄소중립 이행이 초래할 수 있는 광범위한 불평등의 해소와 탄소중립 이후 사회에서의 정의(justice)까지를 포괄한다. 이 중 어떤 입장에서든 적어도 기후위기 대응 정책이 특정 개인이나 공동체의 삶의 조건을 악화하거나 기존의 격차를 확대해서는 안 된다는 관점을 공유한다. 즉 정의로운 전환은 탄소중립 사회로의 이행이 '모두를 위해 공평하고 정의로운'(fair and just for all) 전환이어야 한다는 원칙이다.

본 장에서는 탈탄소 시대로의 이행을 시작하는 우리 사회에서 점차 그 중요성이 높아지고 있는 '정의로운 전환'을 위한 정책 과제를 살펴보고자 한다. 특히 고용·노동 및 직업능력정책을 중심으로 살펴볼 것인데, 정의로운 전환 담론은 그 스펙트럼이 다양하여 반드시 고용·노동 문제에 국한되지는 않지만, 그럼에도 그 중심에는 탄소중립 이행과정에서 나타나는 산업적 변화가 고용과 일자리에 미치는 영향, 그리고 그 영향이 다시 지역 공동체와 시민의 삶에 미치는 영향에 관한 논의가 자리하고 있기 때문이다.

정의로운 전환을 위한 정책 과제가 구체적으로 다루어지기 위해서는 탄소중립을 위한 정책방향이 상당 부분 결정되어야 하며, 그 정책방향의 기반 위에서 각 산업별·지역별로 어느 정도의 영향이 나타날지를 파악해야 한다. 우리나라는 장기저탄소발전전략(LEDS) 제출, 「탄소중립기본법」 제정, 2050 탄소중립위원회 출범을 거쳐 현재는 탄소중립을 위한 국가적 시나리오를 검토하는 단계에 있다 (2050 탄소중립위원회, 2021). 따라서 아직까지 탄소중립을 위한 정책이 산업과 노동에 미치는 영향에 대한 실증적이고 구체적인 검토가 충분히 이루어지지 못했기에 고용과 직업능력 측면에서 구체적인 정책대안을 제시하기도 어렵다. 이에 본 장에서는 정의로운 전환이 산업과 고용에 미치는 영향을 국내외의 기존 연구 중심으로 정리하고, 정의로운 전환을 위한 고용·직업능력정책의 원칙과 방향을 정책의 기본 틀거리 수준에서 제기하는 것을 목적으로 할 것이다.

제2절
현황 및 문제점

1. 한국의 탄소중립 이행계획

기후위기와 탄소중립은 현 시대의 가장 글로벌한 이슈이지만, 동시에 국가에 따라 매우 다른 상황에 처한 이슈이기도 하다. 국가별 차이가 가장 두드러진 것은 현재까지의 기후위기에 대한 '책임'과 기후위기 대응의 '시급성'의 격차이지만, 국가별 산업의 탄소집약도 차이에 따른 전환비용의 격차 역시 무시할 수 없다.

이런 시각에서 볼 때 우리나라의 산업구조는 탄소중립 이행을 위한 부담이 큰 편에 속한다. 우리나라는 화석연료에너지 의존도가 높은 데다가 철강, 시멘트 등의 1차 금속산업, 석유화학, 정유, 전기·전자 부문 등 에너지 소비량과 탄소배출 정도가 높은 산업의 비중이 크다(2050 탄소중립위원회, 2021). 이는 하루라도 빨리 온실가스 감축을 위한 조치를 강화해야 하는 까닭이기도 하지만, 그 과정이 쉽지 않을 수 있다는 것을 의미하기도 한다. 탄소중립을 위한 감축 폭이 크다는 것은 곧 탄소중립화 과정이 초래하는 산업과 일자리의 조정이 크게 일어날 것임을 뜻하기도 하기 때문이다.

[그림 6-1] 주요 제조업·에너지 다소비 업종 비중(2019)

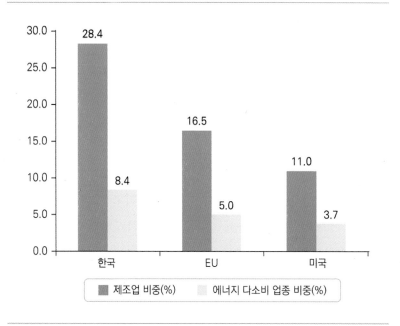

출처: 2050 탄소중립위원회(2021: 8).

우리나라는 탄소중립 이행을 위한 종합적인 계획으로 지난 2016 년과 2019년에 각각 제1차, 제2차 기후변화대응 기본계획을 발표하였고(관계부처합동, 2016; 2019), 2020년에는 파리협약에 따라 장기저탄소발전전략(LEDS)을 발표했으며(대한민국정부, 2020; 관계부처합동, 2020), 2021년 8월에는 이 계획에 따라 조직된 '2050 탄소중립위원회'에서 초안이지만 2050년 탄소중립을 위한 시나리오를 발표하였다(2050 탄소중립위원회, 2021). 이후 초안으로 제시된 시나리오에 대해 각계의 의견수렴을 거치고, 「탄소중립기본법」이 국회를 통과했으며,

2021년 10월 「2021년 탄소중립 시나리오안」을 확정·발표하였다(관계부처합동, 2021a).

탄소중립위원회에서 초안으로 발표한 탄소중립 시나리오는 3개의 안을 제시했는데, 이 중 실제로 탄소중립을 이루는 안은 3안 1개라는 점에서 상당한 비판을 받았다. 이에 의견수렴을 거쳐 최종 확정된 2개의 안은 공통적으로 최종적으로 배출량 넷 제로(net-zero)를 달성하는 방안으로 제시되었다.

두 방안의 차이는 탄소중립을 달성하는 데 있어서 흡수원, CCUS, DAC 등에 어느 정도 의존하느냐에 있다. 그리고 이 차이는 탄소배출 감축 정도의 차이를 가져오는데, A안에서는 현재 269.6백만 톤 $CO_2eq.$[4]에 달하는 전환 부문의 탄소배출량을 '0'으로 만들고, 수송 부문은 98.1백만 톤 $CO_2eq.$에서 2.8백만 톤 $CO_2eq.$로, 탈루[5])에서는 5.6백만 톤 $CO_2eq.$에서 0.5백만 톤 $CO_2eq.$로 감축하고자 하는 목표를 제시하였다. 반면에 B안에서는 전환 부문은 20.7백만 톤 $CO_2eq.$로, 수송 부문은 9.2백만 톤 $CO_2eq.$로, 탈루에서는 1.3백만 톤 $CO_2eq.$로 축소하는 계획을 제시하고 있다. 한편 260.5백만 톤 $CO_2eq.$에서 51.1백만 톤 $CO_2eq.$로 감축하는 산업 부문, 52.1백만 톤 $CO_2eq.$에서 6.2백만 톤 $CO_2eq.$로 감축하는 건물 부문, 24.7백만 톤 $CO_2eq.$에서 15.4백만 톤 $CO_2eq.$로 감축하는 농축산물 부문, 17.1백만 톤 $CO_2eq.$에서 4.4백만 톤 $CO_2eq.$로 감축하는 폐기물 부문은 방

---

4) $CO_2eq.$는 '이산화탄소 환산량(carbon dioxide equivalent)'의 약자로 여러 가지 온실가스 배출량을 모두 이산화탄소로 환산한 값이다.

5) 화석연료의 연소과정이 아닌 채광, 생산, 공정, 정제, 운송, 저장, 유통 과정에서 배출되는 온실가스를 말한다.

〈표 6-1〉 **2050 탄소중립 시나리오 최종안 총괄표**

(단위: 백만 톤 CO_2 eq)

구분	부문	'18년	초안			최종본		비고
			1안	2안	3안	A안	B안	
배출량		686.3	25.4	18.7	0	0	0	
배출	전환	269.6	46.2	31.2	0	0	20.7	• (A안) 화력발전 전면 중단 • (B안) 화력발전 중 LNG 일부 잔존 가정
	산업	260.5	53.1	53.1	53.1	51.1	51.1	
	건물	52.1	7.1	7.1	6.2	6.2	6.2	
	수송	98.1	11.2 (-9.4)	11.2 (-9.4)	2.8	2.8	9.2	• (A안) 도로 부문 전기·수소차 등으로 전면 전환 • (B안) 도로 부문 내연기관차의 대체연료(e-fuel 등) 사용 가정
	농축수산	24.7	17.1	15.4	15.4	15.4	15.4	
	폐기물	17.1	4.4	4.4	4.4	4.4	4.4	
	수소	–	13.6	13.6	0	0	9	• (A안) 국내 생산 수소 전량 수전해 수소(그린 수소)로 공급 • (B안) 국내 생산 수소 일부 부생·추출 수소로 공급
	탈루	5.6	1.2	1.2	0.7	0.5	1.3	
흡수 및 제거	흡수원	-41.3	-24.1	-24.1	-24.7	-25.3	-25.3	
	CCUS	–	-95	-85	-57.9	-55.1	-84.6	
	DAC	–	–	–	–	–	-7.4	• 포집 탄소는 차량용 대체연료로 활용 가정

주: CCUS 이산화탄소 포집 및 활용·저장, DAC 직접 공기 포집.
출처: 관계부처합동(2021a: 3).

안에 따른 차이가 없다.

정부의 탄소중립 시나리오는 2050년까지 탄소중립, 그리고 2030년까지 2018년 대비 40% 감축하는 안이다. 이는 2018년 대비 26.3% 감축한다는 기존의 국가결정기여(NDC)를 대폭 상향한 것이다. 물론 현재의 감축안에 대해서도 흡수원 및 CCUS의 비중이 높다는 비판이 제기되고 있지만, 정부의 최종안이 초안에 비해 상당히 적극적인 감축을 필요로 한다는 것은 분명하다. 현재 686.3백만 톤 $CO_2eq.$에 이르는 배출량이 방안에 따라 12~17%로 감소되어야 하기 때문이다.

이를 위해 2개의 안 모두에서 탈석탄은 필수적이며, 산업 부문에서 대규모의 친환경 생산기술 활용, 건물 부문에서 에너지 효율 개선, 수송 부문에서 도로의 전기·수소화와 친환경 대중교통의 확대, 농축수산 부문에서 연료전환 및 영농법 개선 등의 조치들이 요구된다. 배출권 거래제를 비롯한 탄소 가격제 강화 역시 주된 정책수단이다(관계부처합동, 2021a). 앞으로 한 세대에 걸쳐 이루어질 이와 같은 변화들은 우리나라의 주요 산업에 상당한 영향을 미칠 것이며, 그 산업에 종사하는 노동자들과 공동체에 미치는 영향 역시 상당히 클 수밖에 없을 것이다.

2. 탄소중립 이행이 고용에 미치는 영향

가. 탄소중립 이행과 고용

탄소중립 이행은 산업과 고용에 영향을 미친다. 탄소배출 저감 정책은 기본적으로 탄소집약 산업에서 생산을 감소시킬 것이며, 생산량 변화는 고용에도 영향을 미친다. 온실가스 감축은 일자리의 생성과 소멸에 직접적으로도 영향을 주지만, 그 직접적 영향을 받은 부문과 연결된 산업에 대한 간접적 영향, 직간접적 영향이 소비의 변화를 가져옴으로써 나타나는 유도된 영향도 나타난다(오상봉 외, 2019: 54-55). 요컨대 탄광폐쇄와 같이 직접적이고 가시적인 효과 외에도 탈탄소화는 고용에 광범위한 영향을 줄 수 있다.

그러나 그것이 곧 총량으로서의 고용 감소를 의미하는 것은 아니다. 탄소중립 전환은 신재생에너지, 에너지효율 기술, 폐기물 재활용 등 친환경 영역에서 녹색 일자리(green jobs)를 창출하기 때문이다. 따라서 탈탄소 전환의 고용 효과는 고용 감소 요인과 증가 요인을 함께 고려해야 한다.

그간 이루어진 탄소중립화와 고용에 관한 연구들은 이와 같은 관점에서 탈탄소 이행이 화석연료 에너지 분야나 생산과정의 탄소집약도가 높은 분야에서 생산과 고용감소를 초래할 것으로 예측하면서도, 총량으로서의 고용에 미치는 영향은 미미하거나 오히려 긍정적일 수 있음을 전망해 왔다(Botta, 2019). 재생 가능 에너지, 전기차, 건설, 서비스 등의 분야에서 고용이 증가하는 효과가 화석연료 분야 등에서 고용이 감소하는 효과보다 오히려 클 수 있다는 것이다(Chateau et al., 2018; ILO, 2018; Eurofound, 2019). 실제로 현재까지의 온실가스 배출 절감을 위한 에너지 구조 변화의 영향에 대한 실증연구에서 고용이 오히려 증가했다는 결과가 제시되기도 했다(Markandya et al., 2016).

그러나 고용의 총량이 유지된다는 것이 곧 고용과 관련한 조정이 나타나지 않는다는 것을 뜻하지는 않는다. 우선 고용이 감소하는 산업(예: 화석연료산업)과 고용이 증가하는 산업(예: 신재생에너지 산업)이 동일하지 않은 상황에서 일자리를 잃은 노동자가 새롭게 생겨나는 일자리로 이동할 수 있다는 보장은 없다. 게다가 지역 간 차이 또한 고려해야 한다. 예를 들어 우리나라에서 석탄화력발전소의 절반이 건설되어 있는 충청남도는 풍력발전량의 0.16%가량을 점유하고 있다(한국에너지공단, 2018). 만약 에너지 전환이 석탄에서 풍력으로의 전환을 지향한다면, 이 지역의 고용은 심대한 타격을 입을 것이다. 일자리가 한 산업에서 다른 산업으로, 한 지역에서 다른 지역으로 전환되는 과정이 일자리가 감소하는 산업·지역의 노동자와 그 가족, 그리고 그 지역 공동체에 미치는 영향은 고용의 총량 변화와는 별개로 매우 중요한 사회문제가 된다.

또 한 가지 생각해야 할 것은 일자리의 질 문제이다. 노동시장의 어떤 부문에서 고용이 증가하고 다른 부문에서 고용이 감소한다고 할 때, 증가하는 일자리와 감소하는 일자리의 질이 동일하다는 보장은 없다(Botta, 2019). 만약 감소하는 일자리가 상대적으로 고용이 안정되고, 노동조합 조직률이 높으며, 소득이 높은 일자리였다면, 새로운 일자리는 전보다 더 낮은 질의 고용이 될 가능성도 있다. 실제로

OECD 국가들에서 갈색산업 일자리(brown jobs, 탄소집약도가 높은 산업의 일자리)는 평균적인 일자리에 비해 정규직(permanent contracts) 비중이 높다는 연구도 있다(OECD, 2012). 국내의 탄소집약도가 높은 산업의 고용현황을 분석한 최근의 자료에서도 비슷한 결과가 도출된 바 있다(김종진, 2021).

만약 새롭게 만들어지는 일자리가 사라진 일자리에 비해 고숙련이라면 일자리의 질 문제는 덜할 수도 있겠지만, 사라진 일자리의 노동자가 새로운 일자리로 이동하기는 더 어려울 수도 있다. 갈색 일자리에서 녹색 일자리로의 전환에 관한 연구 중 일부는 녹색 일자리가 감소하는 갈색 일자리에 비해 숙련수준이 높다는 점을 지적하는데(Chateau et al., 2018), 이는 전환과 관련한 숙련지원의 필요성을 제기한다.

그 밖에도 탄소집약적 일자리와 녹색 일자리의 성별·연령 구성 차이 역시 노동시장에서의 성 불평등 문제나, 고연령 노동자의 전직 지원 문제 등도 탄소중립 전환 과정에서 제기될 수 있는 고용·노동 이슈들이다(Botta, 2019).

나. 한국의 탄소중립 이행과 일자리 구조 변화

탄소중립 이행으로 인한 일자리 구조 변화는 산업별·지역별로 다른 함의를 지니기 때문에, 일자리 구조 변화의 영향에 대한 분석은 산업별·지역별 노동시장 구조를 고려하여 이루어져야 한다. 그러나 우리나라의 경우 탄소중립 이행에 따라 영향을 받는 일자리에 대한 분석을 위한 데이터가 부족하다. 일례로 탄소중립 이행에 따라 새롭게 생겨나는 녹색 일자리는 이제 그 분류와 정의에 대한 논의 역시 아직 진행 중인 상황이며, 세부적인 분석을 위해 필요한 산업 및 직업 세세분류 수준의 고용데이터를 얻기조차 힘들다(이시균 외, 2011; 오상봉 외, 2019; 한국산업연구원, 2020).

따라서 우리나라의 탈탄소 전환계획과 일자리에 대한 영향을 파악하기 위해서는 각각의 산업, 직업, 지역 수준에서의 분석과 함께 전체 경제구조에 미치는 영향을 고려한 포괄적 연구를 축적해 가야 한다. 본 장에서는 일단 기존 연구들을 바탕으로 우리나라에서의 탄소중립화와 일자리 구조변화에 관해 개략적으로 살펴보기로 한다.

우리나라에서 탄소중립 이행과 일자리 문제에 대한 논의는 2008년 이명박 정부의 '저탄소 녹색성장' 추진과 함께 시작되었다. 이 시기 탈탄소 전환 담론은 환경적인 관점보다는 성장의 관점에서 다루어졌으며, 일자리에 대한 논의 역시 '감축'에 따르는 영향보다는 오히려 새로운 일자리 창출 산업으로서의 '녹색 일자리'에 초점이 맞추어졌다. 예컨대 김승택 외(2008)의 연구에서는 녹색 일자리를 '녹색산업'과 '녹색직업'으로 구분하고 광의의 녹색 일자리 규모를 최대 409만 명까지로 추정하였으며, 녹색 일자리 육성을 위한 산업성장, 인력양성, 고용프로그램, 녹색소비 촉진 등의 차원에서 제시하였다.

이시균 외(2011)의 연구 역시 '녹색산업'과 '녹색직업'을 바탕으로 녹색 일자리를 정의했는데, 이 연구에서는 녹색 일자리의 규모 추정보다는 녹색 부문의 고용특성 파악과 미래수요 전망에 초점을 두었다. 이 연구에서 녹색부문으로 정의된 일자리들은 전체 노동시장에 비해 남성 비율이 높고, 연령이 약간 높으며, 경력이 긴 편이고, 수도권 밀집도가 낮은 것으로 확인되었다. 또한 녹색 부문의 임금근로자들의 경우 비정규직 비중이 전체에 비해 상당히 낮고, 임금수준이 약간 높으며, 노동시간도 긴 것으로 확인되어 일자리의 질이 낮지 않다는 것을 시사하고 있었다.

황규희 외(2011)의 연구에서는 이와 달리 거시경제적 접근으로 탄소배출 감축의 고용영향을 분석했다. 이 분석에서는 2020년 제조업 10%, 발전 부문 5%의 배출규제를 도입하는 경우를 상정했는데, 탄소배출 감축이 없는 기준안(BAU: Business−as−usual) 전망치 대비 GDP는 −0.193%, 고용은 −0.119% 감소하는 것으로 예측했다. 그러나 기술적·정책적 대응이 이루어질 경우 GDP와 고용의 감소 폭을 이보다 낮은 수준으로 조정할 수 있을 것으로 보았다.

비교적 최근에 이루어진 오상봉 외(2019)의 연구는 이시균 외(2011)의 연구와 유사한 미시적 일자리 분석과, 황규희 외(2011)의 연구와 유사한 거시경제적 분석을 모두 수행했으며, 일자리의 증가와 감소를 함께 고려하였다. 온실가스 감축정책과 관련성이 큰 산업과 직업을 소분류 단위에서 도출하고 이시균 외(2011)의 연구와 마찬가지로 이 일자리들의 특성을 분석했는데, 대체로 임금이 높고 근로시간이 긴 일자리가 많다는 점을 제시했다. 연산일반균형 모형을 활용한 거시경제적 분석을 통해서는 기준안(BAU) 대비 성장률은 −4.4 ∼ −2.4%, 고용은 −3.9 ∼ −2.0%, 실질임금은 −4.8 ∼ −4.7%로 감소한다는 결론을 도출하였다.

가장 대표적인 녹색 일자리라고 할 수 있는 신재생에너지 분야의 고용과 관련해서도 일련의 연구들이 이루어져 왔다(이남철 외, 2011;

조준모 외, 2017; 홍현균 외, 2020 등). 초기의 연구였던 이남철 외 (2011)의 연구에서는 2015년과 2020년에 신재생에너지 산업의 취업 자 수가 상당히 큰 폭으로 증가할 것으로 전망했으며, 비교적 최근 에 이루어진 조준모 외(2017)의 연구에서도 에너지 신산업 육성이 고용에 긍정적 영향을 미친다는 결론을 도출한 바 있다. 그러나 가 장 최근에 수행된 홍현균 외(2020)의 연구에서는 신재생에너지 산업 의 기업체 수, 고용인원, 매출액이 2015년을 정점으로 감소 추세이 며, 현장에서 인력공급이 인력수요를 뒷받침하지 못하고 있다는 점 을 지적하였다. 그럼에도 불구하고 이 연구에서도 신재생에너지 산 업이 갖는 향후의 중요성을 고려할 때, 산업의 국제경쟁력 확보를 위한 투자와 인력수요에 맞는 육성을 통해 고용창출을 제고할 필요 성과 가능성을 제시하였다.

다. 탄소중립화와 숙련(skill)

탄소중립화는 생산방식에 영향을 미치며, 이는 노동자의 숙련에 도 영향을 준다. 탄소중립화와 관련하여 노동자의 숙련을 다루는 논 의는 녹색숙련(green skill) 개발에 대한 필요성의 부상이 대표적이다.

녹색숙련(green skill)은 "지속가능하고 자원효율적인 사회를 발전 시키고 지원하며, 그 속에서 살아가기 위해 필요한 지식·능력·가치 와 태도"로 정의된다(OECD/Cedepof, 2014). 탄소중립 이행과 관련하 여 숙련개발의 중요성을 제시한 연구들은 탈탄소화가 산업구조조정 을 촉발할 뿐만 아니라 에너지 효율 관련 기술이 대부분의 산업 부 문에 채택될 것을 요구한다는 점을 지적한다. 그러나 정작 녹색숙련의 구체적인 내용과 특성, 녹색숙련의 개발을 위한 방안에 대해서는 아직 연구가 부족한 상황이다(오상봉 외, 2019).

탄소중립으로의 이행은 크게 두 가지 측면에서 숙련 관련 필요를 발생시킨다(Botta, 2019). 한편으로는 이행과정에서 감소하는 일자리의 노동자를 다른 부문으로 전환시키기 위한 숙련개발의 지원이 필요하다. 이때의 숙련개발은 새롭게 증가하는 친환경 산업으로 이동하기 위한 녹색숙련도 있지만, 해당 노동자의 기존 숙련과 경력, 희망에 따라서는 전혀 다른 부문으로의 이동을 지원하는 숙련일 수도 있다. 즉 탈탄소 이행에 따른 고용조정은 녹색 일자리와 관련된 숙련뿐만 아니라 다양한 욕구와 이력을 가진 노동자의 재취업을 지원하기 위한 숙련 일반에 대한 지원 확대를 필요로 한다. 그럼에도 불구하고 녹색숙련에 대한 기존 연구들은 탄소집약적 산업의 스킬들이 녹색 일자리의 스킬과 유사성이 높은 경우가 많다는 점을 지적하고 있는데(Botta, 2019), 이는 탄소 중립화과 숙련개발 정책을 모색하는 단계에서 염두에 둘 필요가 있다.

탄소중립 이행과 관련된 두 번째 스킬 관련 필요는 기존 노동인력의 재숙련화(reskilling)와 관련된 문제이다. 탄소중립 사회로의 이행은 직접적으로 고용감소 등의 영향을 받는 부문뿐만 아니라 생산과정 전반에 있어서 저탄소 기술의 채용을 요구한다. 또한 환경문제에 대한 노동인력의 인식 자체도 저탄소 기술의 적용과 활용에 영향을 미치는데, 이에 대응하기 위해서는 기존 노동인력에 대한 녹색기술 관련 재교육·재훈련을 필요로 한다. 기존 노동인력에 대한 녹색스킬 훈련은 사용자의 훈련투자 유인 증대와 함께 녹색숙련과 관련된 교육훈련 커리큘럼 및 공급자 확보를 요구한다.

좀 더 장기적으로 보면 현재의 청소년·청년들은 자신의 노동생애의 대부분을 '탄소중립 이행'의 과정 속에서 보내야 한다. 이는 성인 노동자에 대한 교육훈련뿐만 아니라 학교에서의 직업교육이 환경문제에 대한 인식과 함께 녹색숙련의 개발을 포괄해야 한다는 것을 의미한다. 녹색숙련과 관련한 기존 연구들은 녹색숙련의 개발을 위해 노사정과 지역 내 훈련기관뿐만 아니라 중고등 교육기관들이 함께 참여해야 한다고 강조하는데, 탄소중립과 숙련의 관계가 단지 일부 녹색 일자리(green job)에 국한된 문제가 아니라는 시각이 자리하고 있다(OECD/Cedepof, 2014).

국내에서 녹색숙련에 관한 초기 연구로는 나영선 외(2010)의 연구가 있었다. 이 연구에서는 신재생에너지산업을 중심으로 녹색숙련에 대해 살펴본 결과, 아직 산업 초기 단계임에도 불구하고 숙련인력 수요가 높은 반면, 녹색숙련에 대한 사업주훈련 지원은 부족한 상황으로 폴리텍대학 등을 중심으로 직업능력개발훈련 개편이 요구된다는 점을 지적하였다.

좀 더 최근에 이루어진 오상봉 외(2019)의 연구에서는 미국의 직업정보자료(O*net)를 활용하여 탈탄소 전환에 따른 직종별 숙련수요 변화를 분석하고 이를 한국에 적용하는 방안을 모색하였다. 이 연구에서는 탈탄소 전환에 따른 숙련수요 변화를 특정 직업에 대한 수요 증가, 기존 직업의 숙련향상, 신규직업의 창출이라는 세 가지 유형으로 구분하고, 산업과 직종에 따라 숙련수요 변화의 양상이 다르다는 점을 제시하였다. 따라서 녹색숙련에 대한 교육훈련 접근 역시 숙련

수요 변화의 양상을 고려하여 보수교육, 재교육훈련, 전직훈련 등의
접근을 상황에 따라 적절하게 배열해야 한다. 이 연구에서는 또한
녹색 일자리와 비녹색 일자리의 숙련수준을 비교했는데, 녹색 일자
리의 숙련수준이 더 높다는 결론을 도출하였다. 이는 탄소중립으로
의 이행이 노동인구의 전반적인 숙련향상을 동반해야 한다는 점을
시사한다.

3. 한국에서의 정의로운 전환

가. 정의로운 전환의 담론, 지침, 정책 과제

'정의로운 전환(just transition)'이라는 용어는 1970년대 미국 석유
화학원자력 노동조합(OCAW: Oil, Chemical and Atomic Worker's
Union)의 활동가였던 Toni Mazzocchi에 의해 처음 사용되었으며,
이후 노동자의 건강 문제를 중심에 두고 노동의 환경적 측면과 사회
적 측면을 함께 고려할 필요성을 담은 개념으로 발전해 왔다. 정의
로운 전환은 2000년대에 들어 UN 기후협약 논의와 연계되어 ITUC
와 ILO 등 노동 관련 단체들의 기후위기 대응에 대한 주요 원칙으로
채택했으며, 파리협약에 명기됨으로써 정식화되었다(김현우, 2014;
JTRC, 2018).

정의로운 전환은 저탄소 세계로 이행하는 과정이 공정하고 정의
로워야 한다는 접근이다. 그러나 이와 같은 포괄적 원칙을 제외하면,
입장에 따라 서로 다른 의미를 담기도 한다. JTRC(2018)는 '정의로운
전환'에 대한 다양한 입장을 크게 4개의 접근으로 분류하였다. 현상

유지(status quo) 접근, 관리개혁(managerial reform) 접근, 구조개혁(structural reform) 접근, 그리고 변혁적(transformation) 접근이 그것이다. 이들 각각은 정의로운 전환에 관한 각 입장이 어느 정도 기존의 사회질서를 개혁하고자 하는지에 따라 구분된다. 현상유지 접근은 저탄소 전환에 따른 일자리 구조변화에 대해 최소한의 보상적 대응을 하고 전반적으로는 기존 질서를 최대한 유지하자는 입장인 반면, 관리개혁 접근은 정의로운 전환 과정에서 노사정 협의 및 사회적 대화를 중요시하고 고용기회, 작업안전, 건강 등의 측면에서 새로운 제도적 기준을 수립하고자 한다. 구조개혁 접근은 전환의 분배적 정의와 절차적 정의를 모두 강조하며, 정의로운 전환은 단지 피해자를 보상하는 것을 넘어 제도 및 구조를 변화시켜야 한다는 입장이다. 변혁적 접근은 여기에서 한 걸음 더 나아가 오늘날의 생태위기를 초래한 자본주의적 정치경제적 시스템을 근본적으로 바꾸어야 한다는 관점이다.

[그림 6-2]에서 확인할 수 있는 것처럼 정의로운 전환이 기후위기 대응의 주된 패러다임으로 자리매김하는 데 중요한 역할을 해 온 ILO, ITUC 등의 입장은 관리개혁 접근과 구조개혁 접근의 중간 정도에 자리한다. 이는 정의로운 전환이 단순히 피해자 보상의 수준을 넘어서야 한다는 입장이지만, 그렇다고 해서 체제 변혁까지를 추구하는 것은 아니다. 이와 관련하여 정의로운 전환의 좀 더 급진적 입장에 대한 로버트 폴린(Robert Pollin)의 언급을 살펴볼 필요가 있다. 폴린은 기후위기에 대한 대안으로 좀 더 근본적인 탈성장(degrowth)이 필요하다는 입장에 대한 존중을 표현하면서도, 탈성장은 "전 세

[그림 6-2] 정의로운 전환에 대한 네 가지 접근과 기구별 포지셔닝

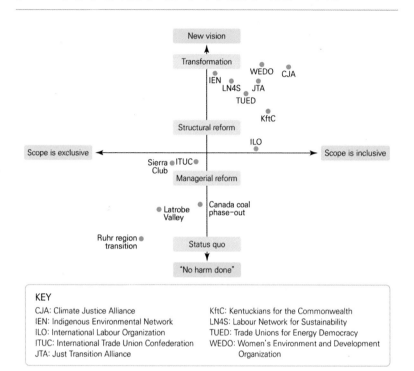

KEY
CJA: Climate Justice Alliance
IEN: Indigenous Environmental Network
ILO: International Labour Organization
ITUC: International Trade Union Confederation
JTA: Just Transition Alliance

KftC: Kentuckians for the Commonwealth
LN4S: Labour Network for Sustainability
TUED: Trade Unions for Energy Democracy
WEDO: Women's Environment and Development
　　　　Organization

출처: JTRC(2018: 12).

계 GDP 감소는 이유가 무엇이든 엄청난 실직과 노동자, 가난한 사
람들의 생활수준 하락을 야기"할 것이라고 지적한다. 기후위기 대응
에 대한 지속가능성의 확보는 오히려 - 기존의 성장과는 완전히 다
른 방식이어야 하겠지만 - 청정에너지 중심의 발전과 성장을 계속해
야 가능하다는 것이다(Chomsky et al., 2020). 이는 정의로운 전환의
급진성과 관련하여 생각해볼 만한 지적이다. 정의로운 전환이 더 급

진적이고 근본적인 입장에 가까워질수록 현재의 기후위기를 초래한 체제로부터 멀어지겠지만, 동시에 전환을 위해 필수적인 광범위한 동의를 획득하기는 어려울 수 있다. 이 둘 사이의 균형을 찾는 것이 담론 수준에서 정의로운 전환 논의가 해결해야 하는 과제이다.

담론 수준의 논의에서 좀 더 구체화된 것이 정의로운 전환의 지침을 제시한 ILO의 「모두를 위한 환경적으로 지속가능한 경제와 사회를 향한 정의로운 전환 지침」(Guidelines for a just transition towards environmentally sustainable economies and societies for all)이다(ILO, 2015). 여기에서 ILO는 정의로운 전환의 7가지 원칙을 제시했는데, 이를 요약하면 다음과 같다.

ILO의 정의로운 전환 이행 원칙 요약(ILO, 2015)

1) 지속가능성을 위한 목표와 경로에 대한 강력한 사회적 합의
2) 작업장에서의 권리를 존중하는 정책
3) 환경적 도전과 기회에 있어서 성별 차원에 대한 강력한 인식 및 공정한 결과를 촉진하기 위한 정책적 고려
4) 전환을 위한 환경을 창출하기 위해 경제, 환경, 사회, 교육, 훈련, 그리고 노동 영역을 포괄하는 통일성 있는 정책의 마련
5) 전환이 고용에 미치는 영향의 예측, 실직과 해고와 관련된 사회적 보호, 직업능력개발, 단결권과 단체교섭권을 포함하는 사회적 대화
6) 정책과 프로그램을 만들 때 각 국가의 발전단계, 경제 부문, 기업 업종과 규모 등 특수한 조건을 고려 – 모든 경우에 들어맞는 하나의 정책은 없음.
7) 국가 간의 국제적 협력의 중요성

실제로 지침보다 좀 더 구체적인 수준에서 정의로운 전환의 정책을 논의한 기존 연구들을 보면, 대체로 이 7가지 지침과 관련성이

높은 정책 과제가 제시되어 왔다. Pai et al.(2020)은 정의로운 전환에 관한 33편의 연구들을 체계적 문헌고찰을 통해 분석하고, 주요 정책 과제를 다음과 같이 요약하였다. ① 탈탄소 이행에 대한 장기적 계획 수립, ② 정의로운 전환 과정에 대한 노동자·지역공동체·이해관계자의 참여(top-down 방식으로 진행하지 않는 것), ③ 지역단위의 일자리 창출 및 경제 다각화, ④ 에너지 부문 일자리의 성별 편향에 대한 인식 및 극복 필요성, ⑤ 전환의 영향을 크게 받는 지역에 대한 투자·지원 및 교육·연구 지원, ⑥ 화석연료기업의 고령 근로자 은퇴에 대한 퇴직연금 등 지원, ⑦ 정의로운 전환을 위한 정부 계획의 입법 및 규제 프로세스 마련, ⑧ 저탄소 전환 과정에서 발생하는 새로운 일자리의 가능성과 일자리의 질 문제, ⑨ 일자리를 상실하는 노동자에 대한 일자리 보장 및 보상 프로그램, ⑩ 전환의 영향을 크게 받는 지역 노동자를 위한 전환 서비스 지원, ⑪ 전환의 지역적 격차가 지방정부 재정 등 지역 공동체에 미치는 영향 고려, ⑫ 화석연료 지역의 환경적 회복, ⑬ 노동자 재훈련 프로그램 등이 그것이다.

Pai et al.(2020)의 연구에서는 또한 정의로운 전환이 추구하는 '정의(justice)'를 네 가지 차원으로 분류했다. 분배적 정의, 과정적 정의, 회복적 정의, 인정적 정의가 그것이다. 분배적 정의(distributive justice), 과정적 정의(procedural justice), 회복적 정의(restorative justice), 인정적 정의(recognition justice)가 그것이다. 분배적 정의는 전환으로 인한 비용과 혜택이 공평하게 배분되어야 한다는 원칙이며, 과정적 정의는 여러 이해관계자가 정책적 의사결정 과정에 참여해야 한다는 원칙이다. 또한 회복적 정의는 가해자에 대한 처벌보다 피해자에 대한 보상을 중시하는 것이며, 인정적 정의는 전환의 과정에서 피해를 보는 개인과 집단이 누구인지 인식하고 이에 대응해야 한다는 원칙으로 정의로운 전환을 위한 정책들은 이 네 가지 정의를 목표로 한다는 것이다.

나. 국내에서의 정의로운 전환

세계적으로도 마찬가지이지만 국내에서도 정의로운 전환은 기후위기 대응과 관련된 논의에서 최근에 이르러서야 부각되고 있다. 2010년을 전후로 이루어진 녹색성장 관련 논의에서 정의로운 전환은 거의 다루어지지 않았던 반면, 2020년 UN에 제출한 장기저탄소발전전략(LEDS)에서는 '이행 기반 혁신'의 한 축인 '의사결정 거버넌스' 차원에서 '공정한 전환을 위한 기반 마련'을 추구한다는 방향을 간략히 제시하고, 산업구조 변화에 대응하는 능력개발, 생계지원, 일자리 전환의 필요성을 제시하였다(대한민국정부, 2020: 107). 최근 발표된 「2050 탄소중립 시나리오」에는 '탄소중립 실현을 위한 사회적 과제 제언'의 하나로 '탄소중립으로의 공정하고 정의로운 전환'을 제시하고, ① 지역중심 탄소중립 역량 강화, ② 고용안정성 강화를 위한 근로조건 개선, 신규 일자리 창출, 노동전환 교육 확대 등 지원, ③ 취약계층에 대한 사회안전망 구축, ④ 이해관계자 참여를 보장하는 사회적 대화 체계 구축의 네 가지 과제를 제안하였다(2050 탄소중립위원회, 2021: 42).

정의로운(공정한) 전환에 대한 정부 발표 중 가장 상세한 방안을

〈표 6-2〉 산업구조 변화에 대응한 공정한 노동전환 지원 방안

유 형	분 야	과 제	일정	부처
저탄소 전환 지원 (자동차 석탄 등)	근로자 전환지원	• 산업구조 대응 등 특화 훈련과정 신설·운영	'22.1Q	고용노동부
		• 유급휴가훈련 확대 시행	'22.1Q	고용노동부
		• 공동훈련센터 추가 설치 및 지원수준 확대	'22.1Q	고용노동부
		• 노사 협업형 훈련과정 운영	'22.1Q	고용노동부
		• 미래 차 부품 중소기업 계약학과 등 운영	'22.1Q	중소벤처 기업부 등
		• 고용안정 협약 지원금 지급 개시	'22.1Q	고용노동부
		• 노동전환 지원금 지급 개시	'22.1Q	고용노동부
		• 자동차 ISC 설치	'21.3Q	고용노동부
		• 고용촉진장려금 지급	'22.1Q	고용노동부
	지역지원	• 고용안정 선제대응 패키지 신규 지정	'22.1Q	고용노동부
저탄소 전환 지원 (철강 등)	산업전환 전략	• 「2050 탄소중립 산업 대전환 비전과 전략」 수립 등	'21.4Q	산업통상 자원부 등
	평가	• 산업구조 전환 정책에 대한 고용 영향평가 실시	'22.1Q	고용노동부
	모니터링	• 산업별 모니터링 체계 구축	'21.4Q	고용노동부
디지털 전환 지원	재직자 적응지원	• 사업주 직업능력훈련 개편·시행	'22.1Q	고용노동부
		• 디지털 선도인력 양성	'22.1Q	과학기술정보 통신부 등
		• 폐업 위기 중소기업 및 소상공인 맞춤형 훈련	'22.1Q	고용노동부등
	구직자 적응지원	• 「국민 평생 직업능력 개발법」 개정	'21.3Q	고용노동부
		• 국민평생크레딧 시행	'22.1Q	고용노동부
		• 직무능력은행제 시스템 구축 개시	'22.1Q	고용노동부
제도적 기반	전달체계	• 기업수요 발굴(사업구조개편 지원단)	'21.4Q	산업통상 자원부 등
		• 노동전환 지원센터 설치	'22.1Q	고용노동부 등
		• 사업별 컨설팅 및 패키지 지원	'22.1Q	고용노동부 등
	법률	• '노동전환지원법(안)' 국회 제출	'21.3Q	고용노동부
	인프라	• 노동전환 분석센터 설치	'22.1Q	고용노동부
사회적 대화	산업별 논의	• 경사노위 등 통해 자동차, 석탄화력 발전 분야 사회적 논의 진행	'21.3Q	고용노동부 등

출처: 관계부처합동(2021b: 25).

제시한 것은 2021년 7월 발표된 「산업구조 변화에 대응한 공정한 노동전환 지원 방안」이다(관계부처합동, 2021b). 이 방안에서는 탄소 중립화와 디지털화에 따른 산업구조 변화에 선제적으로 대응하기 위해 관련된 교육훈련을 강화하고, 고용안정협약지원금·노동전환지원금 등을 지급하며, 노동전환 수요를 전망하여 관련 부문에 필요한 지원을 제공하고, 법·제도적 인프라를 구축하는 방안을 제시하였다.

이 방안에서는 특히 노동전환에 대한 대응 방안으로 재직자 역량 강화·직무전환과 함께 전직·재취업 준비 지원을 제시하고 있는데, 여기에는 재직 중 신산업 직무전환 훈련을 위한 기업 등 인센티브 강화, 민간 중심 체계적 훈련 지원, 불가피한 인력 조정 시 사전 전직 준비 및 재취업 지원 등이 포함된다. 또한 그린 전환 과정에서 나타날 수 있는 지역 고용위기 징후 발생 시 위기지역 지정 등을 통해 사전적으로 대응한다는 방향도 제시하고 있다.

한편 2021년 9월에 재정된 「탄소중립기본법」은 제47조에서 제53조까지 "정의로운 전환"에 관한 내용들을 제시하고 있다. 제47조에는 기후위기 취약계층 및 실업 발생 시에 대비한 기후위기 사회안전망 마련을, 제48조에는 탄소중립 이행의 영향이 큰 지역에 대한 특별지구의 지정을, 제49조에는 탄소중립 이행 영향이 큰 업종에 대한 사업전환 지원을, 제50조에는 좌초자산에 대한 자산손실 위험 최소화를, 제51조에는 이행과정에 대한 국민 참여 보장을 위한 지원을, 제52조에는 협동조합 활성화 지원을, 그리고 제53조에는 정의로운 전환 지역센터의 설립 등에 관한 방침을 제시하고 있다.

정부가 이처럼 '정의로운(공정한) 전환'을 위한 방향과 과제를 제시하고 있는 것은 탈탄소화가 단지 기술적·산업적 문제만이 아니며, 노동과 분배정의의 문제이기도 하다는 점을 인식하고 있다는 면에서 긍정적으로 평가할 수 있다. 그러나 아직까지 정부가 제시하고 있는 지원 방안이 구체화된 단계는 아니며, 가장 중요한 재원 마련 및 지출에 관한 지침이 없다는 점에서 보완의 필요성이 크다. 게다가 '산업구조 변화에 대응한 공정한 노동전환 지원 방안'에 제시된 과제들은 전환 과정에 대한 지원이 대부분 기업을 통하고 있어 전환에 직면한 노동자에 대한 직접지원 방안이 부족할 뿐만 아니라, 전환 노동자의 다양한 필요를 반영하는 종합적 접근이 이루어지고 있다고 평가할 수 있는 단계는 아니다. 이에 반해 「탄소중립기본법」은 좀 더 포괄적으로 정의로운 전환의 과제들을 제시하고 있지만, 아직까지는 기본법 단계이기에 정책으로 구체화되기 전까지 평가하기는 이르다.

요컨대 정의로운 전환을 위한 정책의 방향과 과제에 대한 논의가 기후위기 대응 자체만큼이나 좀 더 활발하게 이루어져야 할 필요가 있다고 하겠다.

제3절

정책 과제

정의로운 전환은 넓게 보면 탄소중립을 위한 이행과정과 이행 이후의 사회에서 실현해야 할 정의의 원칙들을 포괄하지만, 좁게 보면 탄소중립화의 변화가 일자리에 미치는 영향과 그 영향에 대한 대응이 중심이다. 현재까지 국내의 정의로운 전환 논의는 후자에 집중되어 있다는 점에서, 지속가능한 녹색 체제(green regime)에 대한 논의를 발전시키는 것은 우리에게 남겨진 중요한 숙제이다. 그러나 이와는 별도로 당면한 탄소중립 이행의 직접적 영향에 대응하는 정책은 그 자체로 중요성이 크며, 이 절에서는 그에 관한 몇 가지 정책적 과제와 방향을 제시하고자 한다.

정의로운 전환을 위한 과제를 고용·노동 문제로 좁혀서 볼 때, 탄소중립 영향에 따라 살펴보아야 할 과제들은 크게 일자리 창출, 일자리 소멸, 그리고 기존 일자리 변화와 관련된 문제의 세 영역으로 구분할 수 있다. 이는 결국 넓은 의미의 고용정책과 직업능력정책이라고 하겠다. 여기에 이 정책을 실행에 옮기기 위한 거버넌스와 재정 등 정책의 기반 관련된 과제가 추가적으로 고려되어야 한다.

물론 직접적으로 노동과 관련된 정책 이외에도 기업이나 산업에 대한 지원 역시 정의로운 전환을 위한 고용·직업능력정책과 밀접하게 연관되어 있다. 다만 앞서서도 설명한 것처럼 정의로운 전환을 위한 정책은 광범위하여 여기에서 모두 다루기 힘들다는 점을 고려하여, 이 절에서는 주로 일자리 영역과 직접적으로 관련된 정책만을

[그림 6-3] 정의로운 전환을 위한 고용 · 직업능력정책 과제

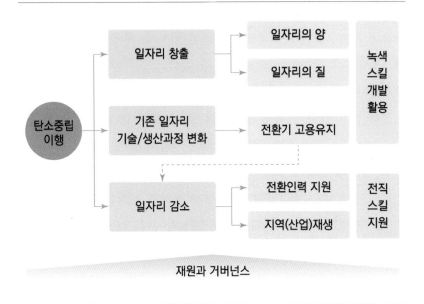

출처: 남재욱 외(2021: 164).

살펴보기로 한다.

1. 녹색 일자리의 양뿐만 아니라 질도 중요하다.

우리나라에서 녹색 일자리 창출은 '정의로운 전환'과 관련된 여러 정책 과제 중 가장 많이, 그리고 가장 오랫동안 논의되어 왔다. 탄소중립 이행을 위한 전환이 일자리의 축소와 확대를 동반한다고 할 때, 녹색 일자리 창출은 일자리 확대를 극대화함으로써 '환경 대 일자리'의 대립이 아닌 지속가능한 발전을 가능하게 한다. 녹색 일자리

창출을 위해서는 녹색기술에 대한 투자를 확대하고, 적절한 환경 규제의 투명한 운영을 통해 민간의 녹색기술 투자 유인을 높여야 한다(Botta, 2019). 또한 녹색기술과 관련된 기자재, 부품 등의 국산화 노력, 녹색인력 육성을 위한 교육훈련 강화 등의 조치도 녹색 일자리 확대를 위해 중요하다(오상봉 외, 2019).

그러나 국내에서 녹색 일자리의 '질'에 대한 논의는 매우 부족하다. 녹색 일자리에 대한 공통의 정의 부재, 산업 및 직업 세분류 이상의 데이터 부족 등으로 인해 현재까지의 녹색 일자리의 질에 대한 연구도 부족하고, 향후 창출될 녹색 일자리가 괜찮은(decent) 일자리가 될 수 있도록 하기 위해 무엇이 필요한지에 대한 논의는 거의 찾아볼 수 없다. 현재까지의 녹색 일자리는 상대적으로 숙련수준이 높고 일자리의 질이 낮지 않은 것으로 파악되지만, 앞으로 만들어질 녹색 일자리 역시 그럴 것으로 단언할 수는 없다. 특히 노동시장 이중구조가 심각하고, 산업 구조조정을 거칠 때마다 감소된 정규직 일자리가 불안정한 비정규직 일자리로 메꾸어졌던 우리나라의 경험을 고려할 때, 새롭게 창출되는 일자리들이 저임금의 불안정한 일자리가 될 우려는 적지 않다.

탄소중립 이행은 정책 주도적 변화이며, 이 과정에서 친환경 기술과 관련 기업에 대한 지원이 이루어진다. 이는 새롭게 만들어지는 녹색 일자리의 질 역시 기업과 시장에만 맡겨 둘 것이 아니라 정책적 차원에서 논의될 수 있는 의제임을 의미한다. 탄소중립 이행을 위한 산업전환이 원활하기 위해서는 이해관계자 간 합의가 필수적이다. 이와 같은 합의의 과정에서 새롭게 생겨나는 녹색 일자리의 질에 대한 사회적 기준을 만들어 가야 한다.

사실 우리는 이미 광주형 일자리를 포함한 상생형지역일자리 모델에서 사회적 합의에 기초하여 적정한 임금과 노동시간, 고용안정과 노사상생을 보장하는 일자리를 만들기 위한 시도를 해 왔다. 상생지역일자리 모델은 아직까지 진행 중이며, 이에 대한 비판과 진통도 있지만 노동시장 이중구조를 극복하고 괜찮은(decent) 일자리를 만들기 위한 유의미한 시도이다. 상생형지역일자리는 정책 주도적 변화로 만들어지는 녹색 일자리의 질을 보장하기 위해 유용한 모델인바 현재까지의 시도들의 성과와 한계를 분석하고 이를 녹색 일자리에 적용하기 위한 방안을 모색해야 할 것이다.

[그림 6-4] 상생형지역일자리 모델과 이해관계자 역할

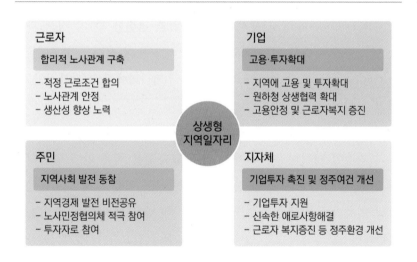

출처: 상생형지역일자리 웹 사이트(http://sangsaeng.jobs.go.kr/usr/cntnts/page.do?cntntsId=C027&menuId=M000340)(검색일: 2021. 10. 04.).

2. 탄소중립 이행을 위한 직업능력정책은 녹색숙련의 개발·활용, 전환인력을 위한 숙련정보 체계 구축, 전환 인력에 대한 재훈련을 결합해야 한다.

탈탄소 전환에서 직업능력정책은 우선 새롭게 확대되는 녹색 일자리에 대응하기 위한 녹색숙련의 개발을 지원해야 하며, 기존의 노동인력들이 친환경 기술이 적용된 생산과정에 적응할 수 있도록 재숙련화(reskilling)와 숙련향상(upskilling)을 뒷받침해야 한다. 또한 불가피하게 전환을 요구받는 노동자들이 본인의 경력이나 숙련, 희망에 따라 새로운 일자리를 얻을 수 있도록 지원해야 하며, 이 과정에서 직업능력개발 기회를 부여할 필요도 있다. 이는 결국 성인기 직업능력개발 체계 전체에서 탄소중립 전환의 요소가 고려되어야 한다는 것이다.

OECD/Cedepof에서 제시한 녹색숙련과 관련한 6가지 정책 과제는 탄소중립 이행을 위한 직업능력정책의 포괄적 성격을 잘 보여 준다(OECD/Cedepof, 2014). 따라서 이는 우리나라에서도 기본적인 정책의 지침이 될 수 있다.

첫째, 녹색숙련의 개발은 기존의 숙련 체제와 분리되어 있는 별도의 과정이 아니며, 각 국가의 기존 교육훈련 체계 안에 결합되어야 한다. 둘째, 산업 구조조정에 직면한 노동인력을 위해서는 특정한 녹색 일자리를 겨냥한 숙련을 넘어 좀 더 넓은 범위의 이전 가능한 숙련개발 및 평생학습과 연계된 프로그램이 필요하다. 셋째, 공공정책의 환경기준과 규제활동은 에너지 효율성 및 재생에너지 관련 시장 창출을 촉진할 수 있으며, 이는 민간 부문에서 녹색숙련 수요와 공급을 확대하는 유인이 될 것이다. 넷째, 정부 등 공공정책 행위자가 환경 규제 등 관련 정책의 투명성을 제고하는 것은 이와 같은 민간 부문의 녹색숙련 투자 유인을 위해 중요하다. 다섯째, 중소기업은 대기업에 비해 상대적으로 숙련수요 변화에 대한 적응력이 낮고, 환경 관련 기술 및 규제의 수용도 느리다. 이 점을 고려하여 중소기업을 표적화한 녹색숙련 프로그램이 필요하다. 여섯째, 여전히 녹색숙련과 관련해서는 충분한 지식이 축적되어 있지 않다. 저탄소 전환기술 및 녹색숙련과 관련된 R&D 투자를 통한 지식 확대가 필요하다.

이 6가지 제안들이 실행되기 위해서는 국가 및 지역 차원에서 정부, 기업, 노동자는 물론 대학, 공공 및 민간 교육훈련기관 등의 광범위한 협력이 이루어져야 한다. 녹색숙련과 관련한 지식의 확대, 녹색숙련의 기존 교육훈련 체계 안으로의 결합, 이전 가능한 숙련개발 등은 이와 같은 협력체계 없이 이루어지기 어렵다.

탄소집약적 산업에서 불가피하게 전직을 요구받는 노동인력이 반드시 녹색 일자리로 전직하는 것은 아니다. 따라서 이들을 지원하는 직업능력정책은 다양한 욕구와 이력을 가진 노동자들의 재취업을 지원하기 위한 숙련 일반에 대한 투자를 필요로 하며, 그 상당 부분은 범용적이고 이전 가능한 숙련과 관련될 것이다. 그러나 녹색 일자리와 녹색숙련에 관한 일부 연구들은 탄소집약적 산업의 숙련이 녹색 일자리의 숙련과 유사성이 높다는 것을 지적한 바 있다(CBI, 2012; HM Government, 2016). 따라서 녹색숙련에 관한 정책에서는 이를 고려할 필요가 있는데, 기존의 갈색 부문 노동자를 대상으로 약간의 직업훈련과 고용서비스를 통해 노동 수요가 높아지는 녹색 부문으로 이동하도록 지원하는 체계를 마련할 필요가 있다.

이를 위해서는 구체적으로 갈색 부문의 어떤 숙련이 녹색 부문의 어떤 숙련과 연계되는지를 파악해야 한다. 영국에서는 석유·가스 산업 노동자의 이직을 돕기 위해 'Skill Connect'와 같은 웹 기반의 플랫폼을 구축하여 일자리를 잃은 노동자들에게는 자신의 스킬을 활용할 수 있는 새로운 일자리를 연결하고, 석유·가스 부문 노동자를 채용하고자 하는 기업에는 해당 노동자들의 이력을 제공함으로써 스킬 연계를 지원한 바 있다(Botta, 2019). 우리나라의 경우에도 워크넷 등 공공고용서비스 시스템을 고도화하여 전환에 직면한 노동인력들의 스킬과 그 스킬이 새롭게 등장하는 부문의 활용가능성에 대한 정보를 구인처와 구직자 양측에 제공한다면, 전환 인력을 지원할 뿐만 아니라 기업 및 국가 차원의 스킬 활용도도 높일 수 있을 것이다.

3. 전환되는 노동인력의 개별적 상황을 고려하여 종합적인 노동시장 정책 패키지를 지원해야 한다.

탄소중립화 과정에서 직접적으로 실직 위험에 직면한 노동자들을 위해서는 종합적인 노동시장 정책 패키지의 지원이 필요하다. 여기에는 실업급여를 포함한 구직 과정의 소득보장, 개인별 재취업 계획 수립 및 취업연계를 위한 고용서비스, 그리고 고용가능성을 높이고 전직을 지원하는 직업능력개발 등이 포함된다. 그 밖에 창업을 희망하는 경우에는 창업 관련 교육, 컨설팅, 창업자금 대부 등의 지원 또한 포함될 수 있을 것이다. 이와 같은 지원들이 전환에 직면한 모든 노동자에게 똑같이 필요한 것은 아니다. 상황에 따라 필요로 하는 지원은 달라지며, 이를 요약하면 [그림 6-5]와 같다.

[그림 6-5] **고용위기에 대응한 노동자 지원 유형**

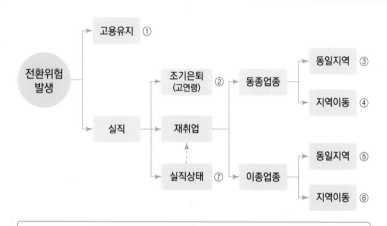

① 고용유지지원, 근로시간단축지원, 휴직 기간 교육훈련
② 조기은퇴 지원 프로그램
③ 재취업지원: 고용연계 및 단기훈련 중심
④ 재취업지원: 고용연계 및 단기훈련, 이사 및 주거지원
⑤ 재취업지원: 중장기훈련 및 고용연계, 임금보조
⑥ 재취업지원: 중장기훈련 및 고용연계, 이사 및 주거지원, 임금보조
⑦ 소득지원: 고용보험, 실업부조, 기타 생활비 지원

출처: 남재욱 외(2021: 189).

전환위험이 발생했을 때, 최우선의 대응은 고용을 유지하는 것이다(유형 ①). 석탄화력발전소와 같이 완전히 사업을 폐쇄해야 하는 것이 아니라면 고용을 최대한 유지하도록 유도해야 하며, 이를 위해 고용유지를 지원하는 정책의 활용이 필요하다. 즉 일시적으로 일자리가 감소하는 영역에서 인력 감축이 아닌 근로시간 단축, 직무전환 또는 배치전환, 휴업 및 휴직을 할 수 있도록 유도하고 고용유지지원금을 통해 이를 지원하는 것이다. 코로나바이러스 감염증-19(이하 '코로나19') 상황에서 그랬던 것처럼 탄소중립화에 따른 전환 위험이 큰 부문에 대해서는 고용유지 지원 정책의 지원요건, 지원기간 및 규모 등을 관대하게 적용하는 방안도 검토할 수 있을 것이다. 또한 고용유지를 위한 프로그램이 적용되는 기간에 해당 부문의 노동자들에게 친환경·연료효율 기술 등 녹색숙련과 관련된 교육훈련에 참여하게 함으로써 저탄소 사회에서의 고용가능성(employability)을 높이도록 지원할 수 있다. 이와 같은 고용유지를 전제로 하는 노동자 지원은 실직을 최소화할 뿐만 아니라, 기존의 우리나라 노동시장 정책에서 부족한 재직 상태에서의 경력전환을 위한 지원으로 기능할 수 있을 것이다.

불가피하게 실직했을 때 일부 노동자는 그대로 은퇴할 수 있는 선택지도 고려해야 한다(유형 ②). 이는 특히 고연령 노동자에게서 두드러질 것인데, 은퇴를 얼마 남기지 않은 노동자가 교육훈련 과정을 거쳐 다른 산업·직업으로 전직하기는 어려울 것이기 때문이다. 이때 필요한 것은 불가피한 조기은퇴로 인해 발생한 생애기대소득 감소를 보상하는 것이다. 이를 위해 해직하는 기업에 일정한 기여를 요구하거나, 국민연금 조기노령연금제도, 퇴직연금제도 등을 활용하여 조기은퇴자에게 맞는 퇴직 프로그램을 마련하는 방법, 혹은 조기은퇴자가 창업 등 퇴직 이후의 생활을 설계할 수 있도록 자금을 지원하는 방법 등을 고려할 수 있다. 이때 해직하는 기업과 해직된 노동자 간 분배적 정의(distributive justice)와 회복적 정의(restorative justice)의 원칙이 지켜지도록 프로그램을 설계하는 것이 중요하다.

그럼에도 불구하고 불가피하게 해직된 노동자에 대한 최선의 대책은 무엇보다 재취업이다. 이를 위해서는 앞서 설명한 교육훈련 프로그램이나 스킬 플랫폼, 그리고 고용서비스 인프라를 적극적으로 활용하여 취업을 연계할 필요가 있다. 이미 「탄소중립기본법」에서는 탄소중립 영향이 큰 지역에 '정의로운 전환 지원센터'를 두고 개인에 대해서는 교육훈련과 취업지원을, 지역에 대해서는 지역사회 전환 방안에 대한 연구와 지원을 제공할 것을 제시하고 있다. 이와 같은 지원센터가 원활하게 역할을 수행할 수 있도록 하기 위해서는 지방정부, 지역 내 기업과 노동조합, 고용센터와 지역 일자리센터 등 고용서비스 인프라, 대학, 훈련기관 지역별 인적자원위원회 등 교육훈련 인프라, 지역 노사민정협의회, 사회보장위원회 등 다양한 이해관계자 인프라와 연계되어 운영될 필요가 있다.

다시 노동시장 정책 패키지로 돌아가면, 재취업은 상황에 따라 동종업종과 이종업종, 동일지역과 타 지역에서 이루어질 수 있다(유형 ③~⑥). 재취업이 동종업종에서 이루어질 경우 재취업을 위한 교육훈련은 불필요하거나 짧을 것이지만, 이종업종에서 이루어질 경우 교육훈련 필요성은 커지고 기간은 길어지며, 경력설계지원, 일 경험 프로그램 등 별도의 전직지원 프로그램들이 요구될 것이다. 재취업이 동일지역에서 이루어질 경우는 해당 지역에서 경기를 회복시키고 일자리를 창출하기 위한 노력이 필요한 반면, 다른 지역에서 이루어질 경우 지역 간 이동 및 타 지역에서의 주거비 등에 대한 지원이 필요할 것이다. 이때 다른 지역으로의 취업은 노동자 개인과 그 가족에게는 대안이 될 수 있지만, 지나치게 많이 이루어질 때 지역공동화 문제가 나타날 수 있다는 점을 고려해야 한다.

실직한 노동자가 새로운 일자리를 구하지 못하는 상황이 장기화될 경우 지원의 필요성은 가장 커진다(유형 ⑦). 먼저 이 기간 중 소득지원이 필요한데, 고용보험은 그 근간이 되겠지만 고용보험 수급자격이 없거나 기간이 부족한 경우에도 충분한 지원을 받을 수 있도록 해야 한다. 여기에 주거비용이나 자녀교육을 포함하는 생활상 필요에 대한 지원과 더불어 교육훈련 및 취업지원 연계로 가능한 한 빠른 시일 내에 재취업을 할 수 있도록 지원해야 한다.

전통적으로 실업자에 대한 소득지원은 다른 소득지원에 비해 엄격한 조건을 부과해 왔다. 이는 실업이라는 사회적 위험이 상대적으로 도덕적 해이의 가능성이 높다는 점 때문이다(남재욱, 2017). 그러나 탄소중립화로 인한 실업은 개인의 결정이 개입된 것이 아닐 뿐더러, 정의로운 전환을 위한 회복적 정의의 원칙은 이들에 대한 원상복구에 가까운 보상을 필요로 한다. 이 점을 고려한다면 실업자를 지원하는 데 있어 재취업 활동이나 교육훈련 참여에 대한 기본적 요구 외의 조건에서는 최대한 관대하게 접근함으로써 이들이 전환 이전과 가까운 삶의 질을 유지할 수 있도록 해야 한다.

지금까지 설명한 7가지 유형의 노동전환 형태는 직면한 위기의 성격에 따라 다르게 나타난다. 만약 위기가 구조적·장기적이라면 ②, ④, ⑤, ⑥ 유형이, 조정적·단기적이라면 ①, ③, ⑤ 유형이 좀더 지배적일 가능성이 크다. 산업이나 지역에 따라 차이는 있겠지만, 탄소중립화로 인한 고용위기는 구조적·장기적인 유형으로 보아야 한다. 따라서 정의로운 전환을 위한 노동시장 정책 패키지는 조기은 퇴, 타 지역 취업, 타 업종 취업의 가능성을 염두에 두어야 하며, 이는 조기은퇴를 허용하는 실업자의 연령 등 조건에 대한 규정, 타 업종 취업을 염두에 둔 장기간에 걸친 생활비 및 교육훈련 지원과 경력설계 지원, 타 지역 이동에 대한 별도의 지원 등을 포함해야 한다. 탄소중립 이행에 따른 노동전환과 같은 구조적 변화일수록 재취업 지원이나 직업훈련 지원 역시 일자리 우선(work first)을 강조하는 워크페어 접근보다는 인적자본(human capital)을 강조하는 직업능력 접근이 요구된다는 점을 기억할 필요도 있겠다.

또 한 가지 중요한 것은 산업전환의 과정에서는 개별 기업 수준에서 전환에 대응하는 것이 아니라 지역 및 업종 수준에서 전환에 대응해야 한다는 것이다. 탄소중립화의 영향으로 나타나는 고용위기는 특정한 기업이 경험하는 것이 아니라 산업 및 지역 전체가 공동으로 경험하는 것이며, 이는 기존의 중앙정부, 지방정부, 산업 수준의 다양한 고용·노동 관련 기구들이 산업 및 지역단위의 고용지원 컨소시엄을 구성하고, 공동의 노력을 통해 종합적이고 포괄적인 지원을 제공해야 한다는 것을 의미한다.[6]

현재 운영되고 있는 '특별고용지원업종'이나 '고용위기지역 지정' 제도는 앞서 언급한 프로그램들을 상당 부분 포함하여 지역산업위기에 대응하도록 하고 있다. 그러나 몇 가지 추가적으로 고려할 사항이 있다. 먼저, 2016년 조선업 특별고용지원업종 지정 시 나타난 것

---

6) 이 부분의 제언과 관련해서는 본 원고를 사전 검토한 외부 전문가 검토의견을 참조하여 작성했음을 밝힌다.

처럼 비정규직, 하청근로자, 고용보험 미가입자는 오히려 충분한 혜택을 못 받을 우려가 있다. 탄소중립 전환 노동자에 대한 지원제도에서는 이와 같은 문제가 발생하지 않도록 유의할 필요가 있다. 둘째, 탄소중립화 따라 탄소집약 산업에서 일자리를 잃은 노동자의 경우 자신의 경력 경로의 전면적 전환이 필요하며, 이를 위해서는 기존의 직업훈련이 아닌 정규교육기관에서의 학위취득 등을 통한 장기간의 전환준비를 필요로 할 수도 있다. 미국의 무역조정지원(Trade Adjustment Authority, 이하 TAA) 제도가 최대 5년까지의 소득과 교육훈련 지원을 규정하고 있는 것처럼 우리나라도 장기에 걸친 지원제도가 필요하다. 셋째, 미국의 TAA는 여기에서 제안하는 정책패키지와 유사하게 장기간에 걸친 기업과 노동자에 대한 지원으로 그 성과가 높은 것으로 알려졌지만, 무역개방의 영향을 받았다는 것을 증명하는 과정이 까다로워 효과가 제한되었다는 평가가 제기된 바 있다 (Banerjee & Duflo, 2019). 만약 탄소중립 전환 노동자에 대한 지원제도를 도입한다면, 그 문턱이 지나치게 높지 않도록 제도를 설계할 필요가 있다.

4. 탄소중립화에 따른 지역산업 구조조정 대응에는 지역 재생(도시재생)의 관점과 지역중심의 정의로운 전환계 획이 필요하다.

화석연료산업을 비롯한 탄소집약적 산업은 지역적으로 균등하게 자리하고 있지 않다. 이는 탈탄소 이행의 영향이 특정한 지역에서

더 클 것임을 시사하며, 지역 수준에서 일어나는 지역산업 구조조정
에 대응할 필요성을 시사한다.

사실 지난 몇 년 동안 우리나라는 지역산업 고용위기를 경험한
바 있다. 2016년 이후 조선업 구조조정에 따른 울산, 거제, 통영, 진
해 등의 지역과 2018년 군산 지역의 GM 공장 폐쇄, 그리고 이 연구
와도 관련이 깊은 충남 지역의 석탄화력발전소 사례 등이 그것이다.
여기에 최근 코로나19에 따른 업종별 고용위기를 경험하며 고용위
기 대응 정책을 발전시켜 왔다. 다만 이 제도들을 탄소중립화에 따
른 전환에 적용하기 위해서는 기간, 대상자, 대상자 유형별 프로그램
등에서 조정이 필요할 것이다.

지역산업 구조조정에서 또 한 가지 기억할 부분은 '산업'에 초점을
맞춘 접근도 필요하지만, 지역(도시) 자체의 재생에 초점을 맞추는 것
도 중요하다는 것이다. 지난 수십 년간 지역의 산업위기로부터 성공
적으로 벗어났다는 평가를 받고 있는 스웨덴 말뫼, 스페인 빌바오, 미
국 포틀랜드 등의 사례를 살펴보면, 쇠퇴한 제조업을 대신할 수 있는
산업을 개발하는 것 못지않게 지역의 인프라를 현대화하고 거주민들
의 생활을 지원함으로써 시민의 삶의 질을 개선하는 데 역점을 두었
다(황세원, 2020). 이는 특정 지역의 쇠락의 시작은 산업 구조조정일지
라도 완성은 지역민의 이탈이라는 점에 주목한 것으로, 산업적 위기
에도 불구하고 인적자본 유출을 최소화함으로써 새로운 산업을 유치
하고 개발할 수 있는 기반을 지킨 것이다. 지역산업 구조조정 대응에
서는 '산업'을 대체하는 것 못지않게 '지역'을 지키는 접근이 중요하다.

지역단위의 탄소중립화 대응에는 지역 거버넌스를 중심으로 한

전환계획도 중요하다. 탄소중립화의 과정이 지역에 따라 상이하고 따라서 지역 차원의 대응이 필요하다고 할 때, 이를 위한 계획의 수립 및 실행이 정부와 지방자치단체 중심으로 하향식(top-down)으로 이루어질 경우 대응의 효과성이 낮아진다. 지역의 기업과 노동자, 시민사회 등이 지방정부와 함께 공동대응을 위한 지역단위 거버넌스를 구축하는 것이 필요하다.

현재까지 국내에서 지역단위의 본격적인 정의로운 전환계획은 충청남도의 탈석탄 정책 사례가 유일하다. 그러나 충청남도의 경우도 아직까지 구체성이 부족하고, 지역 내 이해관계자 참여나 중앙정부 정책과의 상호보완적 연계도 불충분하다는 평가이다. 재원 부족 역시 지적되고 있는데, 지역 차원의 '정의로운 전환기금' 조성 및 운영계획이 수립·시행되고 있음에도 지역 자체만의 재원조달로는 한계가 뚜렷하다. 특히 중앙정부와의 상호보완적 정책수립 및 실행이 이루어지지 않고 있다는 점이 아킬레스건으로 지적된다(이효은, 2021).

이와 관련하여 독일 루르 지역의 탈석탄 정책 사례를 살펴볼 필요가 있다. 독일 루르 지역(노르트라인베스트팔렌주)의 경우 중앙정부의 강력한 탈석탄 정책에 발맞추어 지방정부가 지역 차원의 정의로운 전환계획을 수립하고 실행했으며, 탈석탄 이행에 대한 재정소요를 EU 차원의 기금과 중앙정부 재원으로 뒷받침했다. 중앙정부와 지방정부 간 정책의 일관성을 위해 중앙정부 차원의 탈석탄위원회에 루르 지역을 포함한 석탄 산지의 대표자가 참여하기도 했다(이효은, 2021). 또한 루르 지역에서는 이미 1979년부터 지방정부, 노사, 교회, 공익단체, 대학, 각종 위원회 대표가 참여하는 '루르회의'를 소집해 탈석탄과 정의로운 전환 과정을 주도했으며, 지자체들 간 협의체인 '루르연합'을 통해 도시재생계획을 수립하고 실행함으로써 탈석탄 이후의 경제적 다원화를 이룰 수 있었다(정용숙, 2020).

지역단위의 정의로운 전환계획의 수립과 실행은 해당 지역의 지방정부, 노사단체, 지역 시민·사회단체, 대학, 교육훈련기관 등을 포괄하는 민관 거버넌스를 통해 수행되는 것이 바람직하다. 「탄소중립기본법」은 이를 위해 시도 단위와 시군구 단위에서 「탄소중립 녹색성장 기본계획」을 수립하도록 하고, 지방자치단체별 '2050 지방탄소중립녹생성장위원회'를 둘 수 있도록 규정하였다. 그러나 지방자치단체 단위의 위원회는 의무가 아니라는 점, 지방위원회의 구성은 조례로 정하도록 하고 있다는 점에서 향후 실효성 있는 지역단위 거버넌스의 구축 및 정의로운 전환계획 운영이 가능하도록 구체화할 필요가 있다.

5. 탄소중립 이행과 관련한 정책 영역들 간의 일관성을 보장하고 이해관계자 참여를 실현할 수 있는 거버넌스가 필요하다.

정의로운 전환은 그 출발에서부터 환경정책과 사회정책이 분리되어 있지 않다는 문제의식에 근거했다. 이는 관련 정책들 간의 일관성과 연계성이 중요하다는 것을 의미한다. 탄소중립 사회로의 이행이 기술변화, 세계화, 인구고령화 등 우리 노동시장을 둘러싼 다른 변화의 요인들과 구분되는 것은 기본적으로 정책 주도적인

(policy-driven) 변화라는 것이다. 물론 탄소중립 이행 자체는 외부적인 환경변화에 기인하지만 일자리, 산업, 사회에 가해지는 충격의 직접적 영향은 정책적으로 의도된 탄소배출 감소에서 비롯된다. 이는 정교한 연구·조사와 체계적 정책 설계를 통한 대응이 다른 거시적 정책 환경 변화에 있어서보다 더 효과적일 수 있음을 시사한다. 반대로 정책들이 단편적으로 추진될 경우 탈탄소 이행 관련 규제에 대한 불확실성을 증가시키고, 이는 궁극적으로 탄소중립화의 주체가 되어야 할 민간 부문에 적절한 신호와게인센티브를 제공하지 못하는 결과로 이어질 수 있다.

정의로운 전환을 위한 정책이 환경-경제·산업-과학기술-사회정책의 일관성 있는 조정 속에서 이루어져야 한다는 점은 이를 위한 종합적 거버넌스 구축에 대한 과제로 이어진다. 2021년 5월 설립된 '2050 탄소중립위원회'는 기후, 에너지, 경제 산업, 노동(공정전환), 국제협력, 과학기술 등의 다양한 영역에 대한 분과위원회 및 전문위원회를 구성하고 있어 실효성 있게 운영될 경우 정책적 연계와 조정의 주체가 될 수 있다. 그런데 출범 이후 짧은 기간 사이에 이미 탄소중립위원회가 이해관계자의 대표성을 충분히 확보하고 있는지에 대한 문제 제기가 이루어졌다. 탄소중립위원회 출범 3개월 만인 2021년 8월 미래 세대를 대표하여 위원회에 참석했던 청소년 기후행동 민간위원이 형식적 의견수렴과 다양한 기후위기 당사자 참여 부재를 이유로 사퇴한 것이다.[7]

---

7) 경향신문(2021. 09. 01). 「탄소중립위 유일한 2000년대생 "내 의견 반영될 거란 건 착각이었다"」(https://m.khan.co.kr/national/national-general/article/202109012103005#c2b)(검색일: 2021. 09. 14.).

정의로운 전환의 관점에서 보면 탄소중립을 위한 정책결정 과정
에 대한 이해관계자 참여는 매우 중요하다(ILO, 2015; Botta, 2019; Pai
et al., 2020). 정의로운 전환은 '정의'의 실현이기도 하지만, 기후위기
대응에 대한 사회적 차원의 협력이 체계적으로 이루어지기 위한 구
성원들의 '동의'를 획득하는 과정이기도 하다. 이를 위해서는 정책의
결과가 기후위기 대응 정책으로 인한 피해자들을 충분히 보상해야
할 뿐만 아니라, 정책결정 및 실행 과정에 이해관계자의 의견이 반
영되어야 한다. 꼭 동의 목적이 아니라도 녹색숙련의 정의와 개발,
양질의 녹색 일자리 창출 등 전술한 정책 과제의 실행에도 이해관계
자 참여가 필수적이다.

한국적 맥락에서 이해관계자 참여에는 '노동'의 참여가 핵심이다.
우리나라는 유럽 국가들에 비해 노동조합이나 사용자 단체 양측 모
두 대표성이 낮지만, 특히 노동자들의 경우 노동시장의 이중구조로
인해 노동조합이 비정규직, 원하청 관계의 2~3차 하청기업 종사자
등 노동시장 외부자를 대표하지 못하는 경우가 많다. 그런데 이와
같은 노동시장 외부자들은 산업 구조조정기에 가장 먼저 일자리를
잃는 집단이다. 따라서 정의로운 전환에 대한 이해관계자 참여의 핵
심은 비정규직 노동자나 하청기업 노동자의 실질적 참여가 이루어지
는지 여부에 있다.

기후위기 대응의 이해관계자가 기업과 노동자뿐인 것은 아니다.
앞서 언급한 것처럼 탄소집약적 산업은 종종 특정지역에 밀집해 있
으며, 탈탄소 이행은 그 지역 공동체 전체의 문제가 된다. 따라서 중
앙차원에서는 지역, 세대, 계층을 망라하는 이해관계자 참여가, 그리

고 지역 차원에서는 지역 내 노사정 외에도 시민사회단체 등 지역사
회의 목소리를 반영할 수 있는 이해관계자 참여가 또 다른 과제가
될 것이다.

6. 구체적인 재원 방안을 마련해야 한다.

정의로운 전환을 위해서는 일자리 창출, 고용서비스, 직업교육훈
련, 소득보장 등 다양한 정책운영이 필요하며, 이를 위한 재원 방안
은 실행력을 담보하는 핵심이다. 그간 정부가 제시해 온 정의로운
전환 계획에 대한 비판 중 상당수는 정의로운 전환을 위한 재원 조
달 및 활용 방안이 구체적이지 않다는 점에서 비롯된다.

정의로운 전환을 위한 정책의 상당 부분이 사회정책, 특히 노동
시장 정책의 성격을 가짐에 따라 이를 위한 재원 역시 다른 사회정
책과 마찬가지로 일반조세와 사회보장기여금이 기본적인 재원이 될
것이다. 이에 대한 예산소요 및 재원규모를 확정하기 위해서는 정책
방안이 구체화되어야 하고, 정책 방안을 구체화하기 위해서는 탈탄
소 이행의 영향을 받는 노동자, 지역사회, 시민들의 규모와 필요 지
원수준을 파악해야 한다. 요컨대 재원 방안을 마련하는 것은 포괄적
인 정의로운 전환계획 수립과 밀접하게 관련되어 있으며, 전환계획
과 재원조달 방안의 구체화를 함께 추진해 나갈 필요가 있다.

기후위기 대응정책의 특징 중 하나는 온실가스 배출 감축 과정
자체가 하나의 재원조달 방안이기도 하다는 점이다. 그중 한 가지는
화석연료보조금의 감축 또는 폐지이다. 화석연료보조금의 폐지는 이

미 국제적으로 추진이 합의된 사항이지만, 우리나라는 여전히 연간 3조 5,000억 원 규모의 화석연료 보조금을 지출하고 있는 것으로 알려져 있다(이유진, 2021). 화석연료 보조금의 폐지를 통해 에너지 전환을 실현할 수 있을 뿐만 아니라 전환을 위한 재원도 마련할 수 있다.

또 한 가지는 탄소세 등 탄소가격제를 통한 재원 마련이다. 우리나라는 이미 탄소배출권거래제를 도입하여 운영하고 있지만, 탄소세를 도입하고 있지 않은 상태이다. 이 두 정책은 중복되는 측면도 있지만, EU 국가들을 비롯해 탄소배출권거래제와 탄소세를 보완적으로 운영하고 있는 사례가 있는 만큼 탄소세를 통해 기업의 저탄소 기술 투자유인을 증대시키고 탄소중립 사회로의 이행을 위한 재원으로 활용하는 것도 검토할 만하다.

화석연료보조금의 폐지나 탄소세의 도입 등 기후위기 대응을 위한 정책은 한편으로 이행을 지원할 수 있는 재원을 마련하지만, 다른 한편으로는 이 재원에 대한 사용처를 만든다. 이 두 가지 조치들은 역진적인 측면이 있기 때문에 저소득층, 농업인 등에게 불리하게 작용하며, 따라서 적어도 이 재원의 일부를 활용하여 변화된 체계에서 저소득층의 에너지 접근성을 보장해야 한다. 또한 탄소세 등을 통해 마련한 재원을 탈탄소 기술에 대한 보조금으로 활용하는 것도 검토할 수 있는 방안인바, 결국 마련될 재원의 수준에 대한 파악 및 이에 기반한 사용처 결정도 중요한 정책 과제이다(OECD, 2017; Botta, 2019). 정의로운 전환 역시 화석연료 보조금 폐지와 탄소세 도입에 따른 재원을 투입할 수 있는 주요한 사용처 중 하나이다.

정의로운 전환을 위한 기금설치는 구체적인 재원 마련을 위해 고려할 만한 방안이다. 기금설치를 통해 탄소중립화와 정의로운 전환을 위한 재원을 안정적으로 확보할 수 있다. 「탄소중립기본법」에서는 이미 '기후대응기금'의 설치 및 운영방향을 제시하고 있다(법 제69조~제74조). 기금의 재원으로 정부 등의 출연금 외에 탄소배출권거래제에 따른 유상할당 시 수입을 포함하고 있기 때문에 탄소세 도입 시 이 또한 기금의 재원에 포함될 수 있을 것이다.

다만 기후대응기금과 관련해서는 두 가지를 추가적으로 고려할 필요가 있다. 첫째, 기금의 규모가 충분하거나 일반회계로부터의 전입이 충분히 이루어지지 않는다면, 기금설치에 따른 재정적 안정성이 칸막이가 되어 오히려 일반회계 등의 필요한 활용을 막는 결과가 될 우려도 있다. 따라서 기금의 충분한 규모와 유동성을 확보할 수 있도록 할 필요가 있다.[8] 둘째, 기후대응기금의 용도에는 정의로운 전환도 포함되어 있지만 다른 용도들도 있기에, 실제 정의로운 전환을 위한 예산이 어느 정도인지는 아직까지 확실히 알 수 없다. 따라서 이를 통해 정의로운 전환을 위한 충분한 재원이 확보될지에 대해서는 좀 더 지켜볼 필요가 있겠다.

탄소중립 이행과 관련해서 또 한 가지 고려할 부분은 지역의 재원이다. 앞서 독일 루르 지방 사례에서 본 것처럼 탄소집약적 산업이 집중된 지역의 전환에 대해서는 중앙정부 차원의 재정적 지원이 필요하다. 탄소집약 지역의 탄소중립 이행은 이행과정에서 지원을 필요로 하는 이들을 발생시킬 뿐만 아니라, 산업기반을 약화시켜 지

---

8) 「탄소중립기본법」 제71조에서는 매 회계연도마다 교통·에너지·환경세의 7%에 해당하는 금액을 일반회계로부터 기금에 전입해야 한다는 사항을 규정하고 있다.

역의 세입을 감소시키는 측면도 있다. 여기에 우리나라 지방정부의 낮은 재정자립도를 고려하면 전환비용이 높은 지방자치단체에 대한 재정 지원 방안을 마련하는 것도 중요한 과제가 될 것이다.

7. 탄소중립 이행과 정의로운 전환에 대한 구체적인 연구의 축적이 필요하다.

최근까지 우리 사회에서 탄소중립에 관한 연구는 주로 감축목표를 수립하고, 이를 달성하기 위한 감축수단을 설정하는 것에 집중되어 왔다. 그러나 본 장에서 살펴본 것처럼 기후변화는 경제와 산업에 영향을 미치며, 경제와 산업에 대한 영향은 일자리와 국민의 삶을 변화시킨다. 탄소중립 이행이 가져오는 사회적 영향은 지역, 산업, 직업, 계층, 연령, 성별에 따라 다를 것이며, 그 영향에 대한 자료가 축적되어야 비로소 체계적 대응이 가능하다. 이를 위해서는 앞으로 상당기간 탄소중립 이행과 정의로운 전환에 대한 연구가 축적될 수 있도록 뒷받침해야 한다.

제4절
결론

탄소중립 이행을 통한 기후위기 대응은 우리 시대 인류가 맞이한 가장 큰 도전이다. 정의로운 전환은 한편으로 탄소중립 이행이 정의롭게 이루어져야 한다는 원칙이며, 동시에 탄소중립 이행이 사회 전체의 동의와 지지를 획득함으로써 그 목적을 달성하게 하는 수단이다. 요컨대 정의로운 전환은 탈탄소 사회로의 이행의 '부작용'을 교정하는 것임과 동시에, 이행 자체를 가능케 하는 기반이기도 한 것이다.

본 장에서 제시한 정의로운 전환을 위한 정책 과제들의 상당수는 사실 그간 한국의 노동을 둘러싸고 제기되어 왔지만, 실현되지 못한 것들이다. 예컨대 광범위한 이해관계자 참여에 기초한 사회적 대화, 지역단위 협의체를 통한 산업·고용 관련 계획의 수립과 실행, 괜찮은(decent) 일자리에 관한 사회적 규범 마련, 고용서비스와 직업능력개발의 긴밀한 연계에 기초한 노동시장 정책 패키지 등은 그간 많은 고용·노동 정책 연구에서 제안되어 왔고 다양한 정책적 시도가 이루어져왔지만, 그 성과 못지않게 비판도 존재한다.

탄소중립 사회로의 이행을 앞두고 있다고 해서 그간 실현되지 못했던 과제들이 한 번에 실현될 수 있을 것이라는 기대는 어쩌면 과도한 것인지도 모른다. 그러나 기후위기 대응을 위한 탄소중립 사회로의 이행 요구는 우리들 공통의 문제일 뿐만 아니라 절박한 위기이기도 하다. 따라서 이는 한편으로 우리의 연대의식을 높이고, 다른 한편으로는 어려운 정책적 변화를 촉발할 수 있는 정책의 창(window of policy)이 될 가능성도 있다. 그리고 만약 우리가 이 창을 열고 해묵은 과제들을 '정의로운 전환'의 틀 안에서 어느 정도라도 실현해 간다면, 전환 이후의 사회는 생태적으로뿐만 아니라 사회적으로도 지속가능한 사회가 될 것이다.

참고문헌

1장

류기락 · 김안국 · 임언 · 노수경(2017). 『제4차 산업혁명과 직업능력개발 정책과제』. 경제사회발전노사정위원회.

유한구 · 이상돈 · 조희경 · 백성준 · 오헌석(2018). 『미래 환경변화에 따른 인적자원 정책의 방향과 전략(2018)』. 한국직업능력개발원.

전재식 · 이상돈 · 남재욱 · 김형만 · 우천식 · 서용석 · 박병원 · 이명호 · 김창환 · 장원섭 · 심재권 · 박태준 · 김진숙(2019). 『일과 학습의 미래』. 경제인문사회연구회.

2장

국내 자료

교육부(2018). 『2017 평생학습 개인실태조사』.

교육부(2019). 『인구구조 변화와 4차 산업혁명 대응을 위한 대학혁신 지원 방안』.

교육부(2021). 『학령인구 감소 및 미래사회 변화에 대응한 대학의 체계적 관리 및 혁신 지원 전략』.

교육부 · 한국교육개발원(2019). 『2019 교육통계분석 자료집: 고등교육

통계 편』.

국가교육회의(2019). 『2030 미래교육체제의 방향과 주요 의제』.

김승보·한애리·최영섭·엄미정(2021). 『비대면 시대의 인적자원개발 혁신』. 한국직업능력개발원.

김안나, 이병식(2004). 「한국 고등교육의 보편화에 따른 대학 재구조화의 현황과 정책 방향」. 『한국교육』, 31(2), 415-440.

남궁지영(2020). 「코로나19 발생에 따른 학교의 원격수업 운영 실태」. 『교육정책포럼』, 328호(2020년 10월호). 한국교육개발원.

대학교육연구소(2020. 07. 08.). 『대학 위기 극복을 위한 지방대학 육성 방안 토론 자료집』.

대한상공회의소 보도자료(2020). 「코로나19 이후 업무방식 변화 실태조사」, 2020. 06. 30.

박성희·권양이(2019). 「Bologna 프로세스 이후 독일 대학 평생교육 체제 동향과 시사점」. 『평생학습사회』, 제5권 제2호.

변기용·전수경·송인영(2019). 「현행 시간제등록제의 운영 실태와 개선방안 탐색: 정책 환경 변화에 따른 역할과 기능 재구조화를 중심으로」. 『교육문제연구』, 제32권 제3호.

서영인, 최상덕, 김지하, 문보은, 길용수, 신재영(2020). 『학령인구 감소에 따른 한계대학 대응 방안 연구』. 한국교육개발원.

엄미정(2020). 「제3장 [교육] 고등교육분야 규제구조 분석: 일반대학에서의 원격수업 사례를 중심으로」. 『기술규제 개혁을 위한 의제설정 연구사업(4차년도)』. 과학기술정책연구원.

영남대학교고등교육정책연구소(2018). 「대학교육혁신: 해외 대학혁신사례」. 2018년 한국교육학회 연차학술대회 대학정책중점연구소 세션.

유한구·이상돈·조희경·백성준·오헌석(2018). 『미래 환경변화에 따른 인적자원 정책의 방향과 전략(2018)』. 한국직업능력개발원.

유한구·김안국·조희경·주인중·엄미정·차성현(2020). 『미래 환경변화에 따른 인적자원 정책의 방향과 전략(2020)』. 한국직업능력개발원.

이요행·황기돈·한태영·김강호·정명진·조아름(2014). 『중기경력자 역량평가 도구 개발 연구보고서』. 한국고용정보원.

이혜경(2021). 『고등직업교육혁신을 위한 전문대학의 역할과 재구조화』. 국가교육회의.

장수명(2016). 「핀란드 대학의 성인 평생교육의 특성 분석」. 『교육정책연구』, 제3권.

채창균(2020). 『인구 충격과 한국 평생교육의 새로운 모색』. 한국개발연구원.

채창균·유한구·양정승(2015). 『고등직업교육의 재정 및 의사 결정 시스템에 관한 연구』. 한국직업능력개발원.

채창균·민숙원·남재욱·김민석·안현용·박상욱·이정동·김용(2021). 『일-학습-여가-생활이 통합된 평생학습사회체계 구축 방안』. 경제·인문사회연구회.

채창균·조희경·백원영·송선혜·강일규(2019). 『일-학습 선순환체제의 도입을 위한 정책방안 연구』. 한국직업능력개발원.

채창균·최영섭·양정승(2018). 『재직자 유급휴가훈련 활성화를 위한 Action Plan』. 한국직업능력개발원.

최영섭·유한구·장홍근·이승협·정재영(2019). 『경제 역동성 강화를 위한 생산성 혁신 전략 연구: 인적자본 투자와 유연한 조직체계 구축』. 한국직업능력개발원.

최운실(2004). 「한국의 대학 평생교육 발전 모델 탐구」. 『평생교육학연구』, 제10권 제4호.

통계청(2019). 『장래인구특별추계』.

한국기업데이터(2020). 『KED Quarterly Brief』, 제2호(2020년 2분기).

국외 자료

McKinsey Agile Tribe (2017). *How to create an agile organization.*

OECD(2003). *Education at a Glance.*

OECD(2014). *Education at a Glance.*

OECD(2016). *Skills Matter: Further Results from the Survey of Adult Skills.*

OECD(2020). *Education at a Glance.*

Trow, M. (1973). *Problems in the transition from elite to mass higher education.* Berkeley, California, Carnegie Commission on Higher Education.

Trow, M. (1999). "From mass higher education to universal access: The american advantage". *Minerva,* 37(4), 303－328.

Trow, M. (2007). "Reflections on the transition from elite to mass to universal access: Forms and phases of higher education in modern societies since WWII". In J. J. F. Forest & P. G. Altbach (Eds.), *International handbook of higher education,* 243－280. Dordrecht: Springer Netherlands.

인터넷 자료

대학알리미 원자료(2019. 09. 01.).

서울신문(2021. 01. 21.). 「"제발 등록해 달라" 지방대 교수님은 아침부터 통화중」. https://www.seoul.co.kr/news/newsView.php?id＝20210122010 014

유스라인(2020. 01. 24.). 「[대학위기특집－2]2021학년도 지방대 정원미 달 도미노...“대학구조조정 시기 놓쳤다”우려」.

http://www..usline.kr/news/articleView.html?idxno=14987Acad
emyinfo.go.kr/index.do (검색일: 2021. 07. 01.).

OECD. Education Statistics.

OECD. Stat—Adult education and learning.
https:'//stats.oecd.org/Index.aspx?DataSetCode=EAG_AL
(검색일: 2021. 07. 07.).

3장

국내 자료

고용노동부 보도자료(2021). 「빠르고 강한 회복, 포용적 회복을 위해
    평가체계 강화·적용 2020년 일자리사업 성과평가보고서 공개」,
    2021. 07. 06. 고용노동부.

김미란 외(2020). 『국민내일배움카드 추진상황 평가 및 활용방식』.
    한국직업능력개발원.

김윤아·류기락(2021). 「사회위험과 정부지원에 대한 인식」. 『KRIVET
    Issue Brief』, 208호. 한국직업능력개발원.

류기락(2016). 「국제성인역량조사(PIAAC) 결과 분석: 우리나라 성인의
    인적역량 수준과 과제」. 『월간교육』, 5월호.
    http://www.eduinnews.co.kr/news/articleView.html?

류기락(2017). 「자동화 위험의 불평등」. 『경제와 사회』, 187-215.

류기락(2020). 「적극적 노동시장 정책의 전환을 위한 과제: 새로운 사회
    위험 관리 전략의 가능성 모색」. 『시민과 세계』, 199-240.

류기락·임언·최수정·서유정·반가운(2013). 『2014년도 국제성인역량조사
    프로젝트(PIAAC) 사업』. 한국직업능력개발원.

류기락·안우진·윤수린·김윤아·권향원·김교성(2020). 『사회혁신과 노

동시장 정책 연구』. 한국직업능력개발원.

류기락·최석현(2017).『노동시장 이중구조화와 직업능력개발』.
한국직업능력개발원.

문한나·안우진·남재욱·조세형·최영섭(2020).『최근 노동시장 변화에 대응한
사업주훈련 활성화 방안 연구』. 고용노동부·한국직업능력개발원.

송상윤(2021).「코로나19가 가구소득 불평등에 미친 영향」.『BOK
이슈노트』, 제2021-9호. 한국은행.

안우진·문한나·정란·최영섭(2021).『사업주 직업능력개발훈련 훈련시간
개선 방안』. 고용노동부·한국직업능력연구원.

오삼일·이상아(2020).「코로나19에 대한 고용취약성 측정 및 평가」.
『BOK 이슈노트』, 제2020-9호. 한국은행.

오삼일·이종하(2021).「코로나19와 여성고용: 팬데믹 vs. 일반적인 경기침
체 비교를 중심으로」.『BOK 이슈노트』, 제2021-8호. 한국은행.

일자리위원회(2021).『일자리에 대해 묻고 일자리에 대해 답하다』, 8호.
일자리위원회.

임언·권희경·김안국·류기락·서유정·최동선·최수정(2013).『한국인의 역
량, 학습과 일-국제성인역량조사(PIAAC) 보고서』. 한국직업능력개발원.

최영섭 외(2019).『내일배움카드 통합 방안 연구』. 한국직업능력개발원.

통계청(각 연도).『경제활동인구조사 근로형태별 부가조사』. 각 연도.

국외 자료

Acemoglu, D. & Robinson, J. A.(2020). *The narrow corridor: States,
societies, and the fate of liberty.* Penguin Books.

Adams-Prassl, A., Boneva, T., Golin, M., & Rauh, C. (2020).
"Inequality in the impact of the coronavirus shock: Evidence

from real time surveys". *Journal of Public Economics*, 189, 1－33.

Arntz, M., T. Gregory and U. Zierahn. 2016. "The Risk of Automation for Jobs in OECD Countries: A Comparative Analysis." *OECD Social, Employment and Migration Working Papers*, No. 189, OECD Publishing, Paris. http://dx.doi.org/10.1787/5jlz9h56dvq7－en.

Bechichi, N. et al.(2018). "Moving between jobs: An analysis of occupation distances and skill needs". *OECD Science, Technology and Industry Policy Papers*. OECD Publishing, Paris. https://doi.org/10.1787/d35017ee－en.

Busemeyer, M. R. & Iversen, T.(2012). "Collective skill systems, wage bargaining, and labor market stratification". *The political economy of collective skill formation*, 205－233.

Fernández－Albertos, J. & Manzano, D.(2016). "Dualism and support for the welfare state". *Comparative European Politics*, 14(3), 349－375.

Fernandez－Mateo, I.(2009). "Cumulative gender disadvantage in contract employment". *American Journal of Sociology*, 114(4), 871－923.

Frey, C. B., Osborne, M., Holmes, C., Rahbari, E., Garlick, R., Friedlander, G., ... & Chalif, P. (2016). "Technology at work v2.0: The future is not what it used to be". *CityGroup and University of Oxford*, 338.

Gallego, A. & Marx, P.(2017). "Multi－dimensional preferences for labour market reforms: a conjoint experiment". *Journal of European Public Policy*, 24(7), 1027－1047.

Guillaud, E. & Marx, P.(2014). "Preferences for employment

protection and the insider-outsider divide: Evidence from France". *West European Politics*, 37(5), 1177－1185.

Hanushek, Eric A. & Schwerdt, Guido & Wiederhold, Simon & Woessmann, Ludger(2015). "Returns to skills around the world: Evidence from PIAAC", *European Economic Review*, Elsevier, vol. 73(C), 103－130.

Häusermann, S., Kurer, T., & Schwander, H.(2015). "High－skilled outsiders? Labor market vulnerability, education and welfare state preferences". *Socio－Economic Review*, 13(2), 235－258.

Häusermann, S., Kurer, T., & Schwander, H.(2016). "Sharing the risk? Households, labor market vulnerability, and social policy preferences in Western Europe". *The Journal of Politics*, 78(4), 1045－1060.

Nedelkoska, L. and G. Quintini(2018). "Automation, skills use and training", O*ECD Social, Employment and Migration Working Papers*, No. 202, OECD Publishing, Paris. http://dx.doi.org/10.1787/2e2f4eea－en.

OECD(2013a). *OECD Skills Outlook 2013: First Results from the Survey of Adult Skills*. OECD.

OECD(2013b). *Skilled for Life? Key Findings from the Survey of Adult Skills*. OECD.

OECD(2015a). *Skills Scoreboard on Youth Employability*.

OECD(2015b). *OECD Skills Outlook 2015: Youth, Skills and Employability*. OECD Publishing.

OECD(2016). *Skills Matter: Further Results from the Survey of Adult Skills*. OECD Publishing, Paris. http://dx.doi.org/10.1787/9789264258051－en.

OECD(2017). *OECD Employment Outlook 2017.* OECD Publishing, Paris. http://dx.doi.org/10.1787/empl_outlook−2017−en.

OECD(2019a). *Getting Skills Right: Enhancing Training Opportunities in SMEs in Korea.* OECD Publishing, Paris.

OECD(2019b). *Skills Matter: Additional Results from the Survey of Adult Skills.*

OECD(2019c). *OECD skills outlook 2019: Thriving in a digital world.* OECD.

OECD(2019d). *OECD Employment Outlook 2019: The Future of Work.* OECD Publishing, Paris. https://doi.org/10.1787/9ee00155−en

OECD(2020). Society at a Glance 2019.

OECD(2021b). *OECD Skills Strategy Implementation Guidance for Korea: Strengthening the Governance of Adult Learning.* OECD Publishing, Paris. https://doi.org/10.1787/f19a4560−en.

Robinson, J. A. & Acemoglu, D.(2012). *Why nations fail: The origins of power, prosperity and poverty.* London: Profile.

Ryu, K.(2019). "Labor Market Outcomes of Voucher Based Job Training Evidence from an Analysis of Job Training Participant Survey in Korea", *Korean Regional Sociology,* 20(2), 145−174.

Schwander, H. & Häusermann, S.(2013). "Who is in and who is out? A risk−based conceptualization of insiders and outsiders". *Journal of European Social Policy,* 23(3), 248−269.

Srnicek, N.(2017). *Platform capitalism.* John Wiley & Sons.

Tomaskovic−Devey, D., Thomas, M., & Johnson, K.(2005). "Race and the accumulation of human capital across the career: A theoretical model and fixed-effects application". *American Journal of Sociology*, 111(1), 58-89.

인터넷 자료

OECD(2021a). "Net replacement rates in unemployment". Benefits and wages, OECD Social and Welfare Statistics(database). https://doi.org/10.1787/705b0a38-en(accessed on 18 August 2021).

OECD(2021c). "Social and Welfare Statistics Continues". *OECD Social Expenditure Statistics.* *https://www.oecd-ilibrary.org/social-issues-migration-health/ data/oecd-social-and-welfare-statistics_socwel-data-en* (accessed on 4 May 2021).

OECD(2021). *the OECD Tax-Benefit Model.* *www.oecd.org/social/benefits-and-wages.htm*(accessed on 4 May 2021).

4장

국내 자료

강순희·안준기(2017). 「대졸자들은 왜 중소기업을 기피하는가?」. 『2017 고용패널 학술대회 논문집』.

고용노동부(2020). 『고용형태별 근로실태조사 보고서』. 고용노동부.

관계부처 합동(2021). 『전 국민 평생학습체제 지원방안』.

교육부(2019. 03. 28.). 『행복한 출발을 위한 기초학력 지원 내실화 방안』.

교육부(2021. 07. 29.). 「코로나19 장기화에 따른 학습·심리·사회성 결손 극복을 위한 「교육회복 종합방안」 기본계획 발표」.교육부.

김미란·임언·유한구·정재호·이주희(2019). 『지방분권화시대 지역인적자원개발 거버넌스 연구』. 한국직업능력개발원.

김봄이·반가운·정윤경·김영빈(2020). 『온라인 진로상담의 빅데이터 분석』. 한국직업능력개발원.

김승보·김민석·김형만·이혜숙(2020). 『마을교육공동체와 지역인적자원개발』. 한국직업능력개발원.

김안국·유한구·이덕재·정원호(2019). 『사회적 보호와 직업능력개발』. 한국직업능력개발원.

김용련(2019). 『마을교육공동체: 생태적 의미와 실천』. 살림터.

김현철(2021). 「청소년 성장을 지원하는 지역생태 조성을 위하여」, 『미래정책 FOCUS』. Vol. 29, 34–36. 경제인문사회연구회.

남재욱·류기락·김영빈·변영환·최승훈(2019). 『직업교육과 사회이동』. 한국직업능력개발원.

박동열(2020). 『해외출장 결과보고서(이탈리아)』. 한국직업능력개발원.

박동열, 안재영, 손찬희, 권재현, 정태화(2017). 『직업계고 학점제 도입 및 운영 방안』. 한국직업능력개발원.

박동열, 이무근, 마상진(2016). 『광복 70년의 직업교육정책 변동과 전망』. 한국직업능력개발원.

박동열·류지은·오관택·하숙양·정동열·김선근(2020). 『평생직업교육훈련 주요 정책 모니터링 및 혁신 방향과 과제』. 한국직업능력개발원.

박준·류현숙·김성근·B. Guy Peters·Monica Brezzi·Barbara Baredes·Axel Meunier·고영선·김석호·이재열·임동균·김태균·강성원·윤순진·Kadir Jun Ayhan·Efe Sevin·김길수·진경애·왕영민·송주연·임정은·김예영·안솔비·황정임·정우연·이두희·이지영(2021). 『국가포용성지수 개발 연구』. 경제·인문사회연구회.

방하남·이상호(2006). 「좋은 일자리(Good job)의 개념 구성 및 결정요인의 분석」. 『한국사회학』, 40(1), 93-126.

소경희(2017). 『교육과정의 이해』. 교육과학사.

심성보(2021). 『코로나 시대, 마을교육공동체 운동과 생태적 교육학』. 살림터.

안재영(2018). 「학습중심 현장실습의 안정적 정착 방안의 한계와 개선점」. 『The HRD Review』, 2018년 6월, 152-163.

안재영(2019a). 「중소기업 고졸 취업 활성화 방안」. 『중소기업 청년 기술인력 유입 방안 정책토론회 자료집』. 중소기업중앙회(2019. 03. 14).

안재영(2019b). 「독일 도제교육의 최신 동향을 통해 본 한국 도제교육 제도의 시사점」. 『직업과 자격 연구』, 8(3), 89-124.

안재영(2020a). 「중등 직업교육의 학습과 진로 및 성과에 대한 논의와 과제」. 『직업교육연구』, 39(6), 1-17.

안재영(2020b). 「2016년과 2019년의 직업계고 학과 변화 추이」. 『KRIVET Issue Brief』, 2020년 189호. 한국직업능력개발원.

양병찬(2019). 「한국 마을교육공동체 운동과 정책의 상호작용: 학교와 지역의 관계 재구축 관점에서」. 『마을교육공동체운동: 세계적 동향과 전망』. 살림터.

윤철경·서정아·유성렬·이동훈(2018). 『학교 밖 청소년 지역사회 지원모델 개발연구Ⅰ: 질적 패널조사를 중심으로』. 한국청소년정책연구원.

윤형한·김종우·최동선(2020). 『직업교육 진흥을 위한 법령 제·개정 방안 연구』. 교육부·한국직업능력개발원.

이상돈·김종우·박동열·윤여인·최호(2020). 『자립적 성장기반 마련을 위한 지역혁신 공동체 활성화 방안』. 경제인문사회연구회.

이장원·김동배·박정열·김동헌(2020). 『혁신적 포용 국가 실현방안:

고용분야를 중심으로』. 경제·인문사회연구회.

임언·임해경·길혜지(2019). 『특성화고등학교 학생의 기초학습능력 실태와 제고 방안』. 한국직업능력개발원.

전재식·이상돈·남재욱·김형만·우천식·서용석·박병원·이명호·김창환·장원섭·심재권·박태준·김진숙(2019). 『일과 학습의 미래. 경제·인문사회연구회.

정흥준(2019). 「특수형태근로종사자의 규모 추정에 대한 새로운 접근」. 『고용·노동브리프』, 88. 한국노동연구원.

조은상·한애리·김경모·강선우(2018). 『지역소멸 예방을 위한 사례조사: 평생직업교육과의 연계』. 한국직업능력개발원.

중소벤처기업부(2019). 『중소벤처기업기본통계』.
http://www.index.go.kr/potal/main/EachDtlPageDetail.do?idx_cd=1181.

중소벤처기업부·통계청 보도자료(2020). 「2019년 소상공인 실태조사 결과(잠정)」.
http://kostat.go.kr/assist/synap/preview/skin/miri.html?fn=c695e41732203631042745&rs=/assist/synap/preview.

통계청(2021). 『2021 청소년 통계』. 통계청.

통계청(2019). 『중소벤처기업기본통계』. 통계청.
http://www.index.go.kr/potal/main/EachDtlPageDetail.do?idx_cd=1181.

통계청(2021). 『경제활동인구조사』. 통계청.
https://kosis.kr/statHtml/statHtml.do?orgId=101&tblId=DT_1DA7010S&conn_path=I2.

한혜정·백경선·곽상훈·박영미·이경미(2014). 『일반 고등학교의 직업교육 지원을 위한 교육과정 편성·운영 방안』. 한국교육과정평가원.

행정안전부(2017). 『지역공동체의 이해와 활성화』.

행정안전부 보도자료(2021). 「청년공동체 100개 팀, 지역 활력에 앞장선다」.

허영준·전승환·박동열·김기홍(2014). 『능력중심사회 구현을 위한 직업교육훈련체제 개편 방안 연구』. 한국직업능력개발원.

황광훈(2021). 「청년취업자의 첫 일자리 입직 소요기간 분석」. 『고용 이슈』, 2021 봄호. 한국고용정보원.

KERIS. 『기초학력 진단보정 시스템 사용자 연수 자료집』.

국외 자료

Eichinger, R. & Lombardo, M.(1996). *The career architect development planner*. Lominger Limited, Minneapolis.

Knowles, M. S.(1984). *The adult learner: A neglected species*. Houston, TX: Gulf.

OECD(2020a). *Enhancing Training Opportunities in SMEs in Korea, Getting Skills Right*. OECD Publishing, Paris.
https://www.oecd.org/publications/enhancing−training−opportunities−in−smes−in−korea−7aa1c1db−en.htm

OECD(2020b). *Education at a Glance* 2020. OECD Publishing, Paris.
https://www.oecd−ilibrary.org/education/education−at−a−glance−2020_69096873−en.

Ritter, J. A. & R. Anker(2002). "Good jobs, bad jobs: Workers' evaluations in five countries". *International Labor Review*, 141(4), 331−358.

World Bank(2019). *World Development Report 2019: The Changing Nature of Work*.

World Economic Forum.(2019). *The Global Competitiveness Report 2019.*

인터넷 자료

한겨레(2021). 「하반기 '청년 대책'에 집중 ⋯ 일자리·주거·자산형성」.
　　https://www.hani.co.kr/arti/economy/economy_general/1001199.html
　　#csidxc3e7e349c7648908c3e698e15e788db(검색일: 2021. 07. 05.).
혁신교육지구
　　https://www.gimpo.go.kr/portal/contents.do;jsessionid=DweeL
　　BZjydHdQ6B7bdtWGlMoBybzN9adDHfbVcHqMl3LIAfnpneIJ7si
　　OAjvgjXd.new−gimpo−was2_servlet_engine1?key=3720
　　(검색일: 2021. 07. 29.).

5장 ─────────────────────────────

국내 자료

교육부(2020). 『진로교육 만족도 제고를 위한 2021년 진로교육 활성화 지원 계획』.
교육부·한국직업능력개발원(2020a). 『2020년 국가진로교육센터 운영 지원 1. 초·중등 진로교육 현황조사(2020)』.
교육부·한국직업능력개발원(2020b). 『2020년 국가진로교육센터 운영 지원 2. 대학 진로취업지원 현황조사(2020)』.
교육부·한국직업능력개발원(2021). 『진로정보망 챗봇시스템 구축을 위한 기본계획 및 정보화전략계획(ISP) 수립』.
김봄이·정윤경·반가운·김영빈(2020). 『온라인 진로상담의 빅데이터 분석』. 한국직업능력개발원.

김봉환·김병석·정철영(2000).『학교진로상담』. 학지사.

김기헌·문호영·황세영·유민상·김균희·이용해(2021).『2020년 청소년 종합실태조사』. 여성가족부·한국청소년정책연구원.

김은석(2017).「기관 간 진로교육 연계」.『2017 한국진로교육학회 추계 학술대회』. 한국고용정보원.

김은석·서현주·이윤선·조아름·유애영(2019).『공공 고용서비스(PES) 강화를 위한 고용센터 직업진로지도 기능 개선 방안 연구-고용센터 상담 서비스를 중심으로』. 한국고용정보원.

대한민국정부(2001. 12.).『국가인적자원개발기본계획: 사람, 지식 그리고 도약』.

박동·김수원·이경상·김미정·장선숙(2019).『사회통합을 촉진하는 진로교육 활성화 연구 1: 보호관찰 청소년 및 학교 밖 청소년을 중심으로』. 한국직업능력개발원.

박천수·장혜정·박화춘·박동찬(2020).『2020년 진로체험지원센터 활성화 1. 진로체험지원센터 활성화(2020)』. 교육부·세종특별자치시교육청·한국 직업능력개발원.

서유정·김수원·박천수·정윤경(2016).『진로교육법 체제에서 진로교육 추진 현황과 과제』. 한국직업능력개발원.

서유정·김민경·류지영·박나실·김나라·안유진·안중석(2020a).『2020년 국가진로교육센터 운영 지원 1. 초·중등 진로교육 현황조사(2020)』. 교육부·한국직업능력개발원.

서유정·이재열·이윤진(2020b).『성인 진로교육 활성화를 위한 연구: 법령 개정을 중심으로』. 한국직업능력개발원.

서유정·이재열·이윤진(2020c).「공공교육시설을 통한 성인 진로교육의 실태와 문제점」.『KRIVET Issue Brief』, 198호. 한국직업능력개발원.

오선정·최세림·정윤경(2019).『청년층 노동시장정책 심층평가 연구: 고용서비스』. 한국노동연구원.

안선회 · 권정언 · 김지영 · 손희권 · 신범석 · 이경호 · 최우재(2015). 『초 · 중
등교육과 연계한 대학 진로교육 발전방안 연구』. 한국직업능력개발원.

이경호(2020). 「제4차 산업혁명시대 학교교육 혁신방안 탐색: 미국 '미네르바 스
쿨' 혁신사례를 중심으로」. 『교육문화연구』, 26(1), 179−199.

이영선 · 이가영·김정현·이민욱(2020). 「학교는 진로개발 격차를 줄일 수
있는가」. 『2020 KRIVET 패널 학술대회 논문집: 한국교육고용패널』,
199−222.

이재열 · 정윤경 · 류지영 · 이윤진 · 박봉남(2020). 『2020년 국가진로교육
센터 운영 지원 2. 대학 진로취업지원 현황조사(2020)』. 교육부·한국
직업능력개발원.

이지연(2019). 「한 사람도 소외됨 없는 모든 국민의 진로지도 시스템 혁신」.
『The HRD Review』, 22(1). 한국직업능력개발원.

장주희(2021). 「인공지능 시대의 전문직 전망: 의사, 자산운용가, 기자의
인식을 중심으로」. 『The HRD Review』, 24(2). 한국직업능력개발원.

정시원 · 강옥희 · 김은석 · 박세정 · 서현주 · 송스란(2020). 『고용센터 직업진
로지도 모니터링: 프로그램 참여자 중심으로』. 한국고용정보원.

최상덕 · 한효정(2019). 「성인의 수요 분석을 통해 본 대학평생교육의 과제와
정책적 시사점」. 『평생학습사회』, 15(4), 1−26.

한상근 · 정윤경 · 이재열 · 안중석 · 고요한 · 계진아(2021). 『2021년 국가
진로교육센터 운영 지원 4. 진로교육 연계·협력체계 구축』. 교육부·
한국직업능력연구원.

국외 자료

McQuaid, R. & Fuertes, V.(2014). "Sustainable integration of the long
term unemployed: From Work First to Career First. In C. Larsen,

et al.(Eds.)". *Sustainable economy and sustainable employment*, 359–373. Rainer Hampp Verlag.

MCEECDYA(2010). *The Australian Blueprint for Career Development.* prepared by Miles Morgan Australia, Commonwealth of Australia, Canberra.

OECD(2004). *Career Guidance and Public Policy: Bridging the Gap.* OECD.

OECD(2020). *Public employment services in the frontline for jobseekers, workers and employers.* OECD Policy Responses to Coronavirus (COVID－19), 28, April, 2020. https://www.oecd.org/coronavirus/policy－responses/public－e mploymenet－services－in－the－frontline－for－employees－j obsee kers－and－employers－c986ff92/(검색일: 2021. 08. 27.).

인터넷 자료

국가법령정보센터 「직업안정법」
    https://www.law.go.kr/LSW/lsSc.do?dt=20201211&subMenuId=15&menu Id=1&query=%EC%A7%81%EC%97%85%EC%95%88%EC%A0%95%E B%B2%95#Eundefined(검색일: 2021. 08. 30.).

국가법령정보센터 「진로교육법」
    https://www.law.go.kr/LSW/lsSc.do?dt=20201211&subMenuId=15&menu Id=1&query=%EC%A7%81%EC%97%85%EC%95%88%EC%A0%95%E B%B2%95#EJ2:0(검색일: 2021. 08. 30.).

머니투데이 신문 기사. 「학생 진로체험 이력 한눈에" … '통합진로교육 정보망' 11월 구축」.
    https://https://news.mt.co.kr/mtview.php?no=201807051050067 6851(검색일: 2021. 08. 20.).

6장

국내 자료

2050 탄소중립위원회(2021). 『2050 탄소중립 시나리오 초안』.

관계부처합동(2016). 『제1차 기후변화대응 기본계획』.

관계부처합동(2019). 『제2차 기후변화대응 기본계획』.

관계부처합동(2020). 『2050 탄소중립 추진전략』.

관계부처합동(2021a). 『2050 탄소중립 시나리오(안)』.

관계부처합동(2021b). 『산업구조 변화에 대응한 공정한 노동전환 지원 방안』.

김승택·윤자영·안태현·박혁·김복순·주무현·지해명(2008). 『녹색 일자리에 대한 인력수급전망 및 이에 따른 고용정책적 과제』. 한국노동연구원.

김현우(2014). 『정의로운 전환: 21세기 노동해방과 녹색전환을 위한 적록동맹 프로젝트』. 나름북스.

김종진(2021) 「정의로운 전환을 위한 노동시장 정책 방향」. 『제3차 정의로운 전환 연속 포럼 발표자료』.

나영선·고혜원·김상호·박상철(2010). 『녹색성장과 직업능력개발정책』. 한국직업능력개발원.

남재욱(2017). 『노동시장 변동에 따른 실업 관련 제도의 변화와 성과 연구: 유럽 9개국 사례비교를 중심으로』. 연세대학교 박사학위논문.

남재욱·조성익·크리스티나히슬(2021). 『탈탄소 사회로의 이행과 정의로운 전환을 위한 정책 과제』. 한국직업능력연구원.

대한민국정부(2020). 『지속가능한 녹색사회 실현을 위한 대한민국 2050 탄소중립전략』.

오상봉·임재규·이상준·안영환·박상준·조철흥·황규희·김철희

(2019). 『온실가스 감축 로드맵의 고용효과』. 고용노동부·한국노동연구원.

이남철·이상돈·김민경(2011). 『신재생에너지 부문 고용창출 분석』. 한국직업능력개발원.

이시균·황규희·김유선(2011). 『녹색부문 인력수요 전망』. 한국고용정보원.

이유진(2021). 「탄소중립 사회를 위한 10대 과제」. 『열린정책』, 2010－03(Vol.9).

이효은(2021). 「충청남도의 탈석탄과 정의로운 전환: 독일 노르트라인－베스트팔렌 사례와의 비교」. 『한국지역개발학회지』, 33(2), 187－216.

정용숙(2020). 「탈산업 구조조정과 사회적 합의의 도시재생 거버넌스: 1945년 이후 독일 루르 지역을 중심으로」. 『전북사학』, (58), 293－320.

조준모·김진하·백원영·정예성·조동훈·우광호·박송동(2017). 『에너지 신산업 육성 고용영향평가』. 한국노동연구원.

한국산업연구원(2020). 『녹색산업 현황 조사 및 활성화 방안 연구』.

한국에너지공단(2018). 『신재생에너지보급실적조사』.

홍현균·김영달·김기환·조일현(2020). 『신재생에너지산업의 발전동향과 고용시장 분석』. 한국고용정보원.

황규희·정원호·이용길·임동순(2011). 『탄소배출규제에 따른 고용구조 변화와 인력정책』. 한국직업능력개발원.

황세원(2020). 『쇠락도시 위기에서 탈출한 도시들: 말뫼 빌바오 포틀랜드 히가시오사카』. LAB2050 연구보고서.

국외 자료

Banerjee, A. V. & Duflo, E.(2019). *Good economics for hard times: Better answers to our biggest problems.* 김승진 옮김(2020). 『힘든 시대를 위한 좋은 경제학』, 생각의 힘.

Botta, E.(2019). "A review of 'Transition Management' strategies: Lessons for advancing the green low−carbon transition". *OECD Green Growth Papers,* 2019−04, OECD Publishing.

CBI(2012). *The Colour of Growth: Maximising the Potential of Green Business.*
https://www.greengrowthknowledge.org/sites/default/files/dow
nloads/resource/Maximising_the_potential_of_green_business_C
BI.pdf(검색일: 2021. 09. 19.).

Cedefop(2010). *Skills for Green Jobs: European Synthesis Report.* European Commission.

Cedefop(2019). *Skills for Green Jobs 2018 updated: European Synthesis Report.* European Commission.

Chateau, J., Bibas, R., & Lanzi, E.(2018). "Impacts of green growth policies on labour markets and wage income distribution: a general equilibrium application to climate and energy policies". *OECD Environment Working Paper,* No.137. OECD Publishing.

Chomsky, N., Pollin, R., & Polychroniou, C. J.(2020). *Climate Crisis and the Global Green New Deal: The Political Economy of Saving the Planet verso.* 이종민 옮김(2020). 『기후위기와 글로벌 그린뉴딜』, 현암사.

COP24−KATOWIC(2018). "Solidarity and Just Transition Silesia Declaration".
https://cop24.gaov.pl/fileadmin/user_upload/Solidarity_and_Just
_Transition_Silesia_Declaration_2_.pdf(검색일: 2021. 09. 14.).

Eurofound(2019). *Energy scenario: Employment implications of the Paris Climate Agreement*. Publication Office of the European Union, Luxembourg.

HM Government(2016). *Oil and Gas Workforce Plan*. https://assets.publishing.service.gov.uk/government/uploads/sys tem/uploads/attachment_data/file/535039/bis−16−266−oil−a nd−gas−workforce−plan.pdf(검색일: 2021. 09. 19.).

ILO(2015). *Guidelines for a just transition towards environmentally sustainable economies and societies for all*.

ILO(2018). *World Employment and Social Outlook 2018: Greening with jobs*. ILO.

IPCC(2021). "Climate Change 2021: The Physical Science Basis". Contribution of Working Group I to the Sixth Assessment Report of the Intergovernmental Panel on Climate Change.

JTRC(2018). *Mapping Just Transition(s)to a Low−Carbon World*.

Markandya, A., Arto, I., González−Eguino, M., & Román, M. V. (2016). "Towards a green energy economy? Tracking the employment effects of low−carbon technologies in the European Union". *Applied energy*, 179, 1342−1350.

OECD(2012). "The jobs potential of a shift towards a low−carbon economy". Final report for the EU Commission. DG Employment.

OECD(2017). *Investing in Climate, Investing in Growth*. OECD Publishing, Paris.

OECD/Cedefop(2014). *Greener Skills and Jobs, OECD Green Growth Studies*. OECD Publishing.

Pai, S., Harrison, K., & Zerriffi, H.(2020). *A Systematic Review of the*

Key Elements of a Just Transition for Fossil Fuel Workers. Smart Prosperity Institute.

인터넷 자료

경향신문(2021). 「탄소중립위 유일한 2000년대생 "내 의견 반영될 거란 건 착각이었다"」.
https://m.khan.co.kr/national/national－general/article/2021090121 03005#c2b(검색일: 2021. 09. 14.).

대한민국 정책 브리핑. 「2050 탄소중립위원회 출범」.
https://www.korea.kr/news/policyNewsView.do?newsId＝ 148888066(검색일: 2021. 08. 29.).

상생형지역일자리 웹 사이트
http://sangsaeng.jobs.go.kr/usr/cntnts/page.do? cntntsId＝C027& menuId＝M000340(검색일: 2021. 10. 04.)

모든 국민의 안정된 삶을 위한 미래인재전략

초판발행   2021년 12월 30일

지은이   한국직업능력연구원 · 류장수 · 정재호
펴낸이   안종만 · 안상준

편 집   탁종민
기획/마케팅   오치웅
표지디자인   이영경
제 작   고철민 · 조영환

펴낸곳   (주) **박영시**
             서울특별시 금천구 가산디지털2로 53, 210호(가산동, 한라시그마밸리)
             등록 1959. 3. 11. 제300-1959-1호(倫)
전 화   02)733-6771
f a x   02)736-4818
e-mail   pys@pybook.co.kr
homepage   www.pybook.co.kr
ISBN   979-11-303-1498-3   93320

copyright©한국직업능력연구원 · 류장수 · 정재호, 2021, Printed in Korea

* 파본은 구입하신 곳에서 교환해 드립니다. 본서의 무단복제행위를 금합니다.
* 저자와 협의하여 인지첩부를 생략합니다.

정 가   20,000원